개정판

윤치호와 김교신

근대 조선의 민족적 아이덴티티와 기독교

양현혜 지음

한울
아카데미

이 도서의 국립중앙도서관 출판시도서목록(CIP)은 e-CIP홈페이지(http://www.nl.go.kr/ecip)에서 이용하실 수 있습니다. (CIP제어번호 : CIP2009003865)

이 책을 亡母 안영요 님께 바칩니다.

사랑하는 어머니에게

말씀드리고 싶은 것들이 너무나 많이 있었습니다.
나는 오랫동안 異鄕에서 살고 있었습니다만
언제나 시종일관 나를 가장 잘
이해해준 것은 어머니 당신이었습니다.

오랫동안 당신에게 드리려고 생각해왔던
최초의 선물을 내가
조심 조심스레 어린아이와 같이 손에 든 지금
당신은 이미 눈을 감고 이 세상 사람이 아니었습니다.

그래도 이것을 읽으면
내 자신의 슬픔이 이상하게도 잊혀지는 것을 느낍니다.
말로 다할 수 없이 포근한 당신이라는 분이
천만 개의 털실과 같이 나를 포근하게 감싸주고 있기 때문입니다.

— 헤르만 헤세

개정판 서문

 1990년 어느 여름날 유학지인 도쿄에서 사이드(E. Said)의 『오리엔탈리즘』을 읽었을 때 받은 충격은 대단한 것이었다. 근대 서구가 비서구를 그들 스스로의 모습에서 소외시켜 스테레오타입으로 기형화시킴으로써 비서구를 정신적으로 지배하고자 했으며, 서구에 의해 기형화된 비서구상을 자기상으로서 받아들여 자신들의 아카데미즘에서 복제·확대·재생산하고 유포시키는 사람들이 다름 아닌 비서구의 지식인들이라는 것이었다. 하여 비서구의 지식인들은 필사적으로 공부하면 할수록 자신의 연원의 외부자가 되어 서구의 눈으로 스스로를 단죄하고 스스로를 수치스러워하게 된다는 것, 그리하여 마침내 그들의 조국에 대한 사랑마저도 애증이 교착하는 양가감정의 혼돈 속에서 자괴감에 매몰된 자기 징벌적인 정념으로 분열되어버린다는 것이었다.
 공부는 왜 하는가. 자기를 찾고 자기를 알기 위해서 그리고 좀 더 나은 자기를 만들기 위해서라고 그때까지 믿고 있었다. 그리 생각하며 유학지에서 고전분투하고 있던 필자에게 공부를 하면 할수록 자기로부터 멀어지고 서구의 모조품이 된다는 것, 그것도 모조품인 줄 모르는 '짝퉁'이 된다는 것은, 눈앞에 별이 보이도록 뒤통수를 얻어맞은 느낌이었다.

　이러한 오리엔탈리즘의 체계 속에서 기독교는 과연 어떠한 역할을 할까. 기독교는 오리엔탈리즘의 허위 체계를 허물어뜨릴 수 있는 명징한 눈을 제공하기도 한다. 기독교의 신은 약자의 자존을 보존하는 신이며 역사 속에서 약자의 자존을 보존하는 공동체를 이루어가기 위해 인간과 관계하며 고난을 받는 신이기 때문이다. 그러나 또 한편으로 기독교는 서구 근대 문명의 힘을 숭배하는 종교로서 가장 강력한 오리엔탈리즘의 기제가 되기도 한다. 그렇다면 기독교와 오리엔탈리즘, 서구 근대 문명, 한국인으로서의 민족적 아이덴티티는 서로 어떠한 연관이 있는가, 그것이 필자의 박사 논문 「근대 조선에 있어서 민족적 아이덴티티와 기독교」의 주제였다. 이 책 『윤치호와 김교신』은 그 논문을 번역 출간한 것이었다.

　1994년 초판이 나왔다. 필자의 미숙함과 당시 출판계의 사정이 겹쳐 책의 교열이 제대로 되지 않은 채 오늘까지 5쇄가 나왔다. 그동안 왜 책을 오자가 그리 많은 허술한 모양새로 돌아다니게 하느냐는 질책의 소리를 여기저기에서 들었다. 그러나 필자의 게으름과 더불어 초판 때와 크게 달라지지 않은 필자의 입장 탓에 개정판을 낼 엄두를 내지 못했다. 그러던 중, 올해 초봄에 이 책의 제2부와 같은 성격을 가진 『근대 한일 관계사 속의 기독교』를 출간하게 되었다. 끝마치고 난 후련함과 아쉬움 속에서 2부의 토대가 된 1부도 모양새를 다듬어줘야겠다는 생각이 들면서 개정판을 더는 미룰 수 없게 되었다.

　그러나 이 책은 명실상부한 개정판이라고 할 수는 없다. 증보 수정된 내용이 별로 없고 다만 오자·탈자를 바로잡고 문장을 읽기 쉽게, 때로는 뜻을 보다 명징하게 정리한 정도에 머무르기 때문이다. 이는 필자의 무능력과 게으름 탓이기도 하지만, 무엇보다 필자의 생각이 초판 때와 크게 달라지지 않았기 때문이다.

1994년 초판이 나올 때나 지금이나 한국 개신교의 역사의식에는 큰 변화가 없다. 윤치호의 유형으로 대표되는 역사의식이 여전히 주류를 이루고 있다. 굳이 달라진 것을 말하라면 그때보다 상황이 더 심화되었다는 점이다. 이윤과 능률의 극대화를 가치로 하는 자본주의적 약육강식의 세계 질서를 칭송하고 그 질서 안의 모순을 약자에게 이전할 수 있는 강자로서의 모습을 개신교가 이제 아무런 도덕적 꾸밈없이 노골적으로 욕망하고 있기 때문이다. 이제 개신교는 우리 사회의 어느 분야에 뒤지 지 않는 오리엔탈리즘의 강력한 모판이라는 점에서, 개신교에 드리운 어두움은 15년 전보다 더욱 깊어졌다 하겠다.

이 점에서 필자의 문제의식은 초판 때나 지금이나 전혀 변하지 않았다. 다만 변한 것이 있다면 이 어둠을 응시하는 필자의 마음일 것이다. 참된 기독교는 인간의 자유의 능력을 극대화하여 그것을 타자에 대한 자발적인 사랑으로 변형시킬 수 있다는 것, 그럼으로써 인간으로 하여금 약자의 자존을 보존하는 공동체를 꿈꾸게 하고 그 꿈을 붙들며 여전히 역사에 희망을 견지하며 작은 한 걸음을 내딛게 하는 '힘'이라는 믿음은 필자의 내부에서 날로 커져 가고 있다. 그리고 기독교의 이러한 '힘'이 우리 전통의 깊은 맥박과 공명할 때 이 땅의 혼돈과 우상을 파괴시킬 참된 기독교가 탄생할 것이라는 확신 또한 날로 커져 가고 있다. 그러한 참된 기독교를 이 땅에서 회복시키기 위해 우리는 함께 무엇을 할 수 있을까, 그것이 필자가 요즘 고민하는 새로운 과제이다.

15년간 이 책은 5쇄가 나왔다지만, 그리 많이 팔리지는 않았다. 그러나 그것이 뭐가 그리 대수이겠는가. 중국 춘추시대 진나라에 거문고의 달인인 유백아(兪伯牙)가 있었다. 그에게는 자신의 거문고의 음을 완벽하게 이해해 주는 나무꾼인 종자기(種子期)라는 친구가 있었다. 다시 만나기로 한 날 백아가 종자기의 집에 갔을 때 그는 이미 죽고 없었다. 백아는 종자기의 무덤 앞에서 최후의 한 곡을 뜯었다. 그리고는 거문고 줄을 끊고 산산조각 냈다. 종자기(種子期) 같은 지음(知音)이 없으니 더는 거문고를 연주하고 싶은 생각이 없었기 때문이었다. 한국 개신교의 어둠을 투철하게 응시하면서 이 어두움을 걷어 낼 수 있는 진정한 새로운 기독교의 출현을 위해 고민하는 한 사람의 지음을 얻을 수 있다면. 그리하여 우리가 서로에게 질책이 되고 또한 격려가 된다면 그것으로 이 책은 자신의 역할을 다하는 것이리라.

개정판이 나오도록 힘을 써주신 도서출판 한울의 김종수 사장님과 꼼꼼히 교정을 보아주신 편집부의 김경아 선생님께 감사를 드린다. 또한 그동안 변변치 못한 책을 읽어주시고 제대로 모양을 다듬어주라고 애정 어린 질책을 보내주신 지음의 독자 여러분에게도 감사를 드린다.

2009년 11월
나목(裸木)이 된 자신을 응시하는 겨울나무들을 바라보면서
대강당 연구실에서 필자 양 현 혜

초판 서문

　어느 나라의 역사에나 영욕(榮辱)이 있다고 한다. 그러나 1960년대에 태어난 나에게는 우리나라 역사의 최대의 국치(國恥)라고 말해지는 식민지시대에 대한 직접적인 체험은 없고 단지 상속받은 정신적인 유산으로서의 막연한 반일 감정이 있을 뿐이었다.

　그러나 1983년에 일본에 첫발을 디딘 이래 10년 동안 나는 식민지라는 것을 추체험(追體驗)할 수 있었다. 한국을 비롯한 아시아인들에 관한 멸시의 감정이 지배하는 당시 일본의 정신적 분위기는 '식민지 조선'의 연장선이었고, 거기에는 그것을 실재적으로 증언하고 있는 제2 국민으로서 재일 조선인의 존재가 있었다. 재일 조선인들이 자기 아이덴티티 그리고 그것과 직결되어 있는 조선인으로서의 민족적 아이덴티티를 확립하는 것은 대한민국에서 태어난 나로서는 상상도 할 수 없는 고뇌를 동반하는 작업이었다.

　일반적으로 사회와 공동체를 상대로 '나는 어디에 속하는가'라는 귀속감을 중심으로 하여, 그것과 불가분의 관계를 띠고 '도대체 나는 누구이고 나는 무엇이 될 것인가'라고 묻는 것이 청년기에 보이는 자아 아이덴티티의 확립을 둘러싼 심리·사회적인 위기라고 한다. 따라서 청년기의 위기는 유아기로부터 쌓아왔던 아이덴티티를 재구성하여 귀속집단을 넓혀가며 보다 넓은 아이덴티티를 형성하는 것이며 그 과정은 0에서 ＋의 방향을 지향하는 것이라 할 수 있다. 그러나 재일 조선인들은 일본 사회가 부여한 이등 국민이라는 －의 부정적 아이덴티티에서 스스로를 해방하여 0의 상태로 만든 다음에야 비로소 ＋의 방향으로 확립할 수 있는 여건을 갖게 되는 것이다. 재일 조선인이 경험하는 이러한 자기 아이덴티티 형성의 이중(二重)의 어려움을 주시하면서 나는 식민지 시대의 조선인들에게 자기 아이덴티티와 민족적 아이덴티티를 확립해가는 과정이 얼마나 지난한 작업이었는지를 실감할 수 있었다.

민족적 아이덴티티가 파괴되어 그것의 재형성을 모색하는 시기처럼 역사적 인물의 명(明)과 암(暗)이 확연히 구분되는 때는 없을 것이다. 이러한 비상(非常)한 때에 인간이 어디까지 스스로를 승화하여 비약할 수 있으며 또한 어디까지 자기를 파괴하고 상실할 수 있는 것일까. 또 그러한 승화와 자기 상실에 관련된 논리는 어떠한 것이었을까. 나는 이러한 물음을 근대 조선에 인류적 보편성을 주장하면서 전래된 외래 종교인 그리스도 신앙과 연결시켜 생각해보았다. 이 논문에서 내가 의도하는 것은 윤치호를 전적으로 부정적으로 보고 그의 인격을 단죄하고자 하는 것이 아니다. 동시에 윤치호에 대한 개인적인 비난이나 옹호와 마찬가지로 김교신에 대한 칭송도 나의 의도와는 거리가 멀다.

나의 관심은 윤치호와 같은 평범한 의지와 윤리적인 감각을 가지고 있는 지식인이 어떻게 좌절해가고 자기를 파괴시켜 갔는가. 그를 사로잡은 논리는 무엇이고 그들은 이것을 어떻게 자기 삶과 연결시켜 자기 정당화의 논리로 변형시켜갔는가. 그 파국은 어떠한 것이었는가라는 물음이었다. 그리고 평범한 한 지식인을 이렇게 파국으로 내몰았던 제국주의의 실체는 무엇이었는가. 그것이 단순한 물리적 폭력이었을 뿐만 아니라 '지(知)의 제국주의'라고 한다면 현재를 사는 우리들에게 제국주의는 과연 지난 시대의 악몽에 지나지 않는다고 할 수 있을 것인가. 또한 자기 해방을 꿈꾸는 사람들에게 기독교는 어떠한 힘으로 작용했는가 하는 질문들이었다.

이 논문을 쓰면서 내가 확신하게 된 것은 물리적인 지배로서의 제국주의는 끝났다 하더라도 '지(知)의 제국주의'는 아직도 '철의 요새'와 같이 굳건하게 그 위용을 자랑하고 있다는 것이다. 서구를 가치의 준거 틀로 해서 비서구의 가치를 가늠하려는 우리들의 지성은 결국 서구 추종의 '결핍이론'적인 발상에서 자유롭지 못하다. 한 나라의 가치를 GNP에 의해 서열화하려는 '근대화'적인 발상은 탈근대를 외쳐대는 오늘날에도 여전히 우리를 구속하고 있다. 이러한 의미에서 윤치호 자신은 반민족자로서 규탄을 받으면서도 윤치호적 세계관이 김교신의 그것보다 1990년대의 대한민국에서 보다 많은 지지자를 얻고 있다고 해도 지나친 말이 아닐 것이다.

오늘날 우리 사회에서는 우리 것을 회복하자는 주장도 많은 발언권을 얻고 있다. 이러한 전통 회복의 주장 중에서, 시대착오적 조상회귀의 단순한 퇴행이 아닌 새로운 미래를 담보할 수 있는 내용을 제시하는 것은 극히 드물다고 본다. 그리고 이러한 조상회귀론이 그 원리에 상반되는 '근대화'론적 발상과 현실적으로 교묘히 교착되면서 우리의 민족적 아이덴티티의 형성을 더욱 혼란스럽게 하는 느낌도 없지 않다.

나는 근대 이래 우리의 민족적 아이덴티티의 형성을 모색하는 집합적인 운동이 완결되었다고 생각하지 않는다. 오히려 통일을 모색해야 할 오늘의 시점이야말로 민족의 창조적 아이덴티티 형성이 그 어느 때보다도 절실히 요구된다고 생각된다. 이러한 역사적 상황에서 윤치호와 김교신의 삶은 우리에게 무슨 메시지를 남기는 것일까. 그것은 우리가 전통에서 무엇을 발굴하고, 동시대를 사는 타 문화들로부터 어떠한 자극을 받고, 이 양자를 어떻게 결합시켜간다 할지라도, 우리의 민족적 아이덴티티가 참으로 생명 있는 것이 되기 위해서는 자발적인 가난함과 생명의 연대를 핵으로 하는 어떤 것이 되어야 한다는 것을 시사하는 것이 아닐까.

끝으로 이 책이 나오기까지 도움을 주신 여러분들께 감사를 드리고 싶다. 이화여자대학교 기독교학과의 여러 선생님들께 먼저 감사를 드린다. 이 선생님들의 지도가 없었더라면 기독교에 대한 나의 정열은 싹트지 못했을 것이다. 그리고 민족적 아이덴티라는 문제의식을 심어준 1980년대의 나의 학우들에게 감사하고 싶다. 나는 운동권의 주변을 늘 맴돌고만 있었던 겁 많은 학생에 지나지 않지만 80년대 대학가의 '고뇌하는 지성'의 공기를 호흡하지 못했더라면 나의 학문적인 문제의식은 형성되지 못했을 것이다.

또한 한일 양국의 역사적 명암이 선명하게 부각되는 긴장감 있는 테마의 연구를 흔쾌한 마음으로 격려해주시고 자료를 제시해주신 東京大學 宗敎學科의 金井新二, 島薗進, 市川裕 선생님, 그리고 立敎大學의 月本昭男 선생님께 감사드리지 않을 수 없다. 논문의 작성을 지원해주신 笹川 日本科學基金에도 감사드린다.

이 논문을 교정 보아주신 도서출판 한울의 홍지나 씨에게도 감사를 드린다.

마지막으로 53세의 생을 마치고 소천(召天)하신 어머니 안영요 님께도 감사를 드린다. 어머니의 격려와 분에 넘치는 기대는 나의 긴 유학생활을 지탱해주는 언덕이었다.

1994. 11. 9.
양 헌 혜

차례

개정판 서문 · 5
초판 서문 · 9
서론: 연구과제와 방법 · 15

제1부 윤치호의 정치사상과 기독교 ─────────── 21

제1장 유교적인 세계관에서 '기독교적 제국주의'의 세계관으로 · 23
1. 초기의 정치사상 · 23
2. 기독교와 '제국주의적' 지(知)의 수용 · 35
3. 기독교적 제국주의의 세계관 · 45

제2장 정치사상의 논리구조와 그 적용 · 57
1. 상황 인식의 논리구조 · 57
2. 정치이념의 구체화 · 65

제3장 세계관의 변용과 '조선 독립 불가능론' · 77
1. '105인 사건'과 '강자'에 굴종하는 논리 · 77
2. 상황 인식과 민족적 니힐리즘 · 85

제4장 민족의 '발전적' 해체의 길 · 93
1. '수동적 순응'의 태도와 '황민화' 정책 · 93
2. '흥업구락부' 사건과 '전향' · 95
3. 도착(倒錯)의 양태와 '친일'의 논리 · 98

제2부 김교신의 신앙과 '조선산 기독교' ──────── 105

제5장 사상의 형성과정과 신앙의 특질 · 107
1. 사상의 형성과정 · 107
2. 기독교 신앙의 특질 · 115

제6장 김교신과 무교회주의 · 127
1. 김교신의 무교회주의론 · 127
2. 김교신과 일본 무교회 · 139

제7장 조선 기독교회에 대한 자세 · 157
1. 조선 기독교회에 대한 비판 · 157
2. 무교회주의를 둘러싼 논쟁 · 166

제8장 '조선산 기독교'의 논리구조와 실천 · 179
1. 전통의 창조적 계승과 기독교 · 179
2. 역사 형성과 '창조적 수고자' · 190

총괄과 전망 · 199

주 · 209
참고문헌 · 243

서론
연구과제와 방법

근대 조선은 '근대사회'를 향한 시도와 좌절, 그리고 식민지 지배를 경험해왔다. 근대 조선의 역사는 정치·문화·정신의 모든 측면에서 급격한 변화를 경험하면서 여러 가지 사상적인 모색과 실천적인 운동이 전개되었다. 근대 조선의 역사상을 정신사 측면에서 보면 이 시기는 집단적 아이덴티티의 위기 상황이었고 민족적 아이덴티티의 재구성이 모색되었던 시기였다고도 말할 수 있다.

원래 아이덴티티 개념은 정신분석학자 에릭슨(Erik H. Erikson)에 의해 정신분석적인 자아이론으로서, 또 사회과학의 연구방법 개념인 심리·역사적인 개념으로서 정립되었다. 에릭슨은 아이덴티티라는 말을 "자기 자신과의 영속적인 동일성(자기동일성)과 어떤 종류의 본질적 성격을 타자와 영속적으로 공유하는 것을 포함한 상호 관계를 나타내는" 개념으로 정의했다.[1] 즉 개인을 개인으로 성립시키는 핵심적인 어떤 것과 집단과의 내적 응집의 본질을 연결시키는 기제(機制)로서, 이 개념은 개인의 내면적인 일관성뿐만 아니라 집단에 대한 관계, 집단의 이상과 속성에 대한 내적인 연대의 유지를 동시에 표현하는 개념이다.2) 따라서 자아 아이덴티티는 집단 아이덴티티를 빼고서는 생각할 수 없는 것이다. 개인은 공동의 지리적·역사적인 비전(vision)을 부여하는 집단 아이덴티티와 자신의 인생 설계가 서로 일치한다는 자각을 통해서 생동하는 현실감을 획득하는 것이다.

그런데 전통적 가치체계가 흔들리는 급격한 역사적 변화가 일어나고 전통 사회가 붕괴되는 시대에서의 집단 아이덴티티는 그 기능이 상실되고 길잡이를 잃어버리는, 말하자면 아이덴티티의 공백, 불안, 소외 상태에 떨어진다. 그러나 에릭슨은 이러한 상황이야말로 본래적 의미에서 혁신적·창조적인 아이덴티티의 재구축이 실현되는 장(場)이 될 수 있다고 보았다.3) 즉 이 붕괴의 시대에 아이덴티티의 붕괴에서 오는 정신적인 갈등과 고뇌를 거쳐 자신이 위치한 시간과 공간을 새롭게 정립하는 데 성공한 창조적인 변혁자가 나타나, 새로운 사상·전망·정책을 만들고 새로운 커뮤니케이션의 양식을 확립함으로써 집단 아이덴티티는 재획득된다는 것이다.

이 연구의 과제는 민족적 아이덴티티의 붕괴의 시대임과 동시에 창조적 변혁의 시대이기도 했던 근대 조선 사회에서 기독교가 민족적 아이덴티티의 재형성에 어떻게 관계하고 있는가를 고찰하는 데에 있다.

기독교의 신(神) 내지는 신에 대한 신앙은 보편적인 문제인 반면, 민족적 아이덴티티는 특정한 역사적 문제라는 의미에서 특수한 문제라고 볼 수 있다. 따라서 기독교와 민족적 아이덴티티의 문제는 동일한 범주에 속하지 않는, 그러므로 직접적으로 연결되는 문제는 아니다.

그러나 범주를 달리하는 이 두 문제는 기독교인의 신앙 실천의 장에서는 어떤 형태로든 연결을 갖는다. 왜냐하면 기독교인은 보편적인 신을 믿음과 동시에 특정한 민족의 일원으로서 살아가야 하기 때문이나. 기독교와 민족적 아이덴티티가 무매개적으로 결합될 때 보편적인 기독교는 개체적인 민족을 있는 그대로, 무비판적으로 긍정하게 된다. 여기에서 기독교의 보편성은 상실되고 민족의 절대성만이 강조되어 기독교는 민족의 집단적 이기주의를 정당화하는 배타적 민족종교로 변질된다.

한편 기독교의 보편성만을 강조하고 민족적인 특수성을 무시한다면 기독교는 추상적인 역사도피적 종교가 되어버린다. 따라서 기독교에 근거해 민족적 아이덴티티를 재구성할 경우 민족적 아이덴티티와 기독교를 어떻게 결합시키는가가 중요하게 된다. 즉 기독교인은 구체적인 역사 현실 안에서 기독교를 통해 어떻게 민족적 아이덴티티를 확립하는가, 동시에 기독교적 보편성에 의해 재구성된 민족적 아이덴티티를 어떻게 상대화시켜 개체적인 민족을 보편적 인류를 향하여 개방하는가라는 것이 문제가 되는 것이다.

그런데 민족적 아이덴티티와 기독교와의 관계가 특히 중요한 문제로서 제기된 것은 기독교가 서구 선교사들에 의해 전파된 비(非)기독교 문화권에서이다. 왜냐하면 비기독교 문화권의 민족들은 수천 년간 서구적인 기독교 문화와 상관없이 자국(自國)의 문화와 역사를 보존해왔기 때문에, 그 과거의 문화 전통 내지는 역사와 새로이 전파되어온 기독교를 어떻게 관계 맺고, 나아가 전통을 어떻게 창조적으로 지속시킬 수 있는가라는 문제에 직면했기 때문이다. 특히 기독교가 직·간접적으로 서구의 제국주의적인 세력과 함께 전개되었다는 역사적 상황에 직면해서 문제는 한층 더 복잡하게 되었던 것이다.[4]

이 문제를 생각할 때 기독교인이면서 그 논리구조에서는 상호 정반대의 유형을 대표하는 인물이었던 윤치호와 김교신의 사상을 비교·분석하는 것은 하나의 유효한 실마리가 될 것이다. 두 사람 모두 민족적 아이덴티티의 문제를 극히 극적인 형태로 체험했던, 간과할 수 없는 조선 근대의 대표적인 기독교인이었기 때문이다.

윤치호는 일본, 중국, 미국에 유학해서 서구 학문을 흡수했던 근대 조선의 대표적인 지식인이고 최초의 미국 남감리교의 신자로서 조선 기독교의 자기 형성에 크게 영향을 미친 기독교 인물이었다. 또 근대국가로의 변혁을 지향한 운동단체였던 '독립협회'의 회장으로서 민중운동을 지도했던 정치가이기도 했다. 그러나 식민지 말기에는 일본 정부의 칙선 귀족의원으로 선임될 정도의 적극적인 대일 협력자가 되어 1945년 해방 후에는 제일급의 민족 반역자로서 고발되어 자결함으로써 80세에 생애를 마친 인물이다.

김교신은 1919년의 3·1 독립운동에 참가한 후 도쿄에 유학해 도쿄고등사범학교를 졸업한 기독교인이었다. 그 기간에 우치무라 간조(內村鑑三)의 성서연구회에 출석해서 귀국할 때까지 약 7년간 우치무라에게 성서를 배웠다. 귀국 후 양정보통고등학교, 경기중학교 등에서 교사로서 민족교육에 힘을 쏟는 한편 함석헌 등과 함께 잡지 《성서조선(聖書朝鮮)》을 발간하여 무교회주의(無敎會主義)의 입장에서 '조선산(朝鮮産) 기독교'를 주장했다. 그 후에 흥남 일본질소비료회사에 취직하여 조선인 노동자의 복지 향상을 꾀했으나 1945년 4월 해방을 목전에 두고 병으로 44세에 생애를 마감했다.

이 두 인물에 대한 선행 연구를 정리하면 다음과 같다. 우선 윤치호에 대한 선행 연구는 대부분 그의 초기 사상과 행동에 집중해 있는데, 기독교를 통해 조선의 근대화를 지향한 예언자적 존재로서,[5] 인간과 사회의 기독교화를 통한 도덕적 순화를 지향한 기독교적 개화사상가로서,[6] 또 사회참여의 신학의 선구자로서,[7] 조선 기독교에 많은 영향을 미친 '기독교적' 개혁사상가로서 높이 평가되고 있다. 그러면서도 한편에서는 신의 정의에 대한 불신, 기독교 신앙과 양립 불가능한 사회진화론적 사상과 인종적 편견이라고 하는 요소는 후일의 대일 협력 행위와 결합되는 사상적 한계였다고 지적된다.[8]

그러나 이러한 윤치호에 대한 평가에는 '신의 정의'를 믿지 않는 '기독교적' 개혁사상이라는 자기모순이 내재한다. 또 윤치호의 사회진화론적인 사상에 대해서는 그의 사상 전체와의 내적 상호연관의 논리적 설명 없이 단순히 그의 사상의 한계로서 지적되고 있을 뿐이다.

김교신에 대한 선행 연구는 교육학, 한일 교류사, 한국 기독교사 등의 분야에서 이루어져 왔는데[9] 이들의 연구에 의해 전기적(傳記的) 사실은 분명해졌으나 김교신의 신앙의 본질을 이루는 내적인 사상에 대해서는 몇 가지 분명치 않은 점이 있다. 이를 정리하면 첫째로 김교신의 '조선산 기독교'는 토착적·민족적 기독교의 한 유형으로서 높이 평가되는데 그 논리구조는 어떠한 것이었는가, 둘째로 지금까지의 연구는 김교신의 신앙적 논리였던 무교회주의적인 특질에 대해 별로 주목하지 않았는데 김교신이 이해했던 무교회주의는 무엇이었는가, 나아가 무교회주의와 '조선산 기독교'와는 어떤 내적 연관을 갖고 있는가 등의 문제를 들 수 있다.

이 연구는 이상과 같은 선행 연구를 전제로 한 위에 윤치호를 '제국주의적인 허위의식'에 사로잡힌 민족적 아이덴티티의 '죽음'의 유형을 대표하는 전형(典型)으로서, 김교신을 민족적 아이덴티티의 창조적인 '재생(再生)'을 대표하는 전형으로 보고 양자의 사상을 비교·분석함으로써 앞서 말한 연구과제를 규명하려 한다. 이때 비교·분석의 시점으로서 첫째로 전통적 가치를 어떻게 인식하고, 거기에서 미래의 비전을 어떻게 끌어냈는가, 둘째로 기독교를 어떤 의미로 이해하고 전통적 가치와 어떻게 결합했는가, 셋째로 구체적인 역사 현실 안에서 기독교의 '신'을 어디서 찾아내고 '신의 사랑과 정의'를 개인의 실존과 어떻게 결합하려 했는가 하는 세 가지 시점에 특히 중점을 두었다.

이상과 같은 문제의식과 연구과제, 방법적 시점을 갖고 윤치호와 김교신의 사상의 논리구조를 분석하며 기독교와 민족적 아이덴티티와의 관계를 전망해보고자 한다.

제1부
윤치호의 정치사상과 기독교

■ 윤치호(尹致昊, 1865~1945)

윤치호는 1865년 충남 아산에서 태어났다. 1881년 신사유람단 어윤중의 수행원으로 일본에 가서 그곳에 남아 동인사(同人社)에 입학했다. 약 2년간의 유학 생활 동안 영어를 익힌 그는 1883년 5월 초대 주한미군공사 푸트의 통역으로 귀국하여 통리교섭통상사무아문 주사로 임명되었다.

1884년 12월에 갑신정변이 실패하자, 이에 직접 가담하지는 않았으나 신변의 위협을 느껴 1885년 1월 상하이로 망명했다. 그곳에서 미국인 선교사 알렌이 세운 중시 학원(中西學院, Anglo-Chinese College)에 입학했고, 1888년에는 미국으로 건너가 밴더빌트 대학에서 신학과 영어를 공부하고 에모리 대학에 편입하여 인문사회과학 등을 수강했다.

1895년 2월에 다시 귀국하여 김홍집 내각의 외부협판(차관)과 박영효 내각의 학부협판을 지냈다. 1896년에 민영환의 수행원으로 러시아 황제 니콜라이 2세의 대관식에 참석하기도 했다. 1897년에는 독립협회에 참가하여 서재필·이상재 등과 독립협회 운동을 이끌었다. 1898년 만민공동회를 주관하고 헌의 6조를 결의했다.

1899년 덕원감리 겸 덕원부원, 1900년 삼화감리 겸 삼화부윤을 지냈고 1901년 덕원감리 겸 덕원부윤에 복귀했으며, 1903년 천안군수를 지내는 등 관리직을 역임했다. 1904년에는 외부협판에 임명되었고, 1905년 을사조약이 강제로 체결되자 관직을 사퇴했다.

1906년에는 대한자강회 회장으로 추대되어 국민계몽에 노력했으며, 1907년에는 신민회 회원으로 평양 대성학교 교장을 지냈다. 1910년에는 대한기독교청년회연맹(YWAM) 이사와 부회장을 맡았다.

1912년에는 '105인 사건'의 주모자로 검거되어 복역하다가 석방되었다.

1920년부터 친일 단체와 모임에 관여하여 1930년대 말부터는 적극적인 친일 행위를 하게 되었다. 1941년에는 황국신민으로서 충성과 협력을 하겠다는 결의문을 낭독하고, 조선 임전보국단의 고문으로 일제의 징병에 협력할 것을 조선인에게 권유하는 활동을 했다. 1945년 일본제국의회의 직선 귀족원의원에 선임되기도 했다. 해방 후 친일파로 규탄을 받자 자결로써 생을 마감했다.

제1장
유교적인 세계관에서 '기독교적 제국주의'의 세계관으로

1. 초기의 정치사상

1) 입신(立身)

오랜 기간 쇄국(鎖國)을 하던 조선이 근대 국제질서에 편입한 것은 1876년 일본과 체결했던 '강화도 조약'을 계기로 한다. 그때까지 조선은 소위 '유교 문화권'의 나라들과 같이 '화이사상(華夷思想)'의 틀 안에서 자국의 위치를 파악하고 있었다. 유교의 전통적인 국제질서관인 '화이사상'은 정치적인 지배는 그대로 도덕적 교화여야 한다는 유교 특유의 '정치=도덕'의 관념에 상응한 문화적 우월성을 핵심으로 한 관념이었다. 즉 세계는 인륜이 명확하고 예악(禮樂)이 갖추어진, '덕화(德化)'된 나라인 '중화(中華)'를 정점으로 해서 그 밑에 아직 '덕화'되지 못한 '이적(夷狄)'과 '금수(禽獸)'의 영역으로 구성되어 있다고 보았다.

이와 같이 '중화'와 '이적(夷狄)'의 구분이 '덕화'의 유무에 있기 때문에 '화(華)'와 '이(夷)'의 관계는 유동적이다. 영토라든가 인종 등의 차별과는 무관하다. 국경이나 인종 개념의 결여가 '화이사상'의 근본적인 특징 중 하나이다.[1] 물론 '덕화'하기 어려운 '이적'은 방치되며 또 '중화'에 대항하는 '이적'은 적으로 간주되고 배척된다. 그러나 '소인(小人)'을 '덕화'하는 것이 '천자(天子)' 혹은 군자(君子)의 책임인 것과 같이 '이적'을 '덕화'의 세계로 끌어들여 포괄하는 것을 이상으로 여긴다. 따라서 '화이사상'은 때로는 '양이적(攘夷的) 배외주의(排外主義)'가 되고 때로는 '사해일가(四海一家)'적인 포용주의(包容主義)가 되어 나타나는데, 후자는 다름 아닌 야만(野蠻)에게 문명과 인류을 보급하는 것이었다. 때문에 '양이적 배외주의'도 군사적이라기보다는 오히려 문화적인 것으로서 인식된 것이었다.[2]

한편 이러한 '화이사상'은 유교의 서열적(序列的) 인간론에 대응하는 서열적인 국제질서 의식이기도 하다. 그것은 중국 우월적인 현실 외교의 역학관계가 문화적 차별의식 내지 우월감으로까지 고정화되어 국제관계에서 현실뿐 아니라 의식의 차원에까지 일종의 서열을 설정하여 억압하려는 것이기도 했다.[3]

그런데 이와 같은 '화이사상'은 같은 유교권 내에서도 각국의 역사적 과정에 따라 독특한 존재형태를 갖고 있었다. 조선의 경우 먼저 그것은 '이(夷)'에 대해 엄격한 대결자세를 취하는 '화이사상'으로 존재했다. 스스로를 '소중화(小中華)'로 인식해왔던 조선은 '중화'라는 동일한 문화적 개념에 서서 명(明)나라에 대해 '사대(事大)'의 예의관계를 지속해왔다.[4] 그러나 명나라의 멸망 이래 스스로를 유일한 '중화'로 자부했던 조선은 청(淸)나라에 의한 두 차례의 호란(胡亂)을 겪은 후 청나라 — 호노(胡奴)=이(夷) — 에 대한 '소중화'적 북벌론이 유학계(儒學界)의 주류를 이루었다. 군사적 북벌론을 포기한 후에도 '화'와 '이'의 대결이라는 관념은 계속 고수되었다.[5] 그것은 공맹주자(孔孟朱子)를 '정학(正學)'이라 하고 양명학을 비롯한 모든 사상적 유파를 '사학(邪學)'이라고 해서 후자에 대해 지극히 대결적인 자세를 취하며 주자학의 순화와 심화에 힘을 쏟았던 조선 유교의 주자학일존주의(朱子學一尊主義)와 그 연장선에 선 '문존무비(文尊武卑)'의 문우월주의(文優越主義)에 상응하는 것이기도 했다.[6]

'존화양이(尊華壤夷)' 사상은 조선 후기에 들어와서는 서구의 '양이(洋夷)' 및 '왜이(倭夷, 일본)'에 대한 엄격한 정신적 대결로 '중화'를 지키고 유지하려는 '위정척사파(衛正斥邪派)'의 형태를 취하게 되었다. 그리고 '화이일야(華夷一也)'의 세계상에 서서 '실사구시(實事求是)'를 갖고 서구에 대응할 것을 주장했던 일종의 개신(改新) 유교인 '실학사상'과 대치해 그것을 압도하면서 개국 전후의 조선의 사상계를 주도했다.[7]

이와 같은 19세기 후반의 조선 사회 속에서 윤치호는 1865년 충청남도 아산군에서 조선 왕조의 절충장군(折衝將軍, 고급무관)이었던 윤웅렬의 장남으로 태어났다. 윤웅렬(1840~1911)은 신동이라 불릴 정도로 총명했던 장남 윤치호에게 큰 기대를 걸고 고급 문관으로 출세시키기 위해 전통적인 유교교육을 시켰다.

그런데 윤치호가 소년 시절에 조선은 오랜 기간의 쇄국정책을 거쳐 1876년 '강화조약'을 계기로 문호를 개방하고 여러 가지 개혁의 움직임이 출현하는 격동의 시대였다. 이러한 조류 속에서 아버지 윤웅렬은 일본의 국정 시찰과 강화도 사건에 따른 현안문제의 타결을 목적으로 김홍집 등과 함께 도일(渡日)했다. 메이지(明治) 일본의 발전상, 특히 근대적인 군대의 조직과 훈련에 깊은 인상을 받고 돌아온 윤웅렬은 조선의 '개화'의 필요성을 통감하고 1881년 4월 조선의 근대식 군대인 별기군(別技軍) 창설에 주역을 담당했다.[8]

그리고 윤치호의 장래 또한 전통 유교교육에 근거한 과거시험으로 관료가 될 것이 아니라 근대적 학문을 흡수함으로써 열릴 것으로 생각했다.

윤치호가 일본에 유학하게 된 것은 1881년 신사유람단(紳士遊覽團)의 일원으로서 일본을 방문한 것이 계기가 되었다. 신사유람단은 일본의 근대 문물 제도를 본격적으로 시찰·학습하는 것을 목적으로 한 것인데 경제·재정 부문을 담당한 어윤중의 수행원으로서, 당시 윤치호는 17세로 일행 중 최연소였다. 윤치호는 일행이 귀국한 후에도 그대로 일본에 남아 나카무라(中村正直)가 설립한 동인사(同人社)에 입학했다. 윤치호는 경응의숙(慶應義塾)에 입학한 유길준, 유정수와 함께 조선의 최초의 도쿄 유학생이 되어 서구의 학문에 접할 기회를 얻었던 것이다.[9]

윤치호는 동인사에서 일본어와 영어 학습에 정진하는 한편, 메이지 유신 이래의 일본사회를 이해하기 위해 입헌개신당의 기관지였던 《우편보지신문(郵便報知新聞)》 등을 강독하고 있었다.[10] 윤치호가 체재한 당시(1881~1883) 일본은 구미 열강의 부국강병의 근원은 법률·제도에 있다는 이해를 바탕으로 지조(地租) 개정, 의무교육제, 징병제 실시 등 모든 제도의 개혁에 대단히 적극적인 시대였다.[11]

2년간의 일본생활 경험을 통해서 윤치호는 일본이 청나라에 비해 "100배 이상"이나 문명화된 나라이고 그 성공의 원인은 메이지 정부에 의한 전면적인 서구화에 있다고 생각했다.[12] 일본 유학 중인 1882년 2월 윤치호는 일본 상인의 쌀 대량 매점에 의한 식량 부족으로 인해 구식 군대가 빈민과 함께 "민 씨 정권 타도, 일본 침략자 추방"을 주장하며 봉기한 임오군란이 일어났다. 이에 대해 윤치호는 배외반개혁정책(排外反改革政策)을 주장하는 보수파가 조선의 실권을 장악하는 것을 두려워하여 유길준과 함께 일본 정부에 그 진압을 요구했다.[13] 이와 같이 윤치호는 조선이 나아갈 길은 일본의 메이지 유신과 같이 서구에 대한 문호 개방과 개혁 이외에는 없다고 확신하고 있었던 것이다.

일본 외무경(外務卿)인 이노우에(井上馨)와 후쿠자와(福澤諭吉)는 1882년의 조선과 미국의 통상조약에 의해 조선에 부임하게 된 푸트(Lueious H. Foote) 공사의 통역관으로 윤치호를 추천했다. 윤치호는 그것을 받아들여 귀국을 결심했다. 정계에 들어가 조선 개혁의 의지를 실천에 옮길 수 있고 푸트 공사를 통해 미국을 보다 자세히 알 수 있는 기회라는 이유에서였다.14) 일본의 메이지 유신과 같은 방식을 통한 조선의 근대화를 생각하고 있던 윤치호가 일본 유학 중 다른 유학생과는 달리 영어 학습에 열심이었던 것은 메이지 일본의 변화가 근본적으로는 '서구 근대'의 흡수에 의한 것이라는 인식이 있었기 때문이었다.15)

귀국 후 윤치호는 푸트 공사의 통역관으로 일하는 한편, 조선 정부로부터 통리교섭통상사무아문(統理交涉通商事務衙門, 외무부)의 주사(主事)로 임명되어 조선 왕조의 관료가 되었다. 유교적 교양 유무를 기준으로 하는 조선의 전통적인 관료등용제도였던 과거시험을 거치지 않고 관료가 된 것은 당시로서는 대단히 드문 일이었다. 조선 정부 관료가 윤치호는 그 직책에서 떠날 때까지 약 2년간 조선 개혁의 길을 모색하려고 했다. 그러면 그가 그린 개혁이라는 것은 어떤 내용이었을까?

2) '화이사상' 붕괴와 내정개혁론

윤치호가 관료가 된 당시 국제상황은 동아시아가 조선의 지배를 둘러싸고 일본과 청나라가 격렬한 공방전을 벌이고 있었다.16) 특히 청나라는 임오군란을 계기로 종래에는 명분상의 예일 뿐이던 종주권을 실제상의 지배권으로

만들기 위해 조선에 대해 내정 간섭을 강화하고 있었다.[17]

그러나 두 번에 걸친 아편전쟁에서 청나라가 패배하는 것을 본 윤치호는 이미 청나라는 선진 문물을 자랑하는 대국이 아니고 구미 나라들로부터 "노예와 같은" 대접을 받는 쇠약해진 노국(老國)일 뿐이라고 생각했다.[18] 그리고 청나라의 내정 간섭은 조선의 모든 개혁을 저지하고 영원히 청나라의 노예적 지위에 묶어두려는 의도이고 나아가 국제적인 "공법(公法)"을 범하고 조선의 독립권을 침해하는 비도덕적 국가의 침략적 행위라고 혐오했다. 또 중국과의 전통적인 관계에 구속되어 청나라와의 관계를 중시하는 외교정책을 "무용(無用)한 필패국(必敗國)"의 정책이라고 비판하고 그러한 수구적인 생각을 가진 사람들을 일괄해서 자기 안녕만을 꾀하는 수구완고(守舊頑固)한 "호노(湖奴) = 청나라의 노예"라고 비판했다.[19]

한편 재(在)조선 미국 공사 푸트는 문호개방 후의 상황에 대응하기 위해 부심하던 조선 정부를 격려했다. "다른 나라가 그 강함을 믿고 조선의 권리에 간섭하게 되면 미국은 있는 힘을 다해" 조선의 자주를 위해 모든 것을 돕고, 나아가 조선에 대한 부당한 침략이 있을 경우는 "해군을 파견해서 보호한다"고 말하고 있었다.[20] 이러한 푸트와 숙식을 함께하며 그를 스승으로 추앙하던 윤치호는 미국의 외교정책이 "약한 것을 돕고 강한 것을 억누르는" 도의에 기초한다고 이해했다.[21]

푸트와 교제를 하면서 윤치호는 서구의 자본주의적인 국제질서를 도의적인 것으로 인식하고 이러한 이해를 더욱 확대시켰다. 그는 모든 나라는 그 힘의 강약에 관계없이 '공법대도(公法大道)'에 따라 평등하게 자주독립할 권리가 있고 그러한 국가들에 의해 형성되는 국제질서는 도의적인 것이라고 보았다. 만일 어떤 비도덕적인 강국이 약소국의 권리에 간섭한다면 약소국의 독립의 권리를 지켜주기 위해서 전쟁이라도 불사할 것이라고 생각했다.22) 나아가 윤치호는 서구 나라들 및 메이지 유신을 통해서 '서구적 근대화'를 이룬 일본이 청나라의 조선에 대한 간섭을 비판·부정한 것을 조선의 자주독립을 옹호한 도덕성의 표출로 받아들였다.23)

이렇게 해서 윤치호는 비도덕적 국가인 청나라에 대한 적대감과 일본이나 서구에 대한 호의라는 몽상적 이분법에 빠져버린 것이다. 주관적인 도의적 낙관주의에 근거한 윤치호의 국제질서 인식이 근대의 서구 주도의 국제 현실을 이해하는 데 얼마나 부적절한 것인지 이해하는 것은 어렵지 않다. 확실히 근대 국제질서의 원리에는 만국공법적인 요소도 있으나 그것은 어디까지나 구미 각국이 상호관계를 규정할 때의 관념에 지나지 않았고 비서구에 대해서는 무력에 의한 강권의 지배를 주장하는 권력적인 국제질서관이 오히려 그 본질이었다. 윤치호의 국제질서 인식은 비서구에 대한 서구의 침략이라는 측면을 빠뜨렸다는 결정적인 오류가 있었다. 그 결과 윤치호는 부당하게도 청나라에 대해서만 비판을 집중시킨 것이다.

나아가 윤치호는 국제상황에 대한 인식에서 형성된 주관적인 몽상적 이분법의 논리를 서구 근대문명에 대한 평가의 영역에까지 확대시켜 적용했다. 서구 근대문명은 부국강병이라는 현실적인 힘을 가져올 뿐만 아니라 법에 의해 인민의 권리를 보장하여 인민에게 그 자유와 하늘이 내려주신 복을 널리 전함으로써 "인의(仁義)를 지킨다"는 의미에서도 선진적이고 우월한 문명이라고 윤치호는 생각했다. 그것에 비해 '중화'에 기반을 둔 전통적인 문명은 빈곤하고 유약해서 열등할 뿐만 아니라 "법을 만들어 백성을 구속하고 살육하는" 잔인한 불인(不仁)의 정치라고 보았다.24) 즉 윤치호는 서구사회의 개인의 자유 및 평등에 대한 막연한 정보를 유교의 전통적인 '안민(安民)'의 정치사상을 매개로 하여 소화하고 서구문명을 '인의'한 것으로 이해하고 전통적인 동양문명은 '불인=야만'스러운 것으로 규정한 것이었다.

여기에서 주목할 것은 윤치호가 '인(仁)'이라는 유교적인 가치개념을 기준으로 해서 '중화'와 '야만'을 이분하는 전통적인 '화이적' 세계관의 골격은 그대로 두고 '화' 대신에 서구적인 것을, '이' 대신에 비서구적인 것을 놓았다는 것이다. 즉 윤치호의 세계관은 이미 '화이적' 세계관과는 인연이 멀어졌으나 유교 고유의 도덕적 낙관주의와 그 틀은 여전히 남아 있었다.

이러한 윤치호의 서구문명에 대한 이해는 현상적인 힘만이 아니라 그 '도(道)'의 측면에도 주목했다는 점에서 특징적이나, 당시 서구의 여러 나라들이 주장하는 '도'와 현실과의 모순을 보지 못했다는 점에서 일면적이기도 했다. 그뿐 아니라 서구문명을 도의적으로 우월한 것으로 보는 윤치호의 서구문명에 대한 이해는 이후의 식민지 상태에 있는 조선인으로서의 아이덴티티를 위협하는 요인으로서도 작용하게 된다.

윤치호에게 조선의 최대의 정치적 목표는 조선이 청나라로부터 자주독립하는 것이었다. 보다 구체적으로 말하면 약한 조선 왕조에서 강한 왕조로 개혁되는 것이었다. 윤치호는 "조선에서 태어나 조선에서 자라고 그 임금의 은혜를 입고 그 봉록을 먹고 있으며 가르치고 기르는 것이 모두 우리 왕실을 보호하는 데 있음을 조금도 의심할 수 없다"고 하며,[25] 조선 왕조를 강하게 할 방책으로서 ① 청나라를 견제하기 위해 서구 여러 나라와 국교를 맺을 것, ② 수구파를 배제할 것, ③ 내정개혁을 실시할 것이라는 세 가지를 제시했다.[26] 이 세 가지 중 가장 중요시한 것은 내정개혁이었다. 윤치호는 내정개혁을 위해 서구의 효율적인 행정시스템을 습득해 이것을 조선에 도입하는 것이 필요하다고 생각했다. 그는 행정권의 분리, 인재의 적절한 활용에 의한 행정의 능률화, 재정의 통일과 학교·우편·병원 등 서구적인 근대시설의 적극적인 도입을 주장했다.[27]

이러한 내정개혁안의 특징은 그가 서구적인 행정시스템의 도입을 주장한 것에 있는 것이 아니라 유교의 전통적인 정치이상인 '안민의 정치'의 부흥을 꾀했다는 점에 있었다. 윤치호는 당시 빈번하게 발생했던 민란을 대외적 위기에 못지않게 조선 왕조의 근저를 뒤흔드는 위기로서 받아들이고, 그것은 '안민의 정치'의 이상이 상실되어 제대로 기능하지 못하고 있기 때문으로 보았다.[28] 따라서 윤치호는 이를 해결하기 위해 민생의 어려움을 군주에게 전달하고 또 군주의 "백성을 사랑하는 온정"을 백성에게 전달할 수 있는 어진 신하에 의해 "위와 아래의 정의"가 통할 수 있는 '안민의 정치'가 실현되지 않으면 안 된다고 주장했다.[29]

나아가 윤치호는 국가(조선 왕조)의 방위정책에도 이 '안민 정치'의 논리를 적용시켰다. 윤치호는 군 통솔권 일원화와 '상무(尙武)의 정신' 고취를 건의하기도 했으나[30] 그가 가장 중요시한 것은 '덕치(德治)'의 필요성이었다. 즉 '덕치'가 행해지면 백성은 틀림없이 충군애국(忠君愛國)하는 의(義)를 깨닫게 되고 그럼으로써 "상하가 같이 근심하고 같이 기뻐하며 안으로는 그 업을 편안히 하고 밖으로 능히 남의 없이 여김을 막을 수 있다"고 보았다.[31] 즉 윤치호에게 보국(保國)의 가능성은 결국 "심(心)의 강나(剛懦)" 문제였던 것이다.[32] 이 점과 관련해서 윤치호와 정반대의 입장에서 '왜양(倭洋)=이(夷)'라고 보았던 위정척사파의 '덕화적 방위론'도 '왜양'에 대해 '결인심(結人心)'하여 '내수외양(內修外攘)'할 것을 기도했다는 점에서 상통하는 바가 있었다. 결국 윤치호도 위정척사파도 다 같이 낙관적인 정신적 방위론자였다고 할 수 있을 것이다.[33]

이상과 같이 윤치호의 내정개혁론은 서구적인 정치 행정시스템의 도입과 '안민의 정치이상'의 실현이라는 두 개의 축을 중심으로 한 것이었으나 목표는 어디까지나 후자에 있었다는 점이 가장 큰 특징이라고 하겠다. 윤치호의 개혁론은 주관적으로는 '일본=서구'의 모델을 지향했으면서도 실제적으로는 '유교적 질서의 안정'을 보강하는 것을 목적으로 하는 것이었다. 이 점에서 선별적인 근대화라는 수단을 취하려 했던 1860년대 청나라의 '동치중흥(同治中興)'의 복고적인 성격에 보다 가까운 것이었다고 할 수 있다.34)

3) 개혁의 주체 상실

내정개혁의 궁극적 목표를 '안민정치(＝덕치)'의 실현에 있다고 본 윤치호는 그 사상의 필연적 귀결로서 개혁 실행의 주체는 국왕이라고 생각하고 있었다. 윤치호는 조선이라는 국가를 국왕의 소유물로 보고 따라서 개혁주체는 당시 조선의 국왕이었던 고종(高宗) 이외에는 있을 수 없다고 생각했다. 그는 국가의 운명에 관계되는 모든 것은 "성단(聖斷)"에 달려 있다고 고종에게 호소했다.35)

그러나 윤치호는 군주로서의 고종의 능력에 대해서 "잊어버리기를 식은 죽 먹듯이 하는 것은 암군(暗君)이 하는 일"이라고 비판하고36) 나아가 그의 무능력에서 조선 왕조의 멸망까지도 예감하고 있었다.37) 그러면서 윤치호는 스스로의 직무가 어디까지나 군주에게 간언하여 신직(臣職)을 다함에 있다고 생각했다. 그리고 자신의 역할을 고종이 개혁으로 마음을 돌리도록 계속해서 호소하는 것에 한정시켰다.38)

이와 같은 윤치호의 행동양식은 김옥균을 중심으로 한 개화파가 일으킨 갑신정변(甲申政變)과의 관계에서도 명확히 나타난다. 윤치호는 조선의 변혁의 필요성을 역설하는 김옥균 등 개화파의 주장에는 찬성을 하면서도 그 방법에서는 처음부터 의견을 달리했다. 윤치호는 왕의 의지에 반대하는 정변과 같은 형태가 아닌, 어디까지나 왕의 신뢰를 독점하는 형식으로 뜻을 같이 하는 사람들을 모아 때를 기다리는 것이 득책(得策)이라고 생각했다.39) 그러나 1884년 12월 4일 김옥균 등은 갑신정변을 일으키고, 윤치호를 내각의 외아문참의(外衙門參議) 자리에 앉히고 그의 아버지 윤웅열을 형조판서(刑曹判書, 법무대신)로 임명했다.40)

돌연한 사태 전개에 윤치호 부자는 군부모(君父母, 왕과 왕비)에게 미움받는 역신(逆臣)이 될 것을 두려워하며 정변의 실패를 예언했다. 그 가장 큰 이유로 "군(君)을 위협하는 것은 순(順)한 것이 아니고 역(逆)한 것"임을 들었다.41) 결국 윤치호 부자의 예견대로 정변은 실패하고 그 주모자의 체포가 시작되었다. 윤치호 부자에 대해서도 역신의 혐의가 붙어 윤웅열은 몸을 숨기지 않을 수 없게 되었고, 윤치호도 푸트 공사의 비호로 체포는 면했으나 '역신의 운명'의 향방을 숨 막히는 기분으로 주시하지 않을 수 없었다. 그러한 상황에 처하게 된 것에 대해 자기는 무죄였지만 "군왕의 의심이 있게 하고 아래로는 인민의 앙심이 있게 했다"고 김옥균 등을 비난했다.42)

이러한 상황 속에서 지금까지 강력하게 그의 입장을 변호해주었던 푸트 공사가 귀국을 하게 결정되면서 윤치호는 망명을 겸한 해외유학을 결심하지 않을 수 없었다. 그러나 미국행도 일본행도 이루지 못하고 그렇게 혐오하던 중국에 가게 되어 1885년 1월 29일 조선을 떠나 유학지인 상하이(上海)로 향했다. 이때의 윤치호에게는 '암군'이라는 고종에 대한 종래의 비판은 완전히 자취를 감추었다. 그는 자기의 충성심을 믿고 해외 출국을 허가해준 고종의 은혜를 칭송하며 학문을 배워 "성군(聖君)을 보필할 것"을 맹세하면서 출국했다.43)

이러한 윤치호의 행동양식의 저변에는 왕의 권위에 예종(隸從)하는 태도와 왕의 노여움에 대한 공포가 있었다고 할 수 있다. 그것은 윤치호가 유교의 명분론인 '신(臣)의 분(分)'에 강하게 구속되어 있었다는 이유만은 아니었다. 왜냐하면 유교의 명분론이 현실에서 신하의 주체성이 부정되기 쉬웠다고 하더라도, 이념에서 '신의 분'은 왕에게 직언하는 신하의 주체성에 의해 왕의 권력을 제한하는 것이었기 때문이다.44) 윤치호가 그러한 적극성을 가질 수 없었던 것은 개혁의 주체를 상실하고 나아가 행동주체로서의 개인인 자기를 세우지 못했기 때문이라고 말할 수 있다. 이 점에 대해서는 상하이의 종시 학원(中西學院, Anglo-Chinese College) 시대에 윤치호가 조선의 상황을 어떻게 인식했는가를 분석함으로써 더 생각해보자.

후술하는 바와 같이 윤치호는 상하이에서 서구 학문과 기독교로부터 큰 자극을 받고 기독교에 입신하게 되었다. 그에 못지않게 관심을 두었던 것은 중국의 반식민지 상태였다. 윤치호는 청나라의 주권이 미치지 않는 조차지(租借地)였던 상하이에서 서구인들이 중국인을 대하면서 멸시적인 태도를 보이는 것을 수없이 목격했다.45) 그러한 경험으로 윤치호는 종래에 가지고 있던 중국에 대한 혐오감이 더욱 깊어졌다. 윤치호는 중국에 대해 서구의 노예와 같은 비참한 상태에 있으면서도 경멸할 만한 자기 우월감에 빠진 '지식 없고 청결하지 못한' 나라라고 평가했다.46) 그리고 이러한 무력하고 낙오한 중국과 같은 나라에 내정 간섭을 받는 조선은 마치 '노예의 노예'와 같이 세상에서 가장 비참한 나라 중 하나라고 비탄했다.47)

1885년 6월 영국이 러시아의 남하를 저지한다는 명목하에 조선의 거문도를 점령한 소위 '거문도 사건'이 발발했다. 윤치호는 이 사건을 보고 조선은 일본, 중국, 영국, 러시아 세력의 각축장이 되어 독립을 잃을지도 모를 '누란(累卵)의 위기' 같은 상황이라고 인식했다. 이러한 인식은 조선의 장래에 대한 비관적인 전망을 더욱 심화시켜갔다.48) 윤치호는 조선 개혁의 필요성은 이미 일순의 유예도 허락되지 않는 긴급한 문제라고 생각했다. 그러면서도 그는 개혁 실현의 방법으로 여전히 국왕의 '성단'에 희망을 걸 뿐이었다. 이러한 인식과 현실과의 괴리 속에서 윤치호는 멸망의 길만을 자초하는 것같이 보이는 조선의 현실에 대해 절망감만을 증폭시키고 있던 것이다.[49] 현실 상황의 악화를 저지할 수 있는 어떤 수단과 방법도 없이 단지 괴로워하며 절망할 수밖에 없었던 윤치호에게 이러한 상황은 이미 우연이 아니라 탈출 불가능한 저주의 운명으로 인식되었다. 윤치호는 조선이 멸망할 운명이라면 청나라보다는 "다른 문명화된 나라"에 그 통치를 맡기는 편이 좋을 것이라고 하여 조선의 식민지화를 예상하기 시작했던 것이다.[50]

이상으로 윤치호의 초기 정치사상을 검토했다. 윤치호는 위기에 직면해 있던 조선을 재건하기 위해서는 조선의 낡은 유교적 사회질서를 개혁하지 않으면 안 된다고 생각했다. 이를 위해 서구적인 정치 행정시스템과 기술의 도입이 필요하다고 주장했다. 그러나 그 개혁의 주체는 어디까지나 왕이며 개혁의 주체인 왕의 최대 임무는 '안민의 정치(덕치)'의 실현에 있었다. 이러한 윤치호의 개혁사상의 내용은 서구화를 수단으로 한 유교적 정치를 실현하는 것이었다. 그러나 점점 악화되어가는 조선의 현실 상황 속에서 윤치호는 현실 개혁에 영향을 미칠 어떠한 매개도 발견하지 못한 채 자학적인 악순환의 연쇄구조에 빠져버린 것이다.

2. 기독교와 '제국주의적 지(知)'의 수용

1) 기독교에 입신

1885년 상하이로 건너온 윤치호는 총영사 스탈(General Stahl)의 알선으로 미국 남감리교회 선교사 앨런(Young J. Allen)이 설립한 종시 학원(中西學院)에 입학했다. 여기에서 종시 학원의 선교 교육자, 특히 "스승으로서 부족함이 없는" 사람으로, 마음 든든한 후견인으로서 일생을 두고 감사했던 본넬 (W.B.Bonnel)에게 많은 영향을 받았다.[51] 그리고 서구인의 교회를 견학하기도 하고 학원 내의 종교집회와 성서연구회 등에 출석함으로써 기독교라는 미지의 종교에 접하게 되었다.

윤치호는 선교 교육자들과 함께 생활하는 동안 내세를 위해 깨끗한 영혼이 될 준비를 하지 않으면 안 된다는 필요성을 인식했다. 여기에서 "인생은 짧으므로 가능한 한 최대의 쾌락이 허락되어야 한다"는 입장에 서서 감각적인 만족을 추구했던 종래의 자기의 생활태도를 반성하고 '심약문(心約文)'을 작성했다. 그 내용은 기침조(起寢條), 수세조(水洗條), 금오수조(禁午睡條), 계주조(戒酒條), 근희조(謹戱條), 직언조(直言條), 진노조(眞怒條), 절용조(節用條), 성적(性的)인 순결조(純潔條) 등 일종의 행동규율이라 할 수 있는 것이었다.[52] 윤치호는 "구악(舊惡)을 버리고 일신(日新)을 재촉하기" 위해 새로운 항목을 더하기도 하면서 이를 성실히 지키려고 노력했다. 규율을 위반한 경우에는 본성을 물욕에 의해 더럽힌 죄라고 하여 준엄한 자기 반성을 했다.[53] 이와 같은 생활태도의 변화는 근본적으로는 유교적인 수신(修身)의 연장선상에 있는 것이었다고 할 수 있으나, 내세의 구원을 의식했던 윤치호는 더욱 윤리적인 자기완성을 추구하게 되었다. 이러한 윤리적인 자기완성에 대한 열망이 윤치호를 기독교에 접근시키는 내적 동기로 작용했다.

그런데 윤치호는 윤리적인 자기완성을 위한 행위를 실천함에서 적지 않은 어려움에 직면하게 되었다. 특히 계주, 불순한 성행위의 금지 등의 조목을 준수하기는 어려워서 오랫동안 자책하곤 했다.[54] 이러한 실천의 한계를 경험한 윤치호는 인간의 힘만으로는 윤리적인 자기완성은 불가능하다고 생각하게 되었다. 때문에 그는 "악마의 꼬임을 받지 않도록" 기독교의 신에게 도움을 청하면서 신의 힘을 빌려 윤리적인 자기완성을 도모하려 했다.[55] 여기에서 주목해야 하는 것은 윤치호가 이해하는 기독교의 신은 어디까지나 윤리적인 자기완성의 주체인 인간에게 힘을 빌려주는 하나의 선한 주술적인 힘과 같은 것이었다는 점이다. 이것은 자기 구원을 위한 인간의 모든 시도를 '죄'라고 철저히 부정하고 신만을 구원의 주체라고 보는 이해는 아니었다. 윤치호가 이해한 기독교는 신이라는 선한 주력적인 힘에 의해 수호되는 인간이 윤리적인 자기완성에 의해 스스로를 구원한다는 '자력 구원'의 종교였다. 또한 그 구원의 내용도 윤리적으로 완전한 상태를 소유하는 것이었다고 말할 수 있다.

윤치호는 "유교의 사서(四書)를 정독해서 많은 교훈을 발견했다. 그러나 누구나 그 교훈에 복종해야 할 까닭은 없었다"고 하여 유교에는 윤리적인 자기완성을 인간에게 강제하는 장치가 결여되어 있다고 보았다.[56] 즉 윤치호는 기독교와 같이 내세의 구원을 위한 조건으로서 자기완성을 인간에게 강제하는 시스템이 유교에는 없다고 생각던 것이다.

이렇게 유교와 비교하여 기독교의 윤리적인 유효성을 확신했던 그가 기독교에 입신할 것을 결심하기에는 주저되는 요소가 몇 가지 있었다. 그것은 "박해와 조롱에 대한 공포, 옛 친구(유교의 선비들 — 인용자)를 잃어버리는 손해, 종종 밀려드는 여러 의심과 유혹"이었는데,[57] 특히 여러 가지 의심이 가장 큰 장애였다. 그렇다면 기독교의 입신을 주저하게 하는 '의심'이라는 것은 무엇이었을까.

후일 윤치호는 유교와 기독교를 비교해 논할 때, 유교에 대해 다음과 같이 말했다. 즉 유교는 기본적으로 하나의 "철학 내지 가지적(可知的)인 종교"의 체계다. 유교도는 다른 종교로부터 "그 지적인 호기심을 만족시키기 위해 종교와 그 교리의 새로움을 추적"한다. 지적 체계를 소유하고 있는 동양의 지식인 유교도의 눈에는 기독교에서 말하는 기적, 지옥, 저주받은 영혼이 받는 영원의 벌 등의 교리는 아무 의미도 없는 조야(粗野)한 것으로, 그리고 기독교의 복음은 "너무나도 단순한" 것으로 여겨진다. 유교의 지적인 체계에 가장 가까운 기독교의 교파는 기독교에 포함되어 있는 많은 불가해한 것을 인간의 이성을 가지고 설명하려는 이신론적(理神論的)인 체계를 갖는 유니테리안파(派)이다.58)

이와 같은 윤치호의 묘사는 기독교는 윤리적인 면에서 유교를 능가하나 지적인 측면에서는 유교가 좀 더 세련되어 있으며 이성적·합리적인 체계라는 것이다. 여기에 기독교에 입신을 주저하게 하는 그의 '의심'이 있었다. 그것은 기독교의 세계관이 유교의 그것보다 저급하다고 하는 평가절하적인 판단을 동반한 의심이었다.

기독교를 윤리적으로는 유효하다고 인식하면서도 거기에 의심을 품는 이러한 윤치호의 태도를 이해하기에는 다음과 같은 베버(M. Weber)의 유교와 프로테스탄티즘에 대한 이념형적(理念型的)인 설명이 유용하다. 베버에 의하면, 유교의 최고개념인 천(天) 내지 도(道)는 일종의 우주론적인 종합개념으로서 초신적(超神的), 비인격적이며 항상 자기 동일적인 개념이며, 시간적으로는 영구 불멸의 존재임과 동시에 영원의 질서가 시간의 제약 없이 통용되는 개념이다. 천은 우주의 영원한 질서이며 동시에 우주의 운행(運行) 그것이다. 더구나 그 질서는 우주적인 질서만이 아니라 동시에 우주적인 질서의 조화로부터 귀결되는 사회질서도 의미한다. 천은 이 사회질서의 항상불변성(恒常不變性)과 방해됨이 없는 타당성의 불침번(不侵番)으로서, 또 이성적인 규범의 지배에 의해 보증된 평온의 수호자로서 존재한다. 따라서 유교에는 우주의 질서와 사회의 질서가 동일성의 원칙 위에서 연속되며 이 동일성의 원칙은 인간의 질서, 즉 인류의 영역으로까지 연속되고 있다. 따라서 유교에서 천이란 우주의 질서규범이자 동시에 사회의 질서규범이며 더욱이 인간의 윤리규범이기도 하다.59) 베버는 이와 같은 유교의 체계를 현세의 자족적인 자기완성을 전통에 의해 보증하는 낙관적 현세긍정의 일원주의적인 세계상이라고 했다. 그는 종교적으로 현세를 무가치한 것으로 인식하지 않는 점이나 현세를 거부하지 않는 점에서도 현세에 대한 긴장관계가 최소한으로 축소된 것이라고 하면서 유교의 대극(對極)에 있는 세계상으로 프로테스탄티즘을 위치 지었다.60)

기독교의 신은 세계와 인간을 무에서 창조하고 피조물에게 그 의무를 다하기를 요구하는 초현세적인 인격적 신이다. 이러한 신과 피조물이 연속되는 것은 있을 수 없다. 피조물에 대한 절대적 초월성과 부정성이야말로 신의 특징이다. 따라서 기독교는 신과 피조물 사이에 절대적인 단절을 두는 신 중심적인 이원주의 세계상이다.61) 이원주의 세계상에서 신과 피조물은 비관적이고 극한적인 긴장관계에 있게 된다. 즉 자연과 신성, 윤리적 요청과 인간적 불완전, 죄의식과 구원의 요구, 현세의 행위와 내세의 응보, 종교적 의무와 정치적·사회적 현실과의 사이에는 심각한 단절과 긴장이 생긴다. 이러한 단절과 긴장은 일원주의적인 세계상인 유교에는 결여되어 있다.62)

이와 같이 베버는 유교와 프로테스탄티즘을 그 이념형에서 전자를 일원주의적 세계상으로, 후자를 이원주의적 세계상으로 특징짓는다. 그런데 이념형이란 원래 이론적으로 설정된 순수개념으로 그것이 현실의 현상을 유형적으로 위치 짓는 기준이 되는 유형개념이라는 것을 고려할 때 유교에도 이원주의적인 측면이 있다는 것을 간과해서는 안 된다.63)

유교의 윤리적 낙관주의는 동시에 준엄한 리고리즘(rigorism: 엄격주의)을 포함한 것이기 때문이다. 즉 실현해야 할 규범이 자연(본성, 本性)이라고 되어 있으면서도 보통 인간의 감성적 경험 내지 정동(情動)은 필연적으로 선과 악이 서로 뒤섞인 기질의 제약을 받고 있다. 왜냐하면 역으로 '천리(天理)'는 구체적·실천적으로는 모든 자연적 기초를 잃은 절대적 당위로서 인간의 욕망에 대립되기 때문이다. 유교는 실천적 차원에서 '천리'와 '인욕'의 이원적인 대립을 '천리멸인욕(天理滅人欲)'의 극기적 엄격주의에 의해 지양하려고 했다.64)

일반적으로 유교에서 기독교로 입신하는 경우 이 극기적인 엄격주의에 의해 수신을 완성하고자 하는 욕구가 종종 다리 역할을 한다고 하는데 윤치호도 예외는 아니었다. 윤치호는 유교의 리고리즘으로 상징되는 윤리적인 엄격주의의 극한적 관철이라는 형태로 기독교의 구원의 비전에 이끌리게 되었던 것이다. 그러나 그 외의 점에서는 여전히 유교적 세계의 주민이었다. 그 때문에 기독교에 있는 기적을 비롯하여 이성적으로 해소되지 않는 논리에 대해서는 조야하고 저급하다고 간주하고 이상한 것으로 의심했던 것이다. 따라서 기독교 세계관에 접하면서 윤치호가 보였던 의심은 유교와 기독교의 세계관의 질적인 상위(相違)에서 오는 자연스러운 것이었고, 그렇기 때문에 더욱더 철저한 해결이 요구되는 것이기도 했다. 그러나 윤치호는 이 의심을 해결하지 못한 채 1887년 4월 세례를 받고 조선 최초의 남감리교파 기독교의 세례교인이 되었다.

세례 때 그가 제출했던 '원봉진교서(願奉眞敎書)'에는 세례를 희망하는 이유로 ① 나의 시간과 재능을 다해 기독교에 대한 지식과 신앙을 증진해서 신의 뜻이라면 내 자신과 내 형제를 위해 유용한 인생을 살 것, ② 인생의 황혼이 다가올 때 다른 사람들과 같이 죽음의 입구에서 구원의 길을 찾는 일이 없도록 할 것, ③ 옛날의 자신과는 다른 새로운 사람으로서의 증거를 분명히 하고 여러 가지 시련을 몰아낼 것 등을 들었다.65)

여기에서도 알 수 있는 바와 같이 그가 기독교에 입신한 것은 결정적인 회심의 체험을 통해 의심을 해결한 뒤의 신앙고백이라기보다는 하나의 수단이었다고 할 수 있다. 즉 유교적인 일원주의적 세계관을 보유하면서 윤리적으로 자기를 완성하려는 열망이 기독교 입산의 내적 동기를 이루었던 것이다.

2) 미국의 사회진화론 흡수

윤치호는 종시 학원에서 받은 교육으로 서구적인 학문과 기독교 신앙에 대한 기초를 닦고 이를 한층 심화시키고자 미국 유학을 열망하게 되었다. 윤치호가 유학을 희망한 곳은 미국 남감리교회와 협의해 결정된 미국 남부의 밴더빌트(Vanderbilt) 대학이었다. 여기에서 윤치호는 3년간 신학을 전공하고 계속해서 조지아 주의 에모리(Emori) 대학에 편입하여 2년간 인문과학을 공부했다.66)

그런데 윤치호는 대학에서의 공부보다는 오히려 기독교국가인 미국사회의 모습에서 기독교를 이해하는 데 더 큰 영향을 받았다. 유교사회인 중국에서 기독교에 입신했던 윤치호는 기독교를 사회와 분리된 순수한 개인적인 종교이념 체계로 이해했으나 기독교국가로서, 더구나 세계 최고의 부와 문명을 자랑하는 나라 중 하나로 동경해왔던 미국사회를 직접 경험함으로써 기독교라는 종교의 사회적 기능과 그 역할에 대한 이해를 심화시킬 수 있었다.

1888년 10월 샌프란시스코에 도착한 윤치호는 "도로와 가옥의 굉장함과 시전(市廛) 재물의 화려함은 전날 꿈에도 못 본 것이다"라고 미국에 대한 첫인상을 적은 이래 도저히 메울 수 없을 것 같은 미국과 조선의 부의 격차를 통감하게 되었다.67) 윤치호가 유학했던 당시 미국은 경제가 비약적으로 발전하는 시기였다. 윤치호는 이러한 미국의 경제적 부가 진보된 자연과학적인 지식과 기술 그리고 미국인의 근면한 노력에 의한 끊임없는 '자연 정복', 즉 산업화의 결과라고 생각했다.68) 그리고 윤치호가 미국사회의 부에 못지 않게 감복했던 것은 경제적인 번영으로 인해 사회의 최하층민들도 동양사회와는 비교가 안 될 정도로 생활수준이 높았다는 것이었다.[69]

윤치호의 이러한 서구문명의 원리에 대한 인식의 특징은 산업화와 전 국민 생활의 향상을 무매개적으로 일치시켜서 파악했다는 점에 있다. 그러나 자본주의 사회의 계급적 갈등과 제국주의적 세계질서가 시사하듯이 산업화와 전 국민 생활의 향상이 전적으로 일치하는 것이 아니라 오히려 알력이 생길 수도 있다는 것을 윤치호는 간파하지 못함으로써 산업사회의 창출자인 자연의 정복자로서의 인간상이 전면에 나오고 사회를 자유로이 변화시킬 수 있는 행동하는 주체로서의 시민상이 결락되고, 이 점이 윤치호의 세계상의 구상에 깊은 영향을 미치게 된다.[70]

윤치호는 서구문명의 원리를 참조할 만한 여러 문명 중 하나로 이해한 것이 아니라 모든 문명이 추구해야 할 진정한 가치로서 수용함으로써 스스로의 가치관을 철저히 전향했다. 그는 서구문명의 원리를 실현했다고 생각되는 미국사회를 미국인이 자랑하는 대로 "문명의 궁극적인 종착점"이랄 만한 세계 최고의 사회라고 평가했다.[71] 이를 통해 미해결인 채로 유보되었던 유교의 농업 중심적인 세계상과 결별했을 뿐만 아니라 유교적인 세계관 전체를 '반(反)문명적'인 것으로 부정, 단죄하는 입장을 취했다.

이러한 윤치호의 전면적인 전향은 당연히 그의 조국 조선에 대한 인식에도 중대한 질적 변화를 초래했다. 서구문명의 원리에 입각해서 본 조선은 단순히 빈곤하고 약한 나라가 아니라 "명예롭게 생각할 어떠한 가치도 없는" 암흑의 나라이며 더욱이 유교에 얽매어 '문명의 원리'로 회심하기를 굳게 거부하는 반가치의 "덩어리"였다.[72] 조선의 열등성이라는 것은 이미 현상적인 것이 아닌 본질적인 것으로 인식되었다. 그리고 그는 조선의 근원적인 열등성을 깊이 수치스러워하며 경멸과 증오를 품고 나아가 이 불명예의 나라를 조국으로 하여 태어난 자신의 생을 "우환"이라고 원망했다.73) 이러한 윤치호의 조국에 대한 생각과 자아상은 자기 상실자의 특징이라고 할 수 있는 자기 멸시와 열등감을 철저히 내재화시킨 것이었다. 이러한 열등자로서의 윤치호의 자기 이해는 미국사회의 인종 차별에 대한 그의 자세를 규정짓는 것이기도 했다.

윤치호는 미국의 각 주에서 자행되는 인디언과 흑인 차별에 대해 더욱이 그 자신에게 닥쳐오는 동양인에 대한 차별에 대해 격분했다. 그리고 미국 개신교 교회에서도 남감리교와 흑인 감리교의 통합안이 인종 차별에 의해 결렬된 것,74) 동양 선교에 관한 각종 집회에서 인종 차별적인 편견으로 동양의 풍습을 해설했던 선교사의 보고가 긍정적으로 받아들여져 동양의 문명화를 위해 "공격적인 힘"의 사용이 주장된 것,75) 백인의 번영을 위해 인디언과 흑인의 말살이 교회 안에서 당당히 주장되는 것 등을 목도하면서 미국 기독교인의 냉혹함에 크게 당혹했다.76) 성속(聖俗)의 영역을 불문하고 미국사회 전체에서 자행되는 인종 차별을 앞에 두고 윤치호는 미국이 자랑하는 '천부 인권'은 미국인의 허영심 가득한 거짓말에 지나지 않는다고 보았다. 또한 미국의 민주주의도 백인에게만 한정된 것으로 미국은 궁극적으로는 민주주의 국가가 아니라 인종 차별 국가라고 인식했다.77)

그런데 윤치호는 이러한 미국사회의 인종 차별의 배경에는 사회진화론적 '적자생존의 원리'가 작용한다는 것을 알았다. 당시의 미국에서는 대개 사회진화론 사상이 유행하고 있었다.

사회진화론이란 다음과 같은 이론이다. 여러 가지 문화의 우열을 평가해서 그것에 순서를 부여하는 기준은 기술의 진보이고, 기술의 진보는 생물학상의 발전에 대응한다. 각 문명의 기술수준이 다른 이유는 문명을 담당하는 인종이 생물학상의 진화과정에서 별개 단계에 있기 때문이다. 인종 중에는 진화가 저지되어 미개인인 채로 남아 '원숭이'에 좀 더 가까운 인종도 있다. 열등한 인종인 흑인과 인디언 등은 백인과는 별개 종류의 인간으로 개별적으로 창조되었다. 따라서 백인의 문명이 우월한 것은 그 인종의 생물학적인 우월함이 나타난 결과이다. 뛰어난 기술적인 진보를 달성했던 백인이 백인 외의 인종을 정복한 것은 인종경쟁에서 '비적자의 배제,' 즉 '최적자생존'의 결과임으로 정당한 것이다. 백인에 의한 인디언 등의 정복 내지 말살은 문명의 진보에 대해 지불되어야 마땅한 대가일 뿐이라는 것이다.78)

한편 기독교계에서도 '적자생존'의 결과인 열등 인종의 멸망은 '신의 뜻에 합당한' 것으로 앵글로색슨 인종은 시민적인 자유와 기독교 그리고 모든 문물제도를 가지고 지구상의 모든 인종을 교화하고 복음화시킬 사명을 다하기 위해 "멕시코에서 중남미로, 나아가 해양의 여러 섬 및 아프리카를 넘어 더욱더" 뻗어나가지 않으면 안 된다고 주장한 스트롱(Josia Strong)의 기독교적인 제국주의 사상이 많은 영향력을 행사하고 있었다.79)

윤치호는 인종 차별에 분개했으면서도 사회진화론에는 부정할 수 없는 진리가 있다고 생각했다. 이미 조국을 열등한 나라라고 생각하고 그 열등성을 증오했던 윤치호는 차별은 열등자 자신의 열등한 본질 때문에 일어나는 것으로 따라서 열등자에게 가해지는 차별과 정복은 신의 뜻에 합당하다는 사회진화론의 '비적자 배제론'에 공감하지 않을 수 없었다. 윤치호는 인디언이 차별당하는 원인은 그들 자신의 "태만과 무지로 인해 문명의 은혜를 이용하는 것에 실패"했기 때문으로 보고, "백인이 인디언의 소유지를 빼앗은 것은 진주를 돼지에게 줄 수 없는 것과 같이 당연하다"고 보았다.80) 그리고 미국의 백인종은 세계 최고수준의 산업문명을 이룩함으로써 인종경쟁에서 승리하고 그 결과 인디언, 흑인, 동양인 등 다른 인종을 지배하고 배제할 수 있는 최우월적인 지위를 획득했다고 이해했다. 즉 스스로의 열등성 때문에 인종

경쟁에서 패배한 인종은 "살 가치가 없는" 존재이므로 차별당해도 어쩔 수 없으며 나아가 '적자생존의 원리'에 의해 소멸당해도 당연한 것이라고 인식했던 것이다.

윤치호는 이와 같이 수용한 사회진화론적인 논리를 근거로 미국사회의 인종 차별을 해석했을 뿐만 아니라 전 세계적으로 행해지는 인종경쟁 현상을 신의 섭리와 관련하여 해석하면서 독특한 기독교적인 세계상을 구성해간다.

3. 기독교적 제국주의의 세계관

1) 기독교적 적자생존의 논리

미국의 광대한 서부 개척과 경제 발전을 목격했던 윤치호는, 자연은 인간이 이용하도록 신이 창조한 것이라는 당시 미국의 자연관에 세계상의 출발점을 두었다. 윤치호는 서구에서는 "자연 위에 인간을 두는" 기독교의 가르침에 따라 인간이 자연의 위력에서 해방되어 "노예로서 자연을 섬기는 것이 아니라 주인으로서 그것을 이용"하고 있다고 인식했다. 그리고 해방된 서구인의 정신과 힘은 기술을 발전시키고 자연을 정복함으로써 서구만이 유일하게 '문명인'이 되었다고 말한다.[81] 또한 비서구 지역은 중국, 조선과 같이 "자연에 구걸하는 겁쟁이"로 이들은 최소한의 환경 개척을 이룬 반(半)문명국과 "자연의 노예"일 뿐인 미개국으로 구분할 수 있으나, 지금까지 주술적인 터부에 의해 자연에 묶여 빈곤과 불결함 속에서 마치 '개'처럼 살고 있으니 총괄해서 아직 야만의 단계를 탈피하지 못했다고 윤치호는 생각했다.[82]

그리고 윤치호는 서구 문명국이 비서구를 정복하는 약육강식의 현상을 전

인류의 문명화를 위해 신이 선택한 수단이라고 보고, 서구의 비서구 세계에 대한 침략을 도덕적인 투쟁이라고 보았다.83) 즉 인류의 역사는 서구의 문명국이 비서구의 야만국을 정복하면서 그 문명을 확대해가는 과정이라고 인식하고 이러한 인류사관에 근거하여 '서구 문명국＝강자＝도덕적인 선, 비서구 문명국＝약자＝도덕적인 악'이라는 독특한 등식을 도출하고 있었다.

그러나 본질적으로 필연적 관계가 없는 이 3자의 무분별한 동일화는 서구의 산업문명이야말로 절대적인 선이라고 생각하는 윤치호의 가치관에서 귀결된 것으로, 강자의 탐욕적인 침략행위를 도덕적인 선의 실현으로 해석하여 정당화하는 근거가 되었다. 윤치호에 의하면 서구의 비서구에 대한 침략행위는 야만인을 강제적으로 문명화하려는 것이므로 서구인은 "문명의 교사로서 인류의 문명화라는 성스러운 임무를 양심적인 충성심으로 수행하는" 자들이었다.84)

그런데 윤치호는 서구인이 비서구 지역에서 자행했던 수많은 불의(不義)를 알고 있었다. 그럼에도 서구인을 가치에 헌신하는 자들로 보려는 윤치호에게는 이러한 사실을 지적인 성실성으로써 응시한다는 것은 불가능했다. 그 결과 윤치호는 서양인의 불의는 "인간이라는 존재의 이기적인 본성에서 유래하는" 것이라 하여 이것을 인간이 일상생활에서 경험하는 일반적인 죄로 해석했다. 그리고 비서구인도 강자가 되면 똑같은 불의를 행할 것임에 틀림없다고 잘라 말한다.85) 즉 불의는 문명인이 비문명인을 문명화할 때 동반되는 '필요악'이라고 생각한 것이다. 그는 현재의 역사상황에서 서구는 임무수행의 방법으로 비서구인을 야만적인 상태에서 일어설 수 있도록 치료할 것인가, 아니면 멸망시킬 것인가라는 두 방법 중 하나를 택할 수밖에 없다고 하며 서구가 자행한 불의를 완전히 논외의 문제로 처리했다.

한편 윤치호는 비서구사회가 선택할 길은 그들의 무능력을 극복하여 문명화를 성취해 존속하는 것이 아니면 멸망뿐이라고 생각했다.86) 만일 "자의적인 게으름과 무지" 때문에 서구에 의해 주어진 기회를 이용하지 못하고 문명화에 실패한다면 그 종족은 살 가치가 없다고 생각했다. 따라서 그는 한 종족의 정복 내지 멸망은 그들 자신이 초래한 자업자득일 뿐으로 마땅히 감수해야 할 벌이라고 여겼다.87)

나아가 문명국의 지배를 받는 것은 비문명의 상태인 채로 독립을 유지하는 것보다 행복하다고 확신했다. 왜냐하면 문명국의 지배로 인해 생활이 향상되고 교육과 계몽을 통해 수천 년간 지속된 정체와 야만의 상태에서 해방될 수 있기 때문이다. 이러한 문명국의 지배에 의한 은혜는 그 과정에서 발생하는 불의를 충분히 보상함에 족하다고 윤치호는 생각했던 것이다.88) 따라서 정복 내지는 멸망의 기로에 선 민족은 그 결과를 겸허하게 받아들여 스스로의 운명에 복종해야 한다고 윤치호는 말한다.

이렇게 윤치호의 세계상은 '적자생존의 원리'에 의한 전 세계의 산업문명화의 실현을 신의 궁극적인 역사목표로 보는 일원적인 세계상이었다. 그것은 마치 칼뱅주의의 이중 예정설과 같이 '산업·문명국=선한 자=영원의 지복, 비산업·야만국=악한 자=영원의 멸망'이라는 상극적으로 대치하는 이원적인 가치에 근거한 것이었다. 이러한 세계상 속에서 윤치호가 만난 기독교의 신은 이 세계를 초월하여 심판하는 신이 아니라 이 세상 속에서 산업문명이라는 지고의 가치를 수호하는 신이었다.

윤치호의 이러한 세계상이 제국주의적이었다는 것은 말할 나위도 없다. 그러나 제국주의적인 세계상이라 하더라도 윤치호의 그 생각은 서구 기독교인이나 일본 기독교인과 같은 자기 팽창적인 논리는 아니었다.89) 오히려 산업문명을 절대시하는 주관적인 가치관에 입각한 그의 세계상은 피압박민으로서의 자기의 입장을 상실하고 제국주의 국가의 자기 정당화의 논리를 그

대로 내재화시켜버린 주체 부재의 공허한 것이었다. 늘 외적인 가치에 의해 스스로를 평가함으로써 그 결과 자기 민족의 열등성을 자발적으로 승인하거나 감내한다는 주체상실의 논리이자 자기 파괴의 논리였던 것이다.

그리고 이러한 세계상의 성격과 상응하는 자기 파괴성은 윤치호의 자기 이해에서도 깊이 각인되어 있다. 그는 모욕받은 자존심 앞에서 분노에 떨면서도 거꾸로 열등한 민족의 일원인 자기를 자발적으로 비하하려고 노력하며 문명국의 국민이 되는 것이 거부된 자신의 운명을 슬퍼했다.[90] 그리고 자신과 민족에 대한 애증의 깊은 균열 속에서 상처받고 소모되어갔던 것이다. 다음으로 윤치호의 신앙의 구조를 고찰하면서 이러한 제국주의적인 망상과 기독교의 관계를 좀 더 구체적으로 고찰해보겠다.

2) 신앙의 구조

윤치호는 그의 독자적인 '기독교적 세계상'에 의거하여 신앙의 논리를 전개하는데, 이것은 당연히 종래의 기독교 신앙의 근간을 공동화시키는 것을 전제로 하는 것이었다.

윤치호는 기독교 신학에 대해 "본능적으로 혐오감"을 느낀다고 말한다. 인간이 경험하는 영역을 넘어 이 세계의 근거가 되고 이 세계를 의미 있게 하는 신, 그 신을 원리로 하는 세계에서의 인간의 의미와 피조세계의 상태와 의미 등 신학의 대상이 되는 이러한 사항들은 인간의 사색의 대상이 되지 않는다고 윤치호는 생각했다. 내일 무엇이 일어날 것인가가 예측 불가능한 인간에게 수천 년 후에 일어날 것이라는 천년 왕국과 같은 문제는 "실제적으로 가치가 없는 것"이라고 보았다.[91] 교리학적인 테마, 즉 신론(神論)의 삼위일체설과 그리스도론의 신성과 인성의 관계, 구원론의 속죄설 등에 관해서도 윤치호는 어떠한 흥미나 의미를 느낄 수 없었다. 윤치호는 이들 교리학적인 언표(言表)는 인간의 경험을 통해서 얻은 상식과 반대되는 "모순된 말들"이며 "차갑고 마음이 없는 도그마적" 진술에 지나지 않는다고 말한다.[92] 그는 과학과 이성이 아직 발달하지 않았던 시대의 "사색가들이 스스로의 두뇌에 있는 것을 발현시킬 유일한 것이 신학밖에 없었기" 때문에 신학이 성립되었다고 보고, 따라서 신학은 "불가해한 것을 알려고 하는, 그리고 풀 수 없는 것을 논리적으로 풀려는 인간 지성의 절망적인 노력의 조직적인 기록"으로 과학과 이성과 상식이 발달하지 않았던 시대의 세계관에 지나지 않는다고 이해했다.[93] 또한 신학의 역할에 대해서 "인간을 좀 더 현명하게도, 좀 더 선하게도, 좀 더 행복하게도" 하지 못하며 단지 신학 논쟁에서 "망령되이 하느님의 영광을 옹호한다고 주장하면서 정치화하여" 싸우면서 인간 본성의 추한 모습을 기독교의 역사에 남겼을 뿐이라고 보았다.[94] 결국 윤치호는 낡은 시대의 세계관이 반영된 것일 뿐인 기독교 교리는 성직자만이 교양으로 학습하면 되는 정도의 "비본질적인 것"이라고 생각했던 것이다.

기독교 교리의 성립과 그 역할을 부정적으로 이해했던 윤치호는 "성서를 우리의 신념의 기준으로 하면 된다"고 말한다.[95] 그러나 "성서로 돌아간다"는 윤치호의 생각은 기독교 교리와 신학이 기독교인의 신앙적인 입장과 유리되어 하나의 사변적인 학문으로서 화석화되는 것을 비판하고 기독교 신앙의 원점을 다시 한 번 성서로 되돌리려고 했던 종교개혁자들의 입장과는 근본적으로 다른 것이었다. 성서 무오류설에 대해 윤치호는 "인간이 쓴 어떠한 책도 잘못을 피할 수는 없다"는 경험적 상식에 근거하여 "비이성적"이라고 판단했다.[96] 또한 신약성서의 기적 설화는 "이교의 신이나 부처에 의해 행해졌다고 하는 어린애 같은 불가해한" 이야기와 아무런 차이가 없는 무가치한 것으로 이해했다.[97] 예정설에 대해서도 바울과 칼뱅의 너무나도 다른 주장 중에 어느 쪽이 올바른가를 확증하는 것이 불가능하기 때문에 "나는 어느 쪽도 믿지 않는다"고 한다. 또 그리스도의 재림은 바울과 베드로와 같은 영감에 찬 사도까지도 그 시기를 예고하는 것이 틀릴 정도로 알 도리가 없는 문제라고 물리쳤다.98)

이와 같이 윤치호는 일상적인 경험으로 판단한다는 방법에 입각하여 기독교의 이원적인 세계관을 이루는 여러 가지 교리와 성서의 내용을 부정해가는데, 이러한 작업이 독자적인 일원적 세계상의 관철과 표리관계에 있었던 것은 물론이다. 윤치호는 이러한 작업을 성서의 예언과 예언자를 부정함으로써 최종적으로 완결 지었다. 즉 그는 상식적인 판단에 근거하여 기독교의 신의 세계와 이 세계와의 이원성을 매개하는 예언을 부정했다. 그는 예언자가 신이 나에게 말했다고 하면서 전하는 이미지, 예증, 비유 등은 예언자 자신이 말하는 것을 성스런 계시로서 믿게 하려는 방법에 지나지 않는다고 보았다.99) 왜냐하면 산업문명이라는 신적 원리에 의해 관철된 일원적인 세계상을 갖고 있는 윤치호에게 산업화의 명령 이외에 신의 계시는 있을 수 없었다. 또한 산업문명화의 사도는 있어도 예언자는 있을 수 없기 때문이다. 결국 윤치호는 예언을 부정함으로써 현세와 신의 세계를 상징하는 기독교의 이원적인 세계관의 골격까지 공동화했던 것이다.

그러면 이렇게 해서 스스로의 일원론적 세계상을 관철시켰던 윤치호는 기독교를 어떻게 믿어야 한다고 생각했던 것일까.

윤치호에게 신은 전 우주의 창조자이며 인간에게 윤리적인 규범을 주는 존재였다. 더욱이 신은 편재(遍在)적인 눈을 갖고 인간의 모든 행위를 감시하는 존재였다. 이러한 신의 존재가 신앙자의 마음을 "하느님에 대한 공포로 가득하게 하고," 그리하여 신앙자를 죄로부터 지키고 윤리적으로 행동하게 한다고 이해했다.100) 그리고 그리스도는 모든 기독교인이 삶의 모범으로 삼아야 할 가장 높은 윤리적인 품성의 체현자라고 생각했다.[101] 따라서 윤치호는 기독교를 "우리가 올바른 진리라고 알고 있는 것을 실행하게 하는 살아있는 도덕 내지 영적인 힘(spiritual-power)"이라고 이해했다.[102] 윤치호에게 기독교는 인간의 모든 행동을 신의 감시하에 두고 윤리규범을 준수하도록 종교적으로 강제하여 신자의 행위를 강력하게 통제하는 종교, 즉 "인간을 윤리화하는 종교"였던 것이다.

여기에서 윤치호는 윤리규범으로서 안식일의 준수를 비롯한 십계명의 준수, 정직, 청결, 계획적인 생활, 질서의 준수, 육체적인 쾌락의 금지, 노동의 존중, 절약, 시간의 유용한 사용, 근면 등을 설정했다.[103] 이 윤리덕목은 당시 미국 교회에서 통용되는 여러 가지 규범을 모은 것으로 기독교적인 덕목과 근대 산업사회의 공리적인 사회규범을 혼합시킨 것이라 할 수 있는데, 윤치호는 이를 준수하면 "행복과 이익"을 얻게 된다고 생각했다.[104] 그는 신의 규범의 정당성을 현세에서 인간의 행복을 증진시킨 것에서 확인할 수 있다고 한다. 즉 윤치호는 기독교의 윤리를 "행복주의적인 결과윤리"로 이해했던 것이다. 따라서 윤치호가 생각한 윤리규범은 실제로 이익 증진을 목표로 하는 행복주의가 우선시되는 형식으로 통합·조정되어 기독교적인 가치와 태도는 점점 배제되고 소원해진다. 또한 윤치호는 기독교 윤리의 내면적 동기 중심주의적인 태도를 배제하고 행위의 결과 중심주의적인 태도를 취했다. 그는 "어떤 행위에 동기를 설명하려고 하지 말아라. 만일 그것이 바르다면 설명이 필요 없고 만일 그것이 잘못되었다고 한다면 어떠한 설명도 그것을 정당화할 수 없다"고 말한다.[105] 그리고 내면에 있는 나쁜 마음은 그것 자체로는 죄가 아니며 그 나쁜 마음이 행위로 표면화될 때에 비로소 죄가 된다고 생각했다. 즉 "유혹되는 것은 죄가 아니고, 유혹에 지는 것이 죄"였던 것이다.[106] 그래서 윤치호는 인간의 내면에 숨어 있는 여러 가지 감정과 욕망을 자연적인 것으로 용인한다. 그는 "용서할 수 없고 또 용서해서는 안 되는 욕구" 같은 것은 인간에게 없으며 "감정과 편견은 정도의 차이는 있으나 모든 인간에게 있는 자연적인 것"이고 즐거움과 부유함은 "있어야 할 장소"에 있으면 좋은 것이라고 한다. 이들 감정과 편견 그리고 욕망의 처리는 "자기가 그러한 것을 갖고 있다는 것을 비난하여 분노의 힘으로 밀어내서는 안 되고 이성에 의해 균형을 취하게 해야 할 것"이라고 생각했다.[107]

이렇게 해서 윤치호가 말하는 윤리적인 인격 도야라는 것은 점점 그리스도와 같은 인격과는 멀어지게 되어 기독교의 상징적인 윤리덕목인 '원수를 사랑하라'는 그리스도의 명령은 인간에게는 실행 불가능한 비현실적인 것으로 포기되었다.[108] 그리고 동기의 순수성, 인격적 성실, 목표의 고상함, 박애, 언행일치 등의 덕목은 그의 일상생활과 항상적인 관계를 갖지 않는 개개의 선행에 그친다. 그 결과 그가 가장 중요시했던 것은 육체적인 쾌락의 금지, 노동의 존중, 생활의 간소화, 절약, 시간의 유효한 사용, 근면, 계획적인 생활 등의 항목들이었다. 이것은 윤치호의 '행복주의'적인 윤리 이해의 필연적 귀결이었다. 왜냐하면 산업사회에서 '행복'이라는 윤리적 목표를 실현하기 위해서는 일상의 의무와 노동을 적극적이고 조직적으로 행하여 그 성과의 축적을 엄격히 자기 심사하고 강제해가는, 말하자면 '향상주의적 금욕'이라고 할 수 있는 생활 윤리규범이 전제로서 필수 불가결했기 때문이다.

윤치호는 기독교의 윤리를 현세적인 행복재(幸福材)의 더 많은 증진을 자기 목표로 하여 '향상주의적 금욕'이라는 생활 윤리규범에 근거해 인간의 전 생활을 합리화하는 것이라고 생각했다. 즉 윤치호에게 기독교의 하느님은 근대 산업사회 특유의 '향상주의적 금욕'의 에토스를 인간에게 강제하는 권위이고 그 수호신이었다.

이와 같이 기독교 신앙의 본질을 이해했던 윤치호는 서구사회와 같은 산업문명을 달성하기 위해서는 "좋은 정부와 계몽된 국민"이 필요하나 그 근저를 이루는 것은 기독교라고 생각했다.109) 윤치호는 기독교를 신앙하는 사회는 부와 권력을 소유하는 산업문명의 사회가 되어 "점점 더 진보, 발달하게 된다"고 보았다. 그것에 비해 자신이 속하고 있는 유교사회는 기독교 사회와는 달리 "점점 더 퇴락하는" 것으로 보았다.110) 여기에서 윤치호는 기독교가 진정한 종교라는 변증은 산업문명의 창출에 있다고 보았으며 기독교 이외의 다른 종교는 무용하고 위해한 것으로 보아 "지금 막 시작한 여러 가지 이교(異敎)와의 싸움에서 어떠한 타협도 관용도 없는" 배타적인 태도를 가지고 세계를 기독교화해야만 한다고 생각했다.111) 특히 동양사회가 산업사회로 자기 변신하기 위해서는 산업문명사회에 어울리는 주민으로 국민을 교화하는 기독교에 의해 유교의 영향력을 철저히 파괴해야 한다고 생각했다.112) 윤치호가 기독교의 배타적인 절대성을 주장하고 교화에 대한 전투적인 태도를 보인 것에는 당시 서구 기독교의 해외 선교의 특징 중 하나였다고 할 수 있는 비서구지역에 대한 일종의 문화제국주의적 자세와 완전히 공명하는 것이 있었다.

　윤치호가 취한 윤리로서의 기독교 신앙은 그의 기독교적인 세계상에 비추어진 '문명의 사도'라는 자기 윤리를 표명한 것이자 조선 민족의 교화윤리를 표명한 것이기도 했다. 그러나 윤리로서의 신앙은 윤치호의 기독교 신앙의 표면을 이루는 '현교(顯敎)'에 지나지 않는다. '문명국=영원의 지복, 비문명국=영원의 멸망'이라는 이치논리(二値論理)에 지배되는 세계상 속에서 부정적인 가치를 짊어지도록 운명 지어진 민족의 일원으로서 자신을 병적일 정도로 강하게 의식하던 윤치호는 부정적인 존재로서 모욕받고 상처받은 그의 영혼을 위로할 '밀교(密敎)'가 필요했다.

　윤치호는 어린 아이와 같은 신뢰로 신을 마음에 받아들이는 체험에 의해서 한없는 은총과 자비로 '부정적인 존재'인 자신을 포용하고 비호해주는 "하느님의 현재적인 사랑"을 실감할 수 있었다.113) 여기에서 체험되는 신은 윤치호의 '현교'에서 보이는, 부정적인 존재에 대해서 어떠한 자비도 거절하는 비정한 아버지로서의 신과는 다른 큰 사랑의 신이었다. 윤치호는 이 사랑의 신에게 포용되어 죽음보다 비참하다고 생각되는 자신의 현실적인 열등성의 처참함을 잊어버리고 자기 존재의 편안함과 휴식을 얻을 수 있었다.114) 따라서 윤치호는 신과의 합일체험 앞에서 "당신이 현존하시는 사랑의 체험을 늘 주십시오. 그때 저는 모든 것에 만족합니다"라고 환희에 잠길 수 있었다.115) 이러한 밀교를 향한 윤치호의 정열은 현교의 그것에 비해 결코 뒤떨어지는 것이 아니었다. 특히 조선의 식민지화가 확실해짐에 따라 기독교에 대한 윤치호의 신앙적 리얼리티는 밀교 쪽으로 집중하게 된다. 결국 기독교의 신의 고유한 의미내용과 가치를 사상(捨象)해버리고 산업문명의 신성함을 보증하는 역할로 변용시킴으로써 성립된 세계상 안에서 윤치호가 자신과 신과의 내면적 연결을 체득할 수 있는 방법은 정서적인 절대 귀의 이외에는 없지 않았겠는가?

이상에서 윤치호의 세계관의 형성과정과 그 논리구조를 검토했다. 서구의 동양 침탈이라는 역사적 상황을 자신의 세계관의 형성 축으로 세웠던 상황 추수(追隨)적 발상의 소유자였던 윤치호에게 미국사회 체험은 그의 세계관의 형성에 결정적인 영향을 끼쳤다. 19세기 말의 미국사회는 무한하다고 말할 수 있을 정도로 광대한 자연환경을 정복·이용하려는 인간의 노동을 중시하고, 그러한 노동을 통한 성공의 에토스의 사회이자 인종 차별을 사회구성의 요소로서 구조화했다는 점이 다른 서구사회와 구별되는 하나의 특징이었다.116)

윤치호가 미국사회에서 체험했던 것은 바로 이러한 특징들이었다. 윤치호는 미국사회에서 강자의 권력을 정당화한 일종의 강자의 권력사상이라고도 할 수 있는 '사회진화론'을 흡수해서 그의 세계관의 근간으로 삼았다. 또 서구의 비서구에 대한 정복 확대를 기독교의 신의 축복으로 칭송하는 '행복의 신의론(神義論)'에 취해 있던 19세기 말의 '그리스도적 제국주의' 형태를 기독교의 원리적 본질로서 이해하고 수용했다.

이렇게 형성된 윤치호의 세계관은 '산업문명국=선=영원의 지복, 비산업문명국=악=영원의 멸망'이라는 이치논리에 지배되는 정태적(靜態的) 일원주의(一元主義) 세계관이었다. 봉건적 신민의식 등 유교적 요소가 강하게 남아 있었는데도 윤치호는 이러한 세계관을 소유함으로써 결과적으로 그의 민족적 아이덴티티를 파괴해갔다.

제2장

정치사상의 논리구조와 그 적용

이 장에서는 1910년 조선이 독립을 상실할 때까지의 윤치호의 정치적 행태를 추적하면서 제1장에서 분석한 바와 같은 윤치호의 세계관이 구체적으로 어떻게 나타나고 어떻게 귀결되어가는지를 검토해본다.

1. 상황 인식의 논리구조

1) 인식의 구조: 허상을 비추는 합경(合鏡)

윤치호는 세계사 속에서 일본의 위치는 미국 및 서구에 뒤떨어지지 않는 중요성이 있다고 생각했다. 윤치호는 서구인이 모든 비서구지역에서 문명화의 교사로서 역할을 양심적으로 수행했으면서도 일본 이외의 어떠한 나라도 결코 문명화에 성공하지 못했다고 생각했다. 윤치호는 비서구 나라 대부분

이 애국심이 결여되어 문명화 교육을 소화하지 못하여 문명화에 실패한 것에 비해 일본만이 "열렬한 애국심, 명예에 대한 기사적인 감각, 빠른 지성, 높은 야망, 위험을 두려워하지 않는 용기" 등의 자질을 지님으로써 문명화에 성공했다고 판단했다. 여기에서 윤치호는 문명화 교육에 대한 성공과 실패를 결정하는 기준은 국민의 자질에 달려 있다고 보았다.[1] 즉 윤치호는 문명화의 기회는 서구에 의해 비서구 나라들에게 평등하게 부여되는데 그 기회를 포착하여 문명국이 되는가 마는가 하는 것은 비서구 나라들 국민의 선천적·내재적인 자질의 문제라고 인식한 것이다.

이러한 인식에 근거하여 윤치호는 일본을 비서구 나라들 안에서 유일하게 문명화에 성공한 '우등국'일 뿐 아니라 비서구 나라들이 추구해야 할 모범을 나타내는 '정(正)'의 사회로 이해했다. 윤치호에게 일본은 "빛, 기쁨, 행복이 가득한" 축복된 나라로서 "동양의 파라다이스"였다.[2] 윤치호는 문명화한 산업사회의 국민적인 특성과 경향을 일본사회에 투영하여 일본을 "빠른 지성, 높은 야망, 예의 바름, 평화적·진보적 질서와 체제, 법의 애호, 청결, 자연을 미화 내지 개발할 수 있는 능력, 오랜 기간의 봉건주의에 의해 성숙된 명예에 대한 높은 의욕, 용기와 애국심" 등의 말로 표시되는 '덕성을 갖춘 사회'[3]라 하여 그의 세계관의 정당성을 입증하는 사례로서 생각한 것이다.

한편 윤치호는 미국의 백인으로 대표되는 서구인을 '양심적인 교사'로서 존경하고 스스로가 그들과 같이 되기 위해 노력했다. 그러한 노력에 의해 윤치호는 유학지인 미국의 대학에서 작문대회에 나가 우승을 하기도 했으며 최우수 졸업생으로 선발되기도 했다.[4] 그러나 윤치호가 이와 같이 '서구인'으로서의 훌륭한 자질을 증명했는데도 서구인은 그를 동료로 받아들이려 하지 않았다. 그들은 윤치호와의 사이에 깊은 인종적인 벽을 만들어 윤치호에게 '숙명적인 열등자'임을 자각할 것을 강요했다.[5]

윤치호는 이러한 차별을 논리적 차원에서는 숙명적으로 열등한 조선인으로서 당연히 감수해야 할 대접이라고 정당화하려고 했다. 반면에 누구에게나 열려 있어야 할 문명인으로서의 대접을 윤치호에게 거절하는 교사들의 불공평함에 대해 무의식적으로는 깊은 증오심을 갖고 있었다. 윤치호는 백인의 거만함에 분개하고 황인종이 "백인을 뒤쫓아 다시 한 번 그들을 능가할" 것을 은밀히 열망했다. 백인의 거만함이 처벌받는 공상을 하기도 했다.[6)]

이러한 백인에 대한 윤치호의 증오가 증대함에 따라 같은 열등국에서 문명화에 성공한 일본에 대한 애착도 깊어갔으며 또 일본을 통해 백인의 거만함을 꺾을 수 있으리라는 기대감도 깊어갔다. 윤치호는 자신을 인종 차별이라는 가시로 따갑게 자극하는 미국과 같은 백인사회와는 달리 일본에서는 "집과 같은 아늑함을 느낀다"고 했다.[7)] 그리고 그는 러일전쟁에서 일본이 승리하는 것을 보면서 일본에 대한 기대를 하나의 현실성 있는 것으로서 한층 더 강화해갔다. 윤치호는 일본이 러시아의 함대를 격파했다는 사실을 접하고는 "일본이 러시아를 격파한 것은 기쁜 일이다. 이 섬나라 사람들은 황인종의 명예를 옹호했다. 백인은 수세기간 동양의 인종을 지배하면서 주인의 자리에 너무 오래 앉아 있었다. 일본이 단독으로 이 백인의 마력을 깨려고 하는 것 자체가 대단한 착상이다. 일본이 만일 실패했다고 하더라도 그들의 영웅주의는 영원한 명예가 될 것이다. 나는 황인종의 일원으로서 일본을 사랑하고 존경한다"고 하며 그의 감격을 토로했다.[8)] 윤치호는 서구인의 인종 차별에 의해 입은 자아 상실의 상처를 일본이 대신 복수해준다는 망상에 의해 보상하려고 했던 것이다.

그런데 서구에 대한 대리적인 복수자로서 일본을 설정하여 그것에 매달리려는 윤치호의 일본에 대한 의존심은 나아가 일본에 편입함으로써 그에 기생하려는 바람에까지 이르렀다. 윤치호는 "나는 더러운 중국도 인종 편견과 차별이 지독한 미국에도 열악한 정부가 있는 한 조선에도 살고 싶지 않다"고 말하고 "만일 자기의 조국을 선택할 수 있다면 나는 일본을 선택할 것"이라고 계속 고백하기에 이른다.9) 즉 윤치호에게 일본은 '대리적인 마음의 조국'이었던 것이다.

이상과 같이 황색 인종의 '문명국' 일본에 편입하여 존경과 증오의 대상인 '교사'로서의 서구에 반역하는 것을 몽상하고 일본을 서구를 능가하는 '정(正)'의 사회로서뿐만 아니라 '대리적인 마음의 조국'으로서 위치 부여했던 윤치호에게 조선은 '정'의 사회인 일본에 대비되는 '부(否)'의 사회로서 그 가치가 하락하지 않을 수 없었다.

윤치호는 풍속, 도로, 주거 등 모든 점에서 보아 조선은 "가난하고 침체한 반(半)문명국"이라고 규정한 뒤에,10) 조선을 더럽고 게으르고 무지하여 무엇 하나 좋은 것이 없는 나라라고 묘사한 서구인, 특히 선교사들에 대해서 "유감이지만 동의하지 않을 수 없다"고 말한다. 그리고 조선의 역사는 "무자비한 증오와 수치스러운 음모와 대규모의 살육의 역사"이며 조선 정부는 부정의한 압제를 행하고 국민을 "노예와 거지, 그리고 백치"로 만드는 "열악한 가부장적 착취의 정부"로 파악했다.11) 즉 윤치호에게 조선은 '사자(死者)의 나라'였던 것이다.12)

윤치호는 조선인이 이렇게까지 절망적인 상황에 떨어진 것은 '부(否)'의 민족성에 의한 것이라고 규정했다. 조선인은 "중국인과 같은 인내심도 일본인과 같은 기사도 정신이나 민족적 명예의식도 미국의 인디언과 같은 용기도 없는 민족"으로 "공포를 느끼지 않는 호전성이라는 야만인이 갖는 장점조차도 없는 야만인"이라고 생각했다.13)

이와 같이 조선을 '부'의 사회로서 인식한 윤치호는 1894년 조선 민중의 대부분을 차지하는 농민이 '반봉건 반외세'를 외치며 봉기한 '동학농민전쟁'

의 발발 소식에 접하여 그것이 성공할 가능성은 전혀 없다고 보고 그것은 "양반에 대한 증오와 약탈"에 지나지 않는다고 판단했다.14) 그리고 1896년 일본에 의한 민비 살해를 계기로 전국적인 규모로 일어났던 의병운동에 대해서도 윤치호는 동일한 반응을 나타냈다. 즉 윤치호는 도둑의 집단이 일본인은 나가라고 외치면서 폭동을 일으키고 있다고 평가했다.15)

이와 같이 윤치호는 근대적 변혁을 지향하는 조선 농민의 모습이나 그 주체적인 움직임을 직시하지 못했다. 오히려 그의 관심은 '동학농민전쟁'의 진압을 구실로 조선 획득을 위한 주도권 싸움으로서 발발한 청일전쟁의 승패의 행방에 집중되었다. 윤치호는 "세계를 다스리는 것은 아시아의 보수주의인가 아니면 유럽의 진보주의인가"라는 관점에서 청일전쟁의 추이에 주목하면서 "이 전쟁은 혁신적 서구문명과 타락적 동양 야만과의 충돌이다. 일본의 승리는 조선의 구원과 청나라의 개혁을 의미한다. 그 반대는 조선을 청나라의 끝을 모르는 부패의 구렁텅이로 떨어뜨리는 결과를 불러일으키고 또 청나라인들이 그들의 제국을 개혁할 필요성을 부인하게 하는 결과를 초래할 뿐이다"라고 했다.16)

"일본은 조선이 갱생의 희망이 있는 한 조선을 도울 것"17)이라고 확신했던 윤치호에게 청일전쟁에서의 일본의 승리는 "조선을 개혁해서 극동의 스위스로 만드는 절호의 기회"가 주어진 것으로 생각되었다.18) 이와 같이 '대리적인 마음의 조국'인 일본에 대한 망상적인 신뢰와 우호감에 의해 윤치호는 조선 민중의 변혁을 지향하는 여러 가지 움직임들이 일본의 직접적인 군사력에 의해 무참히 짓밟히면서 일본의 조선 지배에 대한 야욕이 노골적으로 현저화되는 상황을 오직 조선의 내재적인 자질의 문제로서 환원시켜버렸다. 윤치호는 이에 대해 "일본의 간섭이 조선에 대해 축복인가 아니면 저주인가는 조선 정부가 지혜 있고 애국적인가 아니면 어리석고 이기적인가에

전적으로 달려 있다"고 말한다.19)

이상과 같이 조선의 위기적 현실이 오직 조선인의 무능력의 탓이라고 생각한 윤치호는 "조선인은 그들의 상황을 개선시킬 능력이 없기 때문에 일본 또는 영국과 같은 나라의 지배하에 들어가는 것이 조선에 오히려 축복"이라고 인식하게 되었다.20) 윤치호의 이러한 자기 민족에 대한 징벌적인 단죄의식은 늘 민족의 미래에 대한 패배주의적인 자포자기의 감정과 어깨를 나란히 하고 있었다.

2) 문명화의 구상

미국에서 상하이로 돌아와 종시 학원에서 가르치면서 조선의 정세를 음울한 기분으로 탄식하던 윤치호는 1895년 5월 조선 정부 외무차관으로 귀국하게 되었다. 윤치호에게 조선의 위기적 상황을 극복하는 길은 문명화 이외에는 없었다. 문제는 그 방법이었다.

비문명국이 문명화를 실현하기 위해서는 서구에서 배우지 않으면 안 되지만, 서구와는 다른 방법과 체제를 취하지 않을 수 없다고 윤치호는 보았다. 아시아 등 비문명국의 민중은 결코 "서구 제국의 국민들이 향유하는 자유와 자치를 자기의 것으로 만드는 것이 불가능하다"고 생각했기 때문이다.21) 여기에서 윤치호는 문명화의 의의를 확실히 깨달은 계몽된 군주의 통치가 필요하고 그리고 그 군주가 다음의 세 가지를 실행하면 문명화는 자연히 이루어진다고 보았다.

첫째로 근대적인 행정감각과 능력을 갖춘 계몽적인 관료를 가진 정권의 구성22)과 둘째로는 능률 있는 정책의 실행을 보장하기 위한 강력한 군대에 의한 무력의 소유를 들었다. 이 두 번째 사항은 첫 번 째에 뒤떨어지지 않는 중요성을 갖는다고 윤치호는 말한다. 왜냐하면 수천 년 이래의 전통적인 침체와 무지, 그리고 야만상태에 강하게 집착하려는 국민의 문명화에 대한 저항을 저지하고 문명화 정책을 강력하고 신속하게 실행하기 위해서는 군주가 무력이라는 강력한 강제력을 행사할 필요가 있다고 생각했기 때문이다.23) 즉 윤치호에게 무력이라는 것은 외부로부터의 침략에 대한 국가방위의 필요성이라기보다 내부의 적, 즉 수구세력을 제압할 필요성에서 제기되었던 것이다.

셋째로 강력한 무력에 의해 뒷받침되는 계몽적인 정권이 수행하지 않으면 안 될 정책으로서 국민의 계몽을 들었다. 군주는 서구적인 자연과학을 교육시킴으로써 국민을 계몽해서 모든 전통적인 것으로부터 벗어나 자연 정복의 기술을 습득함과 동시에 산업사회의 주민으로서 요구되는 행동규범 내지 의식규범을 교육시키지 않으면 안 된다고 윤치호는 보았다. 의식규범 중에서 특히 중심으로 삼지 않으면 안 되는 것은 '애국심'이라고 윤치호는 생각했다. 나라의 존속과 번영의 근거인 문명화를 무엇보다도 우선으로 하고 그를 위해 헌신할 '애국심'이야말로 비문명국의 국민에게 가장 절실히 요구되는 자질로 보았기 때문이다.24)

이와 같이 윤치호는 계몽된 군주에 의한 정부와 그에 의해 지도되는 계몽된 국민이 있으면 국토가 급속히 정복·개발되어 자연히 '문명화'가 달성된다는 극히 낙관적인 구상을 갖고 있었다. 윤치호는 이러한 정부는 국민을 야만상태에서 구해 생활의 향상과 편리함이라는 은혜를 가져오는 복지적이고 선한 정부로서 '계몽적' 정부라고 말한다. 그리고 자기에게 이러한 '문명화'를 위한 조건을 정비할 충분한 권력만 주어진다면 "수십 년 이내에 조선을 문명화의 확실한 기반 위에 세워 보일 수 있다"고 자부할 정도였다.25)

윤치호의 '계몽적인' 정권 구상은 강력한 무력에 의해 지지되는 군주가 주체가 되어 우민일 뿐인 민중을 적대적으로 관리해서 자본주의적인 발전을 위로부터 강제적이고 신속하게 추구한다는 '계몽적 전제군주국가'상이라고도 말할 수 있다. 이러한 발상으로 윤치호는 나폴레옹이나 프리드리히 대제 그리고 무솔리니 등을 존경했다.26) 그러나 윤치호가 가장 가까운 존재로 느끼고 경의를 표한 인물은 일본의 메이지 천황(明治天皇)이었다. 윤치호에게 메이지 천황은 비문명국 중에서 유일하게 일본을 문명국으로 인도한 위대한 군주였다. 그가 비문명국의 문명화를 위한 유일한 방법으로 생각했던 '계몽적 전제군주국가'상도 실은 메이지 유신 이후의 일본 국가상으로부터 영향 받은 것이었다.27)

윤치호 자신도 이 점을 감추려 하지 않았다. 그는 "기독교화 다음으로 일본화가 조선에 가장 큰 축복이 될 것이다"라고 했다.28) 이 경우 '일본화'에 우선하는 것으로서 언급된 '기독교화'가 윤치호에게 실제적인 무게를 갖는 것은 아니었다. 왜냐하면 그의 '계몽적 전제군주국가'상은 정치주체로서의 개인을 인정하지 않는 권력 정치적인 것이었기 때문에 기독교의 인격주의와는 근본적으로 대립되는 것이었기 때문이다. 또 기독교에 대한 이해, 즉 산업사회적 에토스의 자기 강제는 결국은 국가의 국민계몽교육의 내용 중에 흡수되기 때문이다. 따라서 윤치호가 말한 '기독교화'라는 것은 그 자신의 개인적 관심에서 오는 '미련' 이상의 것이 아니었다고 말할 수 있다.

결국 윤치호의 정치적인 현상 인식의 구조는 '정(正)'의 사회로서 또는 '대리적인 마음의 조국'으로서의 위치를 부여한 일본상과 조국이기는 하나 '부(否)'의 사회로서의 위치를 부여한 조선상이라고 하는 허구를 비추는 합경(合鏡)에 의해 구성된 것이었다. 이 왜곡된 인식의 구조에 근거한 그의 '문명화'의 구상은 일본에 대한 편입 원망(願望)과 자기 민족에 대한 징벌적인 정념에 크게 좌우되지 않을 수 없었는데 이 점은 윤치호의 정치적 행동 속에서 한층 더 명확히 나타난다.

2. 정치이념의 구체화

1) 주체의 외재적 모색

　1895년 귀국해서 1897년의 '독립협회' 운동에 합류하기까지의 윤치호의 족적은 개혁의 주체를 모색하는 산만한 걸음이었다고 할 수 있다. 윤치호는 고종에게 조선 개혁의 능력이 없다는 것을 이미 확실하게 인식하고 있었지만 조선을 개혁할 수 있는 것은 왕으로 대표되는 권력자 이외에는 없다는 것도 확신하고 있었다.

　윤치호는 이러한 딜레마를 고종을 대신해 보다 강력하고 선한 '권력자'를 구하는 것에 의해 해결하려고 했다. 즉 '문명국'을 조선 내정에 개입시키는 것에 의해 조선을 '문명화'시키려고 했던 것이다. 윤치호는 '문명국'이 고종에게 강한 압력을 행사하여 고종이 개혁을 실행하지 않을 수 없게 해야 한다고 생각했다.[29] 따라서 윤치호의 정치적인 행동은 이러한 선한 '구세주의 역할'을 수행할 수 있는 문명국을 선별해 그들에게 조선 개혁을 위한 강력한 개입을 요청하는 것에 집중하는 것이었다.[30]

　윤치호가 먼저 그것을 열렬히 기대한 것은 일본이었다. 그러나 실제로 일본이 취한 조선에 대한 정책은 윤치호를 실망시키고도 남는 것이었다. 윤치호는 "일본은 행동의 면에서 조선의 이익에는 아무런 관심도 보이지 않고 있다. 그들의 차관과 외교에서 비열한 사기행위는 그들 스스로의 수치를 대변하고 있다. 일본은 조선에는 해가 되나 자국에 이익이 되는 모든 것을 취탈하려 하고 실제로 그렇게 하고 있다"고 일본의 조선 정책을 비판했다.[31] 또 "일본인은 유럽인이 일본에 대해서 행한 모든 것을 그대로, 더구나 보다 비열하고 보다 소인적인 방법으로 조선에 대해 행하고 있다"고 일본에 대한 실

망을 감추지 않았다.32)

　이러한 심경의 윤치호에게 '민비 시해사건'은 일본에 대한 기대를 더욱 저하시키는 결정적인 계기가 되었다. 윤치호는 "살인과 암살, 이것이 일본에 의해 도입된 개혁과 문명의 꽃이란 말인가"라고 자문하면서 일본에 걸었던 기대를 버리려 했다.33) 윤치호는 민비 시해사건 후 '친일파'의 감시하에 있는 고종을 '근왕파'와 각국의 외교세력이 협력해 구출하려 했던 소위 '춘생문(春生門) 사건'에 가담했다. 그러나 그 시도는 실패로 끝나고 윤치호는 신변의 안전이 보장될 때까지 약 2개월간 미국 공사관으로 피신하지 않을 수 없었다.34)

　그 사이 윤치호는 당시 조선에서 일본과 주도권 쟁탈을 하고 있던 러시아에 대해 서서히 기대를 걸기 시작했다. 특히 러시아 공사관에 국왕이 피신한 소위 '아관파천' 후 러시아에게 조선 개혁의 후견인의 역할을 적극적으로 요청하게 되었다. 윤치호는 재조선 러시아 공사에게 조선의 개혁 수행의 방침을 자세히 작성해 건의한다든지 러시아어 통역관들의 직용 남용을 징벌할 것을 요청하기도 했다.35) 그러나 러시아 측은 이렇게 개혁을 요청하는 윤치호의 행동을, 신용할 수 있는 '친러파'가 아니라는 증거로 보고 그를 경계할 필요가 있는 인물로 간주했다. 특히 니콜라이 1세의 황제 대관식에 참가하기 위한 파견 사절단의 제1서기로서 러시아에 있던 윤치호가 귀국 도중 프랑스어 학습을 위해 파리에 오랫동안 체재했던 것을 러시아 측은 반러시아 운동을 위한 것이라고 오해했다.36) 그리고 윤치호에 대한 재조선 러시아 공사의 의심은 결정적인 것이 되었다.

　1897년 1월 10개월의 외유를 끝내고 귀국했을 때 윤치호는 자기가 공직에 재임명되지 못하고 정치적으로 대단히 불안한 입장에 처해 있다는 것을 알았다. 그리고 러시아의 조선에 대한 정치적인 개입이 "세계를 향해 조선 정부가 얼마나 나쁘고 자치능력이 없는가"를 보여주기 위해 움직이고 있는 것도 알았다.37) 윤치호는 자기의 애국적인 정열과 문명국에 대한 선한 기대가 실제적으로 배신당하고 더구나 그 자신의 정치적 기반까지 위태롭게 하는 결과가 된 현실 앞에서 "때때로 나의 혼에 대항하는 쓰라린 고통의 파도가 일어난다. 분노의 말이 내 혀에, 가슴에는 신에 대한 불경(不敬)한 파도가 몰아친다"며 번민했다.38)

이상과 같이 윤치호는 조선을 개혁하기 위한 '문명국'의 도움을 기대했으나 그 기대가 실제적으로 현실에서 배반당하고 개혁의 전망도 서지 않아 방황하고 있었다. 윤치호가 '독립협회' 운동을 접하게 된 때는 바로 이러한 상황 속에서였다.

2) 독립협회 운동과 좌절

1884년 '갑신정변'의 지도자의 한 사람이었던 서재필은 미국에 망명해 조선인으로서 최초의 의학박사가 되었다. 그는 1894년 조선 정부의 고문으로서 초빙되어 귀국했다. 서재필은 4월 《독립신문》을 간행하고 그 지면을 통해 근로·근면의 존중, 미신 타파, 남녀 평등, 민권 신장, 입헌정치 그리고 주체적인 대외정책 등을 주장했다. 또 그는 정치개혁을 궁정 내의 획책으로부터 민중에게 열려진 운동으로 중심을 바꾸기 위해 1897년 7월 운동체로서 '독립협회'를 조직했다.39) '독립협회'는 1898년경부터는 국정개혁을 실현하기 위해 '만민공동회'라고 이름 붙여진 궁정 앞 광장에서 열려진 대중집회를 조직해 새로운 대중운동을 전개하고 있었다.40)

'독립협회' 운동은 크게 둘로 나눌 수 있는데, 그중 하나가 주권독립운동이었다. 독립문의 건립과 국왕에게 황제의 칭호를 사용하게 하고 국호를 대

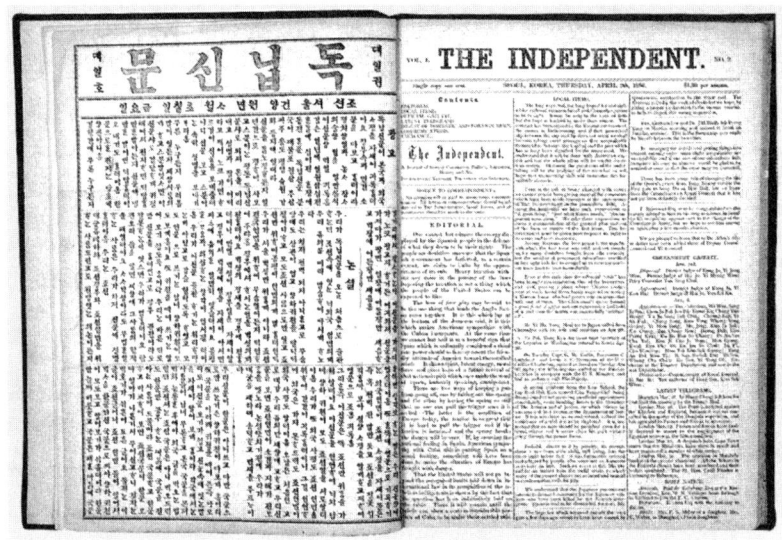

■ 한글과 영문으로 발행된 ≪독립신문≫

한제국으로 개정하는 등 독립국의 체제를 정립하는 한편 ≪독립신문≫·≪독립협회보≫를 통해서 국권 독립의 의미와 필요성, 그리고 국민으로서의 자세를 넓게 계몽해서 일반 국민의 독립의식을 고양시켰다. 또 열강의 내정 간섭에 대한 거부라는 당면의 주요 정치과제에 총력을 기울였다. 1만 명을 넘는 대중집회를 계속해서 개최하면서 '한러은행'을 설립하려는 러시아의 기도를 좌절시키기도 했다.

또 하나는 민권운동이었다. 군주제 및 그에 결탁한 양반관료의 수탈에서 국민을 보호하기 위해서 법률에 의거하지 않는 구속 내지 재산 약탈에 항의하고 수구파에 의한 참형제도, 연좌법의 부활 기도 등을 저지했다. 특히 주목할 것은 성공하지는 못했으나 자문과 법률의 심의제정기관으로서 만들어진 중추원을 이용한 의회 설립운동을 전개한 것이었다.[41]

이 같은 활발한 운동을 전개하고 있었던 '독립협회'는 정부와 협력하는 형태로 정치개혁을 단행하겠다는 합의를 얻는 단계까지 이르렀다. 그러나 수구파나 일본과 러시아 등 외국세력의 공세로 결국 1898년 12월 25일 계엄령 하에서 군대에 의해 강제 해산되기에 이르렀다. 2년 7개월에 이른 '독립협회'의 운동은 조선 근대사에서 '동학농민전쟁'과 함께 근대 조선의 운명을 결정하는 사건으로서 평가되는 것이었다.

그럼 윤치호는 '독립협회' 운동과 어떻게 관계하고 있었던 것일까. 1897년 1월 프랑스에서 귀국한 이래 관계(官界) 복귀가 저지되었던 윤치호는 당시 유명한 미션스쿨이었던 배재학당에서 강사로 근무하고 있었다. 여기에서 그는 역시 강사로 근무하던 서재필과 의기상통하며 서재필의 '독립협회'에 참가했다. 이래 윤치호는 1898년 5월 서재필이 조선 정부에 의해 추방되기까지 서재필의 보좌 역할을 시작으로 서재필 추방 후에는 '독립협회'의 회장 및 기관지였던 《독립신문》의 주필 및 사장으로서 운동의 종식까지 지도자의 역할을 수행했다.[42]

윤치호는 처음에는 '독립협회'를 하나의 토론회나 학회로, 나아가서는 당면의 정치문제를 국왕에게 상주하는 집단으로 조직하여 계몽적인 여론을 형성하는 것을 의도했다.[43] 그러나 '독립협회' 운동이 공식적으로 정치에 영향을 미치는 효과를 올림에 따라 점차로 '민중'이라는 존재를 정치를 움직이는 세력의 하나로 의식하게 되었다. 그렇다고 해서 민중을 우민으로서 내려다보는 윤치호의 민중관, 민중의 잠재적인 폭도성에 대한 경계심이 불식된 것은 아니었다. 윤치호는 민중은 능력 없고 무지한 집단이고 수세기에 걸친 종속적인 습성에 의해서 공공정신이 결여되어 있기 때문에 국가의 문제를 위임하는 것은 불가능하다고 생각했다.[44] 서재필이 민중을 이끌고 1898년 3월 10일 처음으로 '만민공동회'를 개최하여 대중운동에 돌입했을 때 윤치호는 "사람들은 어떠한 의회규칙도 방법도 모른다. 연설자가 민중의 흥분하기 쉬운 감정에 호소하면 사람들은 즉시 거칠은 폭도가 되고 정부는 이것을 위법자로서 처벌하고 나아가 이것을 대중집회의 분쇄 구실로 삼을지 모른다"고 우려했다.45)

그러면 '독립협회' 운동을 통해서 윤치호가 지향했던 것은 구체적으로 무엇이었을까. 이 점은 '독립협회'의 회장으로서 윤치호 자신이 주도하여 제안했던 중추원 개편안에서 읽을 수 있다.46) 중추원 개편안 제1조에 의하면 중추원은 '의정부=정부'의 고문기관으로서 또 율법 칙령의 입안, 국민의 건의사항을 심의·결정하는 입법기관으로서 정의되어 있다. 그리고 제8조에서는 중추원의 동의 없이는 의정부의 단독 국무집행은 불가능하다고 규정하고 나아가 제9조와 제10조에서는 국무대신은 중추원 의원을 겸임하며 중추원에 출석해서 보고하도록 규정하고 있다. 이러한 중추원 개편안은 국정 전반에 걸쳐 강력한 정부 통제의 기능을 가진 의회, 정부보다 상위에 있는 국정 최고기관으로서의 의회를 구상했던 것이었다. 윤치호 스스로가 말했듯이 "내치, 외교, 재정, 군사 등 모든 정치를 중추원이 의결함으로써 행하는" 것을 의도하고 있었다.47)

그런데 이러한 중추원의 구성을 규정했던 제2조를 보면 의원 정수는 50명으로 반수의 25명은 정부가 임명하고 남은 반수는 '독립협회'가 선출하는 것으로 되어 있다.48) 윤치호는 이것을 '관민 협력'형의 권력 구성이라고 표현했으나 전 국민을 대표한다는 의회 민주주의적 측면은 극히 적고 실제적으로는 '계몽적'인 관료 내지 서울 중심의 지식인에 의해 구성되지 않을 수 없었다. 그러나 윤치호의 입장에서 보면 이것은 당연한 것이었다. 왜냐하면 우민인 민중을 대상으로 서구적인 의미의 국민회의를 설립한다는 것은 불가능하다고 생각했기 때문이다.49) 윤치호가 중추원 개편안을 통해서 의도했던 것은 '계몽적'인 관료, 지식인이 주도권을 장악하여 국왕을 둘러싸고 정치를

좌우하는 '수구파' 및 매국 관료를 정권에서 완전히 배제한다는 것이었다.[50]

이와 같이 윤치호가 조선을 개혁하기 위해서는 '계몽적'인 절대 권력기구가 필요하다고 인식했는데도, 한편으로 그것은 어디까지나 군주권의 범위 안에서 더구나 국왕의 보호 안에서 행해져야 한다고 생각했다. 윤치호는 "황제, 황실에 대한 불경한 언동, 민주주의, 공화정치"를 주장하지 않는 것을 무엇보다 중요시했다.[51] 군주권을 부정하는 황제에 대한 비판이나 황제의 실정을 비판하는 과격한 상소나 황제를 위한 만세를 거부하는 '독립협회' 회원들의 비판의식을 윤치호는 늘 바람직하지 못한 것으로 여기고 저지했다.[52] 즉 윤치호는 황제의 온정에 호소한다는 방법을 가장 이상적인 것으로 생각하고 있었던 것이다.[53]

그러나 윤치호가 이상과 같이 국왕을 중심으로 한 개혁노선을 유지하고 있었는데도 국왕을 둘러싼 수구세력은 '독립협회'가 이 씨 왕조를 타도하고 공화제를 수립하여 윤치호를 대통령으로 옹립하려 하고 있다는 '익명서사건'을 날조하고 '독립협회'의 타도를 꾀했다.[54]

외국의 공사관도 '독립협회'에 대해서 비판적이었다. 특히 가토(加藤增雄) 일본 공사는 고종에게 군대를 동원해서 '만민공동회'를 강제 해산할 것을 재삼 역설했다.[55] 결국 외국 사절의 양해하에서 1898년 12월 25일 '독립협회'는 무력에 의해 강제 해산되었다.

한편 대검거 선풍 속에서 미국 공사관에 피신했던 윤치호는 국왕 측과의 타협안을 모색하면서 민중의 급진화를 저지하기 위해 전력을 다했다. 윤치호는 국왕 측 어용단체의 공격에 대항하려는 '만민공동회'의 집회를 저지하기도 했다.[56] '독립협회'의 해산 이후 고종은 '독립협회'의 급진적 지도자였던 이상재와 고영근에 대한 태도와는 달리 윤치호에 대해서는 비교적 호의적이었다. 고종은 윤치호에게 "지방의 관직으로 내려가 사태가 완전히 해결

될 때까지 서울을 떠날 것"을 명령했다.57) 가족들과 외국 공사들의 설득도 있어서 1899년 2월 19일 '독립협회'의 다른 지도자들이 검거되는 상황 속에서 그는 서울을 떠나 부임지인 원산으로 향했다.58) 이때 윤치호는 조선의 민중은 "보다 좋은 정부를 가질 자격이 없다"면서 '독립협회' 운동의 좌절을 민중의 어리석음의 탓으로 돌렸다.59) 1904년 중앙관계에 다시 불려 갈 때까지 약 4년의 세월을 지방관리로 전전하면서 스스로가 부패한 권력이라고 규정했던 그 권력에 추종했던 것이다.

3) 신벌(神罰)로서의 식민지화

윤치호는 '독립협회' 운동의 좌절을 민중의 어리석음 탓으로 규정함으로써 민중에 대한 증오심을 더욱 증폭시키고 있었다. 원산에 도착했던 윤치호는 "원산 사람들은 공공정신이 없고 구습과 미신에 강하게 집착하고 있다. 다른 지방의 사람들과 같이 무지하고 게으르다"고 평가했다. 그는 "이 인종의 피는 새로운 교육과 새로운 정부 그리고 새로운 종교를 갖고 변화되지 않으면 안 된다"고 확신했다.60) 민중을 철저한 갱생의 대상으로밖에 생각하지 않았던 윤치호의 민중관은 파국을 향해 가는 조선의 식민지화를 당연한 벌로 받아들이게 된다.

러일전쟁이 발발하자 윤치호는 새로운 사태에 대응하기 위해 1904년 3월 내각 외무차관으로서 다시 중앙정계로 불려갔다. 이 전쟁이 그 승패의 향방에 관계없이 독립국가로서의 조선의 운명을 위기에 빠뜨리는 것이라는 것을 윤치호는 잘 알고 있었다. 그러나 조선의 국가적인 장래를 위탁할 어떠한 주체도 찾아낼 수 없었던 윤치호에게 가능한 것은 어차피 조선이 일본이나 러시아의 식민지가 될 것이므로 러일 양국 중 어딘가를 선택해야 한다면 일본 측의 승리와 일본에 의한 조선 지배를 바라야 한다는 것뿐이었다.[61] 따라서 윤치호는 러일전쟁에서 일본의 승리를 황색인종의 명예로서 그리고 일본이 "세계의 강대국의 대열에 들어가게 된 영예"를 손에 넣은 사건으로 인식했다. 그리고 그 부수적인 결과이자 국제적으로 승인된 일로서 일본에 의한 조선의 식민지화는 이미 피할 수 없는 것이라고 생각했던 것이다.[62]

또한 윤치호는 '문명국'이 된 일본을 "황색인종의 일원으로서 사랑하고 존경할" 뿐만 아니라[63] 일본에 의한 조선 식민지화를 조선인이 가진 "노예근성, 부정직함, 죽은 자 같은 무기력성"에 근거한 자기개발의 실패에서 오는 당연한 '죄에 대한 벌'로 해석했다. 그리고 "신세대는 과거 세대의 죄 때문에 대단한 괴로움을 겪을 것이다. 그러나 후세대는 독립국가를 세우고 그것을 유지할 기술을 배울 수 있을 것이다"라고 말하고 식민지화에 대해서 민족적 갱생을 위한 훈련기간으로서의 의의를 부여했다.[64] 그러나 이렇게까지 우승열패사상(優勝劣敗思想)에 포획되어 자아상실에 빠진 윤치호조차도 "조선의 모든 것, 독립까지 빼앗아가는" 일본을 무조건적으로 "사랑하고 존경"할 수만은 없었다.[65] "만일 일본인이 진정으로 관대하고 선하다면 우리들은 그들과 우리의 마음과 정신을 일치시킬 것이다. 그러나 그들의 정책의 비열함과 기만, 그리고 완전한 이기주의는 나와 우리나라 사람들을 언제까지나 그들과의 사이에 거리를 두게 만든다"고 하여 일본의 대조선 정책의 비열함을 안타까워했던 것이다.

이러한 윤치호에게 주목할 것은 당시 정치상황에 대해 일단은 현실적 인식을 갖고 있었으나 제1장에서 분석한 것같이 '산업문명국=선=영원의 지복, 비산업문명국=악=영원의 멸망'이라는 이치논리에 의해 지탱되는 정태적(靜態的)인 일원주의적 해석에 의해 '강자의 불의'를 '약자'에 대한 당연한 징벌로서 정당화하고 더욱이 '강자의 불의'는 '약자의 교육'에 필요한 것으로서 반전(反轉)시키는 논리에 서 있었다는 점이다. 이 논리구조를 이해하는 것은 대단히 중요하다. 왜냐하면 이 논리야말로 윤치호의 사상과 행동양식을 근저로부터 규정하는 것이기 때문이다.

1905년 11월 18일 보호조약에 의해 조선은 일본의 통감정치 아래 놓여 실제적으로 국가주권이 박탈되었다.

이 상황을 두고 윤치호는 "조선의 독립은 깨끗이 사라졌다. 모든 것이 믿어지지 않는다"고 말한다. 그러나 그는 곧이어 "일은 처음부터 명백히 알고 있던 결과였다. 이것은 과거 수년간에 걸쳐 전개되었던 일련의 사건들의 불가피한 결과다"라고 냉정히 받아들였다. 한편 보호조약 체결을 계기로 윤치호는 외무차관을 사임함으로써 일본의 통감정치에 추종하는 매국적인 관료와 자기의 입장 사이에 선을 그었다.[66] 그러나 동시에 윤치호는 모든 종류의 저항운동 세력과도 자기를 구분했다. 협박에 의해 강제적으로 체결되었던 조약의 파기를 황제에게 호소하는 상소운동, 국제여론에 호소하는 운동, 우국지사의 자결에 의한 항거운동, 나아가 민중의 항일의병 투쟁 등 모든 운동을 무용하다고 보고 참여하기를 거부했던 것이다.[67] 그 이유는 조선의 식민지화는 객관적으로 불가항력적인 일이고 '신의 벌'이기 때문에 "조선인은 부가되는 상황을 받아들이고 그것을 최대한 이용하지 않으면 안 된다"고 생각했기 때문이었다.[68]

그러면 국가의 주권을 잃어버린 상황 속에서 윤치호는 조선인은 무엇을 해야 한다고 보았을까. 윤치호에게 그것은 사람들의 경제적 향상과 서구적인 매너를 몸에 익히게 한다는 '계몽화'였다. 여기에서 윤치호는 개성에 '한영서원'을 설립해서 교사겸 교장으로서 육영사업에 전력을 기울였다. 이때 윤치호는 "모든 자원을 개발해서 민중의 생활을 윤택하게 하는 것"이 소원이므로 "조선에는 문예교육보다 실업교육이 보다 중요하다"고 주장하며 직업기술 교육을 교육 방침으로 내세웠다.69) 이러한 의도의 연장선상에서 윤치호는 1906년 장지연 등이 교육 확장과 산업개발에 의한 자강교육을 주장하며 설립했던 '대한자강회'의 요청을 듣고 그 회장을 맡기도 하고 당시 민족교육기관으로서 명성이 높았던 '대성학교'의 교장을 맡기도 했다.70)

나아가 윤치호는 1908년 조선 YMCA의 부회장으로 선발된 이래 1908년 세계주일학교연합회 조선지회 회장, 1910년 YMCA 학생하령회와 1911년 제2회 하령회의 대회장을 맡는 등 회장 터너(A. B. Turuer)를 능가하는 사실상 최고 지도자가 되었다.71) 또한 1910년 3월 미국 남부의 애틀랜타에서 개최되었던 미국 남감리파의 평신도협의회와 동년 6월 에든버러 세계선교대회에 출석해서 조선 기독교와 세계 기독교를 잇는 다리의 지위를 확고히 했다.72)

이상과 같이 이 시기의 윤치호의 '계몽화'를 위한 행동은 기독교의 조선에 대한 선교 확대와 그것을 통한 교육계몽활동에 집중하고 있었다. 당시 조선에서는 의병투쟁과 함께 "무너져 가는 나라를 구하기 위해서는 자녀를 교육시켜라"라는 슬로건을 앞세운 교육구국운동이 일어났다.73) 민족사상을 고양시켜 민족의 인재를 양성한다는 목표를 내건 안창호의 대성학교에 명예교장을 윤치호가 맡은 것으로부터도 알 수 있듯이 윤치호의 교육계몽활동은 이러한 움직임과 일치하는 부분이 있었다. 그러나 '민족적 니힐리즘'의 색채가 농후한 윤치호의 행동은 독립국가의 재획득을 지향했던 소위 '애국계몽운동'과는 그 색조를 근본적으로 달리했던 것이라고 말하지 않을 수 없다.

제3장
세계관의 변용과 '조선 독립 불가능론'

1. '105인 사건'과 강자에 굴종하는 논리

1) 식민지 조선과 '105인 사건'

1910년 8월 조선을 강제적으로 병합했던 일본은 조선인의 의병투쟁과 항일 민족운동에 직면했다. 여기에서 조선 총독부는 안창호, 양기탁, 이승훈 등이 중심이 되어 애국 계몽 및 해외 독립군 기지의 건설을 의도하여 조직했던 비밀단체인 '신민회'의 존재를 포착하고 1911년 10월 총독을 암살하려 했다고 하며 '데라우치(寺內) 총독 암살 미수사건'을 조작했다. 이 사건은 '신민회'의 간부 등 600여 명을 전국에서 체포하고 그중 123명을 기소하고 제1심에서 105인이 유죄 판결을 받은 것으로 통칭 '105인 사건'이라고 한다.[1] 이 사건은 원래가 날조된 사건이었기 때문에 심문과정에서 여러 가지 고문이 행해졌다. 그 잔학성은 취재를 담당했던 일본인 기자조차 문제 삼을 정도였다.[2] 제2심의 결과 105인 피고 중 99인은 무죄 판결로 석방되고 윤치호 등 6인만이 실형 판결을 받았다. 총독 암살미수라는 검찰 측의 최초 기소내용과는 너무나 걸맞지 않는 결과였다. 윤치호는 이 사건의 주모자로서 제1심에서 10년, 제2심에서 6년의 실형 판결을 받았으나 최종적으로는 '특별 사면'이라는 형태로 3년간의 옥중생활을 거쳐 석방되었다.[3] 그러면 윤치호는 이 사건과 어떻게 연관되어 있었던 것일까.

미국에서 독립운동을 전개하던 안창호는 귀국해서 '신민회'를 조직함과 동시에 민족 지도자를 양성하기 위한 고등교육기관으로서 '대성학교'를 평양에 창립했다. 안창호는 윤치호에게 학교의 교장직을 의뢰하고 윤치호는 그것을 받아들였다. 그러나 그것은 개교식과 1주년 기념식에 참가하는 정도의 명예직에 지나지 않았다.[4] 또 안창호는 청년들의 인격 수양과 애국심 고양을 목적으로 여러 가지 청년조직을 결성했다. 그중에서 가장 유력한 것이 1909년 결성되었던 '청년동지회'였다. 이 조직의 설립대회에서 사회적으로 이름이 알려져 있는 윤치호를 회장으로 하자는 것을 제안했던 회원의 의견

▌105인 사건 관련자들이 공판정에 끌려가는 모습

을 받아들여 안창호는 또 윤치호에게 그 회장직을 의뢰했다.5) 윤치호는 안창호의 제안을 승낙했으나 여기서도 역시 내용적으로는 일절 관계하지 않았다.6)

이와 같이 윤치호는 안창호와의 개인적인 인간관계에서 안창호의 활동에 관계하게 되었다. 안창호가 상하이로 망명했던 1910년 이후는 "안창호가 타국으로 간 후에 신민회는 없어진 것으로 보았다"는 검찰의 심문과정에서의 진술과 같이7) 윤치호는 '신민회'를 비롯해 안창호가 주도했던 일련의 조직 운동과는 완전히 무관한 상태에 있었다. 즉 윤치호의 '신민회'와의 관계는 이름을 빌려준 정도일 뿐이었다.

이러한 관계에 있었는데도 검찰 측은 윤치호에게 '신민회'의 최고책임자로서 데라우치 총독 암살을 지휘했다는 혐의를 씌워 자백을 강요했다. 이것에 대해 윤치호는 처음에는 부정했으나 고문을 하겠다는 협박과 자백만 하면 2~3일 안에 집으로 귀가시키겠다는 설득, 그리고 자기는 이 사건과 아무런 관계도 없다는 자기 확신 등으로 검찰이 요구하는 대로 '자백'했다.8) 이렇게 윤치호는 자신의 무죄를 확신했는데도 최종적으로 다른 다섯 사람과 함께 6년의 실형 판결을 받았던 것이다. 윤치호와 함께 실형 판결을 받았던 양기탁, 이승훈, 안태국 등의 다섯 사람은 '신민회'의 주요 지도자로서 총독 암살은 계획하지 않았으나 일본 측에서 볼 때 실형을 언도할 만한 활동내용을 충분히 갖고 있었다. 이들에 반해 윤치호는 이중(二重)으로 무관한 일로 인해 옥중생활을 경험하게 된 결과가 되었던 것이다.

윤치호에게 최초이자 최후가 되었던 이 옥중생활은 견딜 수 없는 고통의 시간이었을 것이다. 그리고 식민지 권력에 대한 분노도 느꼈을 것이다. 그러나 '강자의 불의'를 정당화해왔던 윤치호가 이 사건을 통해 몸으로 절감한 것은 아무리 해도 거역할 수 없는 현실적 '강자'의 힘, 즉 '권력의 공포'였다.

1915년 2월 12일 '특별 사면'으로 석방되었던 윤치호는 신문기자 앞에서 다음과 같이 말한다. "지금부터는 일본의 신사 유지와 교류를 깊이 하고 일선(日鮮) 양 민족이 행복하게 되는 것, 일선 민족의 동화에 관한 계획에 적극적으로 참여해서 힘이 닿는 데까지 몸을 아끼지 않고 힘쓸 생각이다."9) 윤치호와 옥중생활을 같이한 이승훈은 이 상황을 보고 "감옥이라는 곳은 이상한 곳이다. 강철같이 단련되어 나오는 사람이 있는가 하면 썩은 겨릅대와 같이 흩어져 나오는 사람도 있다"고10) 마치 윤치호를 지칭하듯이 말했다.

'105인 사건'을 분기점으로 해서 윤치호는 언제 무엇을 계기로 그의 존재를 짓밟으려 달려들지 모르는 깊이를 알 수 없는 마성을 가진 '계모'와 같은 존재로서 식민지 권력을 인식하게 되었다. 윤치호는 절대적 권력을 가진 '계모' 아래 놓인 어린아이의 경우와 같이 더 이상 천진난만하게 그 호의를 몽상하는 것이 아니라 영리하게 스스로를 보신(保身)해나가지 않으면 안 되었던 것이다.

2) '강자'의 지배론

'105인 사건'을 통해 권력의 공포를 체험했던 윤치호는 제1차 세계대전이 끝나도 끊임없이 국지전이 전개되는 국제상황을 약자에 대한 강자의 힘에 의한 지배의 세계라고 인식했다. 윤치호는 "각국이 그 이웃사람을 희생하는 것에 의해 그의 권익·재산을 늘리는 것이 가능하다"고 생각하는 한,11) "욕심을 내게 하는 자원이 있는 땅을 가진 약소국"이 존재하는 한, 또는 "강대국이 무서운 폭탄, 독가스 등으로 상대를 말살"하지 않는 한 전쟁은 끝나지 않을 것이라고 생각했다.12)

그런데 윤치호는 자기 성장의 방법으로 '강자'가 '약자'를 이렇게 강탈하는 것을 인류의 본성에 근거한 것으로 해석했다. 윤치호는 인간은 이기적 본성을 가진 존재로서 "자기보다 열등하다고 생각하는 것을 경멸하고 차별하는 본성"을 갖고 있고 이러한 본성은 "중력의 법칙과 같이 보편적으로 작용하는 자연법"이라고 한다.[13] 따라서 인간이 인간에 대해 행하는 비인간적인 잔학함과 전쟁 등은 윤치호에게는 '우주적인 법칙'에 의한 필연적 현상에 지나지 않았다.[14] 그리고 인류의 역사를 "인간에 대한 인간의 위해(爲害)의 역사이다"라고 보았다.[15] 그는 "자유라는 것은 약자의 외침이요, 억압은 강자의 법칙"으로 차별과 억압은 끝나지 않는다고 확신했던 것이다.[16]

이와 같이 인식했던 윤치호는 정의, 자유, 인간성의 존엄 등은 궁극적으로 인간의 잔학성을 정당화하는 수단에 지나지 않는다고 보았다.[17] 제1차 세계대전과 제2차 세계대전의 전간기(戰間期)에서 사람들이 때때로 논했던 '국제관계에서 도덕'이라는 테마는 윤치호의 관점에서 보면 "강대국에게 예의를 강제하는 경찰, 법정, 감독" 등의 공포를 동반하는 강제력이 없기 때문에 논의 자체가 하나의 난센스였다.[18] 즉 윤치호에게 세계라는 것은 '호전적'인 종족만이 살아남을 수 있는, 즉 힘이 권리를 행사하는 '정글'이었던 것이다.[19]

여기에서 윤치호는 어떠한 인종과 국가도 부단한 투쟁 없이는 살아남을 수 없다고 말하며 이 '호전성'의 정신이야말로 종교, 도덕 그리고 인간 및 하늘까지도 지배하는 근본원리라고 확신하게 되었다.[20] 따라서 윤치호에게 '칼'이라는 것은 힘, 싸움, 투쟁이라는 '호전성'의 상징이었고 '칼'을 숭배하는 것이 민족과 국가의 살아남기 위한 조건이었던 것이다.[21] 나아가 윤치호는 이러한 물리적 호전성을 인간의 자기완성을 위한 정신적·영적인 투쟁과 무분별하게 등치시키기까지 했다. "인간이 육체적·정신적·지적인 완성을 획득하기 위한 유일의 방법은 투쟁이다. 빛과 어둠, 정결과 부정, 근면과 게으름, 성령과 죄와 악, 이들의 두 개의 대극(對極) 안에 있는 존재로서 인간이 위대함과 신성함을 획득하기 위해서는 전자를 향해 후자와 끝없이 투쟁하는 것이 필요하다"라고.22)

이와 같이 해서 윤치호는 '칼'이라는 심벌을 매개로 해서 '강탈능력'으로서의 '호전성'을 최고의 가치로 인식하고 무력적인 강함만이 이 세계를 지배하는 논리라고 확신하게 되었다. 여기에서 주목해야 할 것은 '강자의 불의'를 '약자'에 대한 당연한 징벌이고 '약자'에 대한 교육적 의미를 갖는 것이라고 정당화했던 종래의 해석논리에서, '강자의 불의'를 투쟁에 의해 획득한 '강자'의 '정당한 권리'로서 그것 자체를 긍정하는 논리로 윤치호의 해석논리가 변용된 점이다. 즉 종래의 '산업문명국＝선＝영원의 지복, 비산업문명국＝악＝영원의 멸망'이라는 도식이 여기에 와서 '강자＝정복＝약탈, 약자＝복종＝피약탈'이라는 도식으로 변화되었던 것이다. 즉 '강자'를 도덕적으로 정당화하려고 한 종래의 사상적 요소가 탈락되고 '강함' 자체를 최상의 가치로 두었다는 것이다. 이 사상적 변용은 식민지 조선의 상황을 윤치호 나름대로 이해하고 그의 세계관에 반영했던 결과라고 할 수 있다. 이에 따라 그의 기독교 이해에도 중대한 질적인 변화가 일어난다.

3) '사사적(私事的)' 기독교

윤치호는 기독교의 신은 근대 산업사회의 '향상주의적 금욕'의 에토스를 인간에게 강제하는 권위로서 또 근대 산업사회의 문명이라는 도덕적 가치의 수호신으로서 생각해왔다. 그리고 기독교는 비산업사회의 '문명화'를 위한 '교화'라는 사회도덕적인 기능과 역할을 맡은 것으로 생각해왔다. 그러나 '105인 사건'을 계기로 해서 '강함' 자체를 최상의 가치로 세운 윤치호는 정치·사회적 영역과 개인의 '사사적'인 영역을 분리하고 기독교를 오직 후자에 관계되는 것으로서 이해하려 했다.

윤치호는 "나의 나라는 이 세상의 것이 아니다"라고 하는 그리스도의 말씀을 근거로 식민지 조선의 정치적 문제에 관심을 표시하는 조선 기독교인들을 비판하면서 기독교는 현실의 정치적인 것과는 무관한 종교라고 주장했다.[23] 여기에서 윤치호는 인간의 역사·정치·사회에 깊이 개입해오는 구약성서의 신을 적극적으로 부정하게 되었다.

윤치호는 약소민족이었던 이스라엘 민족을 해방하고 선두에 서서 이스라엘의 가나안 정복을 지휘하는 신에 대해서 이스라엘 민족에게만 애정을 쏟는 편협한 신이라고 비판했다.[24] 그리고 이스라엘의 예리고 정복에서 보이는 신은 "믿을 수 없을 정도로 비문명적인 잔인한 신"이라고 비난했다.[25] 나아가 구약성서 안에서도 '강자의 불의'를 신의 이름으로 가장 격렬히 규탄하며 사회정의의 회복을 주장했던 '아모스서'에 대해서는 "아모스와 같은 히브리 예언자는 읽기 어렵다. 나는 신이 저와 같이 욕설하는 말투로 비판했다고는 정말로 믿기 어렵다. 그러한 품위 없는 말씀을 사용했을 리가 없다"고 말했다.[26]

이렇게 구약성서에 대한 윤치호의 히스테릭한 반응은 역사에 개입하는 신, 특히 '불의'가 가져온 '약자'의 고난을 해방함과 동시에 역사에 정의를 회복하려 했던 '신의 정의'를 전하는 예언자의 메시지에 귀를 막으려 했기 때문이다. 즉 '강함' 그것 자체에 최상의 가치를 두고 '강자의 불의'에 대한 비판적 자세를 의식적으로 배제하려고 했던 윤치호에게 이러한 메시지는 그의 평안을 깨뜨리는 대단히 위험한 것이었기 때문이다. 여기에서 윤치호는 구약성서의 예언자들이 말하는 '신의 정의'의 메시지는 '증오의 정신'이라고 매도하며 부정했다.[27]

주지하다시피 그리스도의 십자가는 인간의 죄에 대한 명백한 부정을 발하는 '신의 정의'와 그것에 대한 '신의 용서와 사랑'이 변증법적으로 통일된 것이다.[28] 따라서 윤치호의 기독교의 신 이해는 '신의 정의'의 측면이 배제되었기 때문에 역사 현실의 '불의'를 비판할 수 있는 근거를 잃어버렸을 뿐만 아니라 '신'이라는 개념 자체도 공동화시켜버린 것이었다. 여기에서 윤치호의 신앙은 공동화시켜버린 '신'에 대한 무조건적인 정서적 합일만을 추구하는 '사사적' 기독교가 되지 않을 수 없었다.

윤치호는 "믿어라, 그러면 구해진다"고 계속해서 말하며 "신앙은 절망, 죄, 의심, 괴로움으로부터 사람을 구한다"고 한다.[29] "신에 대한 신앙 없이는 이 세상은 혼동과 혼란이 있을 뿐이다. 생은 의미를 잃고 죽음이 되고 희망은 사라진다"고 하며 '신'을 단순히 신뢰하는 것에 의해 '구국적으로 평안'을 얻으려고 필사적이었다.[30] 윤치호는 말한다. "기독교인은 아프리카 사람들이 주문을 숭배하는 것을 경멸한다. 그러나 기독교인이 신을 숭배하는 이념, 본능, 원리는 아프리카인이 페티시를 숭배하는 원리, 본능과 본질적으로 동일한 것이다. 그것은 자연과 섭리 앞에 선 인간의 완전한 무력함이다."[31] 즉 윤치호에게 기독교라는 것은 자기를 둘러싼 환경적인 상황에 스스로의 창조적인 행위를 통해 그것을 변혁시켜가는 것을 완전히 포기하고 무력하게 단지 상황을 운명으로서 감수하며 '운명의 호의'를 빌려고만 하는, 말하자면 '주체 상실자'의 종교였다.

한편 윤치호는 여전히 '향상주의적인 현세 내 금욕'의 생활태도를 강조했다. 그러나 그것은 이미 '문명화'를 위한 사회도덕적인 기능과 역할을 수행한다는 의미에서가 아니었다. 이것은 오직 '신이 정한 신분과 경제에 헌신'해서 현실의 질서와 권위에 순응한다는 의미에서 강조되었던 것이다.[32] 즉 윤치호에게 기독교의 신은 식민지 질서 안에서 '순응의 지혜'의 묘(妙)를 발휘하면서 집요하게 '사사적' 향상을 꾀하는 것에 종교적인 근거를 부여하는 존재였던 것이다.

이상과 같이 식민지 시대 윤치호의 기독교 신앙은 식민지 질서의 합법적인 테두리 안에서 개인적 향상을 목표로 하는 '현세 내의 금욕적' 에토스의 자기 강제와 개인적 안락함을 보장하는 '사사적이고 보신(保身)적'인 성격의 것이었다. 따라서 종래의 '행복의 신의론'이 오직 개인생활의 영역에 한정되어 집요하게 추구되었다. 이러한 기독교 신앙은 식민지시대의 윤치호의 정치활동과 근저로부터 맞물려 있었다고 할 수 있다.

2. 상황 인식과 민족적 니힐리즘

1) '조선 독립 불가능론'

윤치호의 세계관의 논리구조는 식민지 조선의 역사에 대한 인식과 그 해석에서 더욱 명백히 나타난다. 윤치호는 일본의 조선 식민지 지배가 "조선인이 아니고 조선을 원하는" 것이기 때문에 여러 가지 법률을 남용해서 "조선인으로부터 조선을 뺏으려는" 것이라고 이해했다.[33] 그리고 일본이 말하는 개혁이라는 것은 조선에 있는 일본인을 위한 것으로 "도로 이외에 남아 있는 토지는 없고 남자는 스파이가 되고 여자는 창부가 되는 수밖에 없다"고 절망적인 기분으로 일본 지배하의 조선의 상황을 응시했다.[34]

또 조선 지배를 보다 철저히 하기 위한 방법의 일환으로 식민지 권력에 의해 행해진 일본신도(日本神道)의 강요에 대해서도 윤치호는 그의 특유의 시니시즘(cynicism)을 갖고 "일본인은 조선인을 모두 바보라고 생각하는 모양"

이라면서 "일본인은 그 유치한 이야기를 의심 없이 삼킬 수 있으리라. 그러나 조선 아이들에게 그 알 수 없는 신의 숭배를 강제하는 것은 어리석은 정책이다. 단순한 힘으로 사람의 마음에 신념을 강요하는 것은 불가능하다"라고 비아냥거렸다.35)

이와 같이 식민지 조선의 현실을 인식했으면서도 곧바로 그것을 윤치호는 '약한 것은 죄'이며 노예의 처지에 있는 인간에게 비판정신 같이 무용하고 유해한 것은 없다는 해석논리로 반전시켜버린다.36) 세계는 무력적인 강함만이 지배한다는 '강자' 지배의 세계관을 가졌던 윤치호의 눈에는 '약자'인 조선이 일본에 대항하는 모든 형태의 독립 투쟁은 성공할 리 없는 무용한 전투로 비쳤다.

윤치호는 "호전정신이 충분하고 잘 훈련되어 있는 강한 민족이 약소민족을 차별하고 억압하는 것은 중력의 법칙과 같은 자연법이다"라고 말하며 "침묵은 금이다"라는 자세를 갖고 비판적 인식을 포기하는 것이 식민지민에게는 필요하다고 보았다. 즉 식민지민인 조선인이 행해야 할 가장 현명한 행위로서 윤치호가 주장한 것은 "권력에 아무런 공격도 하지 말고 조용히 하는 것, 일본인의 호의를 사는 것"이었다.37) 그리고 일본인의 조선인에 대한 차별을 없애기 위해서는 "일본인에게 배워서 가능한 한 빨리 조선인의 지적·경제적 상황을 일본인과 동일한 수준으로 향상시킬 것"이 필요하다고 역설했다.38)

이러한 윤치호에게 조선인의 독립 투쟁은 "실패할 뿐 아니라 말할 수 없을 정도로 개인적인 재난을 불러일으키는" 것으로밖에 보이지 않았다.39) 더 나아가 그것은 지배자의 호의를 잃음으로써 식민지 통치를 일층 광폭화시키고 결국 조선인의 지적·경제적 향상의 기회를 빼앗을 뿐만 아니라 국토를 초토화시키는 대재난을 가져오는 것으로 보았다. 따라서 그는 독립운동가들

을 "민중의 진정한 적"이라고 계속적으로 비난했다.[40]

그런데 알다시피 불균등을 구조화하는 식민지 치하에서 식민지민이 '지적·경제적'으로 지배자와 동등한 지위를 획득한다는 것은 구조적으로 불가능한 일이었다.[41] 따라서 식민지 권력에 대한 투쟁이 무용하다는 윤치호의 주장은 결국 조선의 식민지 상태를 영속화하자는 것, 다시 말하면 '조선 독립 불가능론'으로 귀결되지 않을 수 없는 것이었다.

2) 민족독립운동에 대한 반응

윤치호의 '조선 독립 불가능론'은 조선인의 여러 가지 독립운동에 대한 그의 반응에 구체적인 형태로 응축되어 나타난다. 1919년 3월 1일 발발했던 '3·1 운동'은 문자 그대로 전 민족적인 규모의 독립운동이었다. 집회, 결사가 일절 금지되고 '정치적 언어'가 금지되었던 당시, 운동의 계획은 유일한 합법적 단체였던 종교단체와 교육기관의 지도자와 학생, 지식인을 중심으로 진행되었다.[42] '3·1 운동'은 전국 218개 도시 중 217개 도시에서 사는 사람들이 주체적으로 행동을 조직화해서 약 1년 이상이나 전국에서 계속되었던 운동이었다. 이러한 의미에서 이 운동은 한 사람의 영웅적인 지도자에 의해 상징될 수 있는 성질의 것이 아니라 많은 무명(無名)의 조선인들이 가지고 있던 독립 의지가 하나로 합류된 민중운동이었다.[43]

제1차 세계대전의 종결 후 '3·1 운동'을 전후해서 민족자결주의를 내걸고 전후 세계질서의 재구성을 위한 '파리 평화회의'가 예정되어 있었다. 해외의 조선인 운동단체들을 중심으로 식민지 조선 문제를 이 '파리 평화회의'에 상정하기 위해 대표를 파견하려는 움직임이 있었다. 당시 조선 YMCA의 총간사였던 윤치호에게 최남선, 이상재, 송진우 등은 조선대표로서 파리에 갈 것을 설득했다.44) 그러나 윤치호는 ① 평화회담은 세계대전과 관계가 있는 나라가 중심이어서 조선 문제는 언급되지 않을 것이다, ② 조선은 일본에게 사활(死活)이 걸린 문제임으로 일본은 조선을 포기하지 않을 것이다, ③ 조선을 강제적으로 독립시키기 위해 일본과의 전쟁을 각오할 강대국은 없다는 이유를 들어서 거부하고45) 조선인의 이러한 움직임을 무모한 시도로 보았다. 그리고 '3·1 운동'의 준비과정을 "단지 일본 군대가 조선인을 한층 거칠게 대할 구실이 될 것이 걱정스럽다"는 기분으로 주목했다.46)

'3·1 운동' 발발 당시 《오사카 매일신문(大阪每日新聞)》과의 인터뷰에서 윤치호는 "약한 인종이 강한 인종과 함께 생활하지 않으면 안 될 경우 전자는 자기 보전을 위해 후자의 선의를 얻지 않으면 안 된다"고 말한 뒤에 "만일 우리들에게 독립이 주어진다 해도 우리들은 그것에 의한 이익을 얻을 준비가 되어 있지 않다"고 말하면서 운동의 무용성을 주장했다.47) 이러한 윤치호의 발언은 《경성일보》에도 게재되어 조선 민중들의 격렬한 비판 대상이 되었다.48)

그러나 윤치호는 일관해서 "조선은 독립국가를 관리하고 지속시켜가기에 필요한 정치적인 지성을 갖고 있지 않기 때문에 조선은 불확실한 말만의 독립보다 자치제를 갖고 현재(=식민지)의 상태를 지키는 것으로써 보다 개선된다"는 입장을 고수했다. 그리고 사태는 일본 측이 현명한 융합정책을 취해 조선인의 신뢰를 되찾는 것에 의해서 수습될 수 있다고 생각했다.49) 여기에서 윤치호는 일본의 이러한 융합정책을 기대하고 영향력 있는 일본인에게 "조선인의 희망사항과 불만을 조사할 것"을 건의하는 데 전력을 기울였다.50)

'3·1 운동' 수습을 최대의 과제로 하면서 새로이 부임했던 총독 사이토 마코토(齊藤實)는 전국에서 52명의 조선인 대표를 모아 의견을 청취했는데 그 자리에서 윤치호는 ① 장래의 조선 자치정부에 대비하여 전국 각 도시와 지방에 의회를 설치할 것, ② 초등교육의 의무화, ③ 언론과 출판의 자유, ④ 식민정책의 철폐, ⑤ 과거 조선인의 소유이었던 모든 토지를 조선인에게 불하할 것 등, 19개 조의 행정 건의안을 제출했다.51) 그러나 이것은 일본이 조선을 직접 통치하는 것을 폐지하고 조선의 자치정부 수립에 대한 원조와 내용상 동일한 것으로, 일본 측은 이를 당연히 거부했다. 즉 조선 총독부는 "우리들의 오늘의 목적은 ('3·1 운동'의 수습을 위한) 선전계획과 방법을 의논하자는 것이지 너희들이 마치 국회의원과 같이 정부의 정책을 토론하라는 것이 아니다"라는 한마디로 이 건의안을 묵살했다.52)

윤치호는 이 같은 총독부의 태도에 허탈감을 느끼면서도 지배자의 어떠한 행동에 대해서도 한없는 인내를 갖고 용인하지 않을 수 없었다. 그뿐 아니라 윤치호는 독립을 요구하는 조선의 독립운동가에 대해서 "일본인보다 큰 적이다"라고 하고 독립운동을 최대의 위협으로 간주했다.53) 윤치호는 조선인이 독립 등의 정치적 주장을 버리고 일본의 법률이 정한 합법성의 테두리 내에서 안정된 생활이 가능하도록 하는 생활조건의 개선에 관심을 모을 것을 주장했다. 윤치호는 조선은 "아직 독립의 준비가 되어 있지 않다. 준비가 될 때까지 일본에게 배우자"라는 주장만을 반복했다. 윤치호에게 독립운동은 "독립과 민주주의가 무엇인지 모르는 무지한 민중의 대중 소요"에 지나지 않았던 것이다.54)

윤치호의 '조선 독립 불가능론'을 근저에서 받치고 있던 것은 이러한 조선 민중의 주체적인 역량과 독립 의지에 대한 무시와 거부라고 하는 '민중 멸시관'이었다. 그것은 그의 사회주의 운동에 대한 인식에도 크게 반영되고 있었다. '3·1 운동' 이후 1920년대에 들어와 조선에서도 사회주의 사상이 급속하게 수용·확대되고 있었다. 3·1 운동의 실패로 좌절했던 조선의 민중은 모순의 해결방법으로서 사회주의 운동에 가담했다. 사회주의 운동은 조선 독립운동에서 주요한 세력으로 성장해갔는데 윤치호는 그 성장의 원인을 기본적으로는 일본 통치에 의한 조선인의 '걸식 상태'에 있다고 말하면서도 한편으로는 타인에 빌붙어 살 능력밖에 없는 민중이 "부자의 집과 토지의 몰수에 의해 그 기생주의의 욕망"을 채우기 위한 것이라고 생각했다.[55]

당시 조선인 중에서 최대의 재산을 갖고 있다 해도 과언이 아닌 윤치호에게[56] 사회주의 운동은 그의 재산에 대한 중대한 도전으로 보였을 지도 모르나 여기에 숨어 있는 '민중 멸시'관은 그의 정치사상을 저변에서 뒷받침하는 또 하나의 정념이었던 것이다.

3) '중국 문제'에 대한 인식

강자 지배의 세계관을 갖고 있던 윤치호는 반식민지 상태에 빠진 중국은 열등하고 약한 나라이고 이러한 비참한 상황을 가져온 것은 중국인 스스로의 비애국적 속성에 근거한 "영토 보존 능력의 결여"에 있다고 보았다.[57] 그리고 중국 민중의 저항운동과 주장을 "불쌍하고 경멸할 만한" 우는 소리일 뿐이라고도 생각했다.[58] 윤치호의 이와 같은 냉소적인 시각은 '만주 문제' 대한 시각에도 일관된다.

윤치호는 중국 정부는 만주에 대한 방위 능력이 없기 때문에 일본이 만주를 빼앗을 힘만 충분히 있다면 일본의 만주 지배 주장은 정당하다고 보았다. 그리고 일본의 만주 지배는 국제관계에서 정의의 문제라는 관점에서 논할 문제가 아니고 "만주의 군사작전이라는 큰 긴장을 유지할 수 있는 힘을 일본이 얼마만큼 갖고 또 언제까지 가질 수 있을 것인가"라는 군사적 역학(力學)의 관점에서 논할 성질의 문제라고 인식했다.[59]

이러한 인식에 근거해서 윤치호는 일본의 군사력은 중일 전면 전쟁이 발발하더라도 "즉시 중국을 손에 넣을 수 있을" 만큼 강력한 것이고[60] 만주가 러시아 같은 공산주의 테러를 행하는 국가나 중국의 지배 아래에 들어가는 것보다 일본의 지배하에 들어가는 쪽이 만주인들에게서도 최상으로 바람직한 것이라고 생각했다.[61] 여기에서 윤치호는 만주 문제의 바람직한 해결은 중국이 만주국을 독립국으로 인정함으로써 "일본이 만주에서 평화와 질서를 가져오도록 내버려두는 것"이라는 결론에 이른다.[62]

일본의 만주 지배의 문제를 보는 윤치호의 인식논리는 기본적으로는 1910년의 일본의 조선 병합 때의 인식논리와 동일하다는 것을 알 수 있다. 윤치호의 눈에는 만주 문제가 "규모만이 확대된 조선"으로서 비추어졌던 것이다.[63] 즉 중국도 조선과 같이 방위와 저항 능력이 없는, 따라서 독자적인 존재 의의를 갖지 못하는 '불구의 민족'이라고 결론지은 것이다. 단지 만주 문제를 보는 윤치호의 논리에는 일본의 조선 병합을 추인하는 그의 논리 안에서 움직이고 있던 '문명화의 수혜(受惠)'라는 도덕적인 분장이 후퇴하고 힘의 지배만이 전면에 확고히 그 모습을 드러내고 있는 점이 좀 다를 뿐이었다.

한편 윤치호는 만주 문제를 일본, 구미, 러시아 등의 국가이익이 충돌되는 문제로 인식함으로써 '만주 문제'는 세계대전으로 비약할 수밖에 없다고 예측했다. 그는 이 위기가 다른 열강이 만주에 대한 일본의 권익을 인정하는 것에 의해서 해결될 수 있다고 보았다. 영국이 인도를, 프랑스가 베트남을 병합한 것같이 일본은 만주를 병합할 권리가 있고 또한 만주의 자원을 독점할 권리가 있다고 윤치호는 말한다.[64] 그리고 '만주국'을 수립하는 등 일본의 대 중국전에서 초기 단계의 일련의 군사적 성공을 칭송한 후[65] "조선의 애국자로서 나는 일본이 만주 정책에 성공하기를 바란다"고 한다. 그 이유로서 ① 일본의 만주 점령은 만주에 사는 수백만의 조선인에게 그들이 생명과 안전을 보장한다, ② 이러한 큰 보물창고를 가짐으로써 일본은 경제적인 공포로부터 해방됨으로써 조선인에 대한 대우가 정치·경제적으로 보다 관대해진다, ③ 일본의 만주 경영에 교육받은 많은 조선인이 고용될 수 있다는 점을 들었다.66) 이러한 윤치호의 심리의 저변에는 강자 일본에 합일함으로써 그 힘을 나누어 받아 자기의 불우함을 극복해보려는 환상이 있었던 것이다.

제^{4}장

민족의 '발전적' 해체의 길

1. '수동적 순응'의 태도와 '황민화' 정책

 이미 언급한 바와 같이 어디까지나 식민지 권력이 규정한 법의 테두리 안에서 '조선인의 최대의 이익'을 위해 행동하는 것을 스스로의 정치 신념으로 삼으려 했던[1] 윤치호는 독립운동을 무용한 행위였다고 판단하고 그것과 직접적인 관계를 갖는 것을 거부했다. 여기에서 윤치호가 힘을 기울인 것은 계몽활동이었다. 윤치호는 송도 고등학교를 비롯하며 배재고등학교, 근화학원, 연희전문학교, 이화전문학교 등 여러 학교의 운영위원으로서 활동하고 적지 않은 금액을 기부했으며[2] 또 조선인의 손으로 대학을 창립하려는 취지에서 설립된 민립 대학 기성회의 회원을 비롯해 조선교육회, 조선체육회의 회원 등으로도 활동했다.[3]
 그리고 1925년 태평양 지역 문제들을 과학적으로 조사연구하는 것을 목적으로 설립되었던 태평양문제조사회(Institute of Pacific Relation: IPR)에도 조선의 참가권이 박탈된 1931년까지 이상재, 신흥우 등과 함께 조선 대표로서 참가하는 한편4) 1930년 천도교의 이종린과 같이 '연농사(研農社)'라는 농업 문제연구단체를 설립하고 잡지 《농업세계》를 발간하기도 했다. 1932년에는 덴마크의 농민학교의 이상을 조선에 실현하는 것을 취지로 한 '농민수양소'를 설립하는 등 농촌 개발, 농민 계몽에도 힘을 기울였다.5)

그러나 '만주사변'이 발발하자 윤치호는 '만주사변을 축하하는 국방 정신의 고양'을 위한 대규모 강연회의 강사를 맡기도 하고 직업적인 '친일분자'인 한상용이 조직했던 '토요회'에 가입하는 등 식민지 권력에 협력하게 되었다.6) 물론 전술한 바와 같이 일본의 만주 지배를 '강자'의 당연한 권리로서 이해했던 윤치호가 일본의 식민지 지배에 협력한다는 행위는 논리적으로 이상할 것은 없었다.

그러나 한편으로 윤치호는 '만주사변'이 발발했을 때 "자발적으로 애국심을 보이라"고 권력 측으로부터 강요당하리라 예측하고 "그들의 적의 리스트에 오르는 것"을 두려워했다.7) 즉 이 시기의 윤치호의 대일 협력은 권력에 대한 공포에 근거한 '수동적 순응'인 것으로 후술하게 되는 것같이 미래의 구체적인 비전을 가진 적극적인 '친일' 행위는 아니었다. 바꿔 말하면 그의 세계관에서 '강자'로서의 일본상과 '강자'가 되는 도중에 있는 현실의 일본(식민지 권력)에 대한 인식은 이 시기의 그의 내부에서 반드시 일치되던 것은 아니었다. 이것이 일치하는 것은 중일 전쟁에서 일본이 승리하는 것같이 보였을 때, 즉 아시아를 대부분 점령하고 세계 최강국인 미국과 전쟁을 개시해 이길 것같이 보였을 때였다.8)

1936년 8월 조선 총독으로 취임한 육군 대장 미나미(南次郞)는 조선에 '폐하(=일본 천황)의 방문을 얻는 것'과 징병제의 실시가 가능하도록 완전히 황국 신민화 하는 것을 조선 통치의 목표로 삼았다.9) 그것은 '내선일체'를 근간으로 하는 '황민화'의 요구를 조선인에게 강요하는, 소위 '황민화' 정책의 개시를 의미했다. 이는 중일전쟁의 전개와 함께 전쟁이 예상을 뒤엎고 확대되어 장기화됨에 따라 병참기지로서 조선이 중요시되었기 때문이었다.[10] 즉 모든 조선인을 '황국 신민'으로서 전쟁에 협력시키지 않으면 안 되었던 것이다.

그 때문에 먼저 1936년 12월의 '조선사상 보호 관찰령'을 비롯한 치안 관계 법률과 '조선중앙정보위원회' 등의 사상통제기구를 한층 강화·확대했다.[11] 그리고 종래의 동화정책을 더욱 강화했다. "'내선융합'에서 '내선일체'로"라는 슬로건이 시사하듯이 식민지 권력은 '창씨 개명' 제도를 만들어 조선인에게 일본식의 성명을 쓸 것을 강요하고 학교에서는 조선어 교육을 전폐하고 조선어를 사용한 아동에게는 벌을 주어서 조선어는 버려야 할 조야한 언어로 생각하도록 유도했다. 또한 신사참배를 강제하여 매일 아침 조례에서 "천황 폐하에게 충의를 다합니다"라는 내용의 '황국 식민의 서사'를 외우게 하고 마지막에는 신도(神道)식의 목욕재계까지 시켰다.[12] 조선인이 조선인으로서 사는 것조차 허락되지 않는, 말 그대로 '민족말살정책'의 강행이었다. 이러한 상황 속에서 윤치호의 식민지 권력에 대한 '냉소적이고 수동적'인 협력 자세를 '고치는' 사건이 일어났다.

2. '흥업구락부' 사건과 '전향'

1924년 5월 미국 북감리교 총회 회의에 조선 중앙 YMCA의 총무로서 출석했던 신흥우가 하와이에서 이승만을 만나 그가 조직했던 '동우회'의 자매단체를 조선 국내에 결성할 것을 합의했다. 귀국한 신흥우는 윤치호, 이상재 등과 상담해서 주로 기독교계에 발판을 둔 민족주의자 50인 정도를 회원으로 모아 '실업무역'에 의한 실력 향상을 목적으로 한 단체를 조직했다. 이것이 '흥업구락부'였다. '흥업구락부'의 활동은 "성립 당시로부터 1938년까지 16회 회합하고 있으나 외부에 나타나는 활발한 활동은 없다"고 식민지 권력 측이 파악한 것과 같이13) 회원 상호의 연락을 취하는 정도의 활동을 했을 뿐이었다.

그런데 1938년 연희전문학교의 '적화(赤化) 교수 사건'으로 이 학교의 부교장인 유억겸의 자택을 검사하던 과정에서 우연히 '흥업구락부'와 관련된 문서를 발견한 경찰은 5월 20일부터 그 회원 전원을 검거했다. 취조 중 고문 등 협박과 설득이 계속되어 회원 전원은 검거된 이유도 모른 채 9월 3일 전향 성명문을 발표하고 석방되었다. 당국은 이 단체는 구체적인 활동은 없고 특히 "만주사변 격발 후 유명무실"한 존재였던 것을 충분히 알고 있었지만 이 사건을 과장·확대하여 "조선의 종교계·교육계·언론계를 좌우해온" 관계자들에 대한 협박으로 이용했던 것이다.14)

1935년 12월 조선 장로교회를 중심으로 한 신사참배 반대투쟁을 계기로 식민지 당국은 기독교계에 대한 감시를 더욱 강화하고 있었다. 중일전쟁 전후부터는 앞에서 언급한 '황민화' 정책에 기독교계를 협력시키려는 정책의 일환으로서 조선 기독교를 세계조직에서 고립시켜 일본 기독교의 조직하에 두는 것이 당시 조선 총독부의 조선 기독교에 대한 정책이었다.15) 이러한 방침 아래에서 일으킨 것이 기독교계의 연희전문학교의 '적화 교수 사건'과 '흥업구락부 사건'이었다. 왜냐하면 조선 기독교는 "종래 총독부 정치에 소극적인 반항을 계속하고 있다"고 판단했기 때문이었다.16)

윤치호는 사위가 연희전문학교의 '적화 교수 사건'으로 이미 검거되어 있는 상황에서 자기가 회계직을 맡았던 '흥업구락부'의 수사에 대해 촉각을 곤

두세우며 주목했다. 그리고 당국의 다음 타켓이 같은 기독교계 학교인 이화여자전문학교라는 소문을 접하고는 "빌어먹을, 왜 경찰은 사람이 안전하게 일하고 살게 내버려두지 않는가"라고 공포와 분노를 터뜨리기도 했다.[17]

그런데 당국은 다른 회원에 대한 처리와는 달리 윤치호에 대해서는 구속하지 않고, 그의 '아무것도 모른다'는 말은 믿지 않았는데도 "권력자(총독)가 당신을 구하기를 원함으로 당신에게 해를 끼치는 것은 하지 않겠다"고 하며 면담 형식의 협박에만 그쳤다.[18] 이것은 위협과 회유를 통해 윤치호가 갖는 사회적 영향력을 마음대로 정치적으로 이용하기 위한 것이었다.

윤치호 자신은 이 일련의 사건을 "일본인의 조직에 병합하지 않는 모든 조선인의 조직을 분쇄할" 목적으로 움직이고 있다고 판단하고 "우리는 우리의 마음을 일본의 신민으로 할 것인가 아니면 유럽이나 미국 또는 천국으로 이주할 것인가를 결정하지 않으면 안 된다. 양쪽에 다리를 걸치는 것은 극히 위험하다. 조선인의 독자적인 조직을 유지하려는 사람들은 교묘한 말로 일본 지배자를 속일 수 있으리라고 생각하는 모양이다. 그러나 그들은 일본인의 심리와 민족주의를 모르는 것이다"라고 했다.[19] 그는 이 사태를 마음속에서부터 '황국 신민'이 될 것이 요구되는 상황이라고 인식했다. 윤치호는 "과거의 것은 불문에 부치는" 대신에 ① 조선의 젊은이가 언행이 일치하도록 지도할 것, ② '동양인의 동양'이 되도록 하는 이상(理想)의 핵심은 '내선일체'에 있는 것을 젊은이들의 마음에 새길 것, ③ '내선일체'의 근본은 일본제국의 충량한 신민(臣民)이 되는 것에 있음을 기억시킬 것이라는 총독 미나미가 제시한 세 가지 원칙을 받아들였다.[20] 그리고 윤치호가 보증인이 되어 '흥업구락부'의 해산과 회원 전원의 전향 성명문 발표라는 조건으로 전원이 석방되었다.

이렇게 해서 '흥업구락부 사건'이라는 정치극의 막이 내렸던 것이다. 전향

성명문의 내용은 "동아 발전의 신방향을 무시하는 것인" 민족자결이라는 몽상을 버리고 소위 식민지 조선을 지양(止揚)해서 조선을 새로운 일본 구성의 유력한 일원으로 하기 위해 또 조선인과 일본인을 "민족으로서 일원화시켜 인류 사회의 발전과 신동아 건설"에 봉사시키기 위해 "내선일체의 사명을 구현하는 것이 조선 민중의 유일한 진로"라는 내용이었다.[21] 석방된 구락부의 멤버는 조선 신궁을 참배함과 동시에 '전향'을 증명하기 위한 '애국행동계획'을 세우고 애국 단체에 참가할 것과, 앞서 서술한 총독의 3개의 제안을 전국의 기독교회 지도자에게 공표할 것과 국방헌금으로 매달 20원에서 50원을 헌금할 것 등을 결정했다.[22]

이상과 같이 해서 윤치호를 비롯한 '흥업구락부'의 회원 전원은 '전향'했다. 그러면 '강함'만이 세계를 지배한다고 인식하고 '강자' 일본을 칭송해온 윤치호에게 이 '전향'은 어떤 의미를 갖는 것이었을까? 그리고 그의 '친일' 행동양식과 그 논리는 어떠한 것이었을까? 다음으로 윤치호의 '친일' 행동양식과 논리를 검토한다.

3. 도착(倒錯)의 양태와 '친일'의 논리

윤치호는 '흥업구락부 사건'으로 회원들이 차례로 검거되는 상황 속에서 1938년 7월 임전 체제의 확립을 목표로 결성된 '국민정신총동원 조선연맹'에 중앙이사 겸 경성연맹의 부이사로 참가했다. 이 단체는 황국 정신의 고양 및 내선일체의 슬로건 아래 도, 부, 군, 읍, 부락 연맹에서 최말단 조직인 애국반에 이르기까지 조선의 전 주민을 그 구성원으로 했다.[23]

윤치호는 그 외에도 1939년 2월에 결성된 '육군 지원병 후원회' 회장, 같은 해 7월 결성된 '조선 반영동맹(反英同盟)' 회장을 비롯하여 1941년 10월 "근로 보국의 정신에 근거해 국민 개조의 열매를 거둘 것을 기약한다"는 강령으로 창립된 '조선 임전 보국단'의 고문 등 셀 수 없을 정도로 많은 단체와 관계하고 있었다.24)

이와 같은 대일 협력 행위에 의해 윤치호는 1940년 10월 조선 병합 30주년 기념을 맞이해서 민간 공로자로 선발되어 일본 정부로부터 공로상을 받았다. 1945년에는 일본 귀족원법의 일부 개정에 의해 귀족원 의원으로 선임되기도 했다.25) 그러나 윤치호의 '친일' 행위는 하야시(林房雄)가 "우리들은 전향해도 돌아갈 조국이 있으나 그들(=조선인)에게는 없다"고 말했듯이26) 사상적인 전향을 통해서 일본적인 공감을 확대 재생산하는 공동체 국가에 귀의했던 일본인 전향자의 행위와는 명백히 다른 것이었다.27) 즉 윤치호의 '친일' 행위는 사상적인 전향에서 오는 것이 아니었던 것이다. 왜냐하면 이미 분석한 대로 윤치호는 '강자' 일본에 대한 합일을 세계관으로서 소유하고 있었기 때문이다.

여기에서 '일본에 합일'을 이룬다는 것이 의미하는 내용이 문제가 되는데, 이 경우 윤치호는 같은 대일 협력자인 최남선의 고대 동아시아 문화를 비교 연구해서 '지배자의 신적(神的) 기원'이라는 공동의 관념을 인종적 연결의 기초에 세우려고 했던 선조(先祖)회귀적인 논리나 당시의 신들린 것 같은 '일본주의'의 모든 논리를 "조소를 피할 수 없는 신화적인 동화 이야기"라고 냉소했다.28) 그리고 윤치호는 "열렬한 일본의 민족주의자는 일본 정신에 대해서 또 국체(國體)의 정신에 대해서 많은 것을 말한다. 그러나 그것이 무엇인지 나는 아무리 해도 이해할 수 없다"고 말하면서 "일본인 스스로도 믿지 않는 것을 조선인에게 믿게 하려 하지 말라"고 잘라 말했다.29)

윤치호가 스스로 합일하려 한 것은 그의 세계관의 내용이 시사하듯이 "검

제4장__ 민족의 '발전적' 해체의 길 99

에 의해 그 위대함을 실현한 나라"로서의 일본이다. 그리고 그러한 나라를 만들어낸 일본 정신은 극우이론가 오카와 슈메이(大川周明)가 말한 바와 같이 "통일의 의지, 지배의 의지, 우월의 의지"라고 윤치호는 생각했다. 즉 윤치호에게 일본 정신은 '정복과 지배의 정신'이었던 것이다.30) 바꿔 말하면 윤치호는 정복과 지배의 정신을 갖고 그것을 실현했던 일본에 스스로를 합일시키려고 했던 것이다. 윤치호는 말한다. "경험이 없는 젊은이와 나이 든 불만분자는 조선 독립을 꿈꾼다. 그러나 이 세대의 조선인은 독립국가를 세우기도 유지하지도 못한다. 조선인을 위한 최선의 길은 일본인의 정신 주형(鑄型)에 의해 단련되는 것이다"라고.31)

그러면 이미 그 이전부터 '대리적인 마음의 조국'으로 일본을 생각하던 윤치호가 왜 1930년대 후반 특히 중일전쟁의 발발 후에 적극적인 '친일' 행위를 하게 되었을까? 물론 '황민화' 정책과 식민지 권력의 협박 등에 의한 것도 있겠지만 무엇보다도 윤치호가 '내선일체'를 유일한 선택 가능성으로서 강요받는 지금이야말로 거꾸로 조선이 "일본의 아일랜드가 아니고 스코틀랜드가 되는" 절호의 기회라고 생각했기 때문이다.32) 윤치호가 이렇게 생각한 이유의 배경에는 다음과 같은 정세 판단이 있었다.

> 신동아 건설의 가능 여부는 내선일체의 완성에 달려 있다. 반도는 제국의 대륙 정책상 병참기지로서의 위치에 있다. 이와 같은 지리적 중요성뿐만 아니라 조선의 일원화, 즉 조선인을 내지인(=일본인)과 동일하게 동양 건설을 위한 동등의 국민적 의무와 자격을 갖고 매진시키는 것이 제국의 대륙 정책적 입장에서 볼 때 자명하다(강조는 인용자).33)

여기에서 윤치호가 말하는 것은 전쟁의 확대와 장기화에 의해 조선인의 협력이 절대로 필요한 상황이 되었기 때문에 일본 당국은 종래와 같은 기만적인 조선인 대책이 아니고 진실로 조선인을 일본인과 동등하게 대우하여 그 협조를 얻어내지 않는 한 패망하지 않을 수 없다는 것이었다.

따라서 윤치호는 조선인의 문제일 뿐만 아니라 일본의 '사활'의 문제이기도 한 내선일체가 병합 30년이 지난 지금에서야 외쳐지게 된 것은 "하나의 불행"이라고 말했다. 나아가 그 책임은 일본과 조선 양 민족에게 동일하게 있는데, 조선 측의 책임은 조선 병합을 자발적으로 승인하려 하지 않고 "민족적 편견"을 계속 가지고 있었던 것이고, 일본 측의 책임은 메이지 천황의 '일시동인(一視同人)의 어성지(御聖旨)'를 충분히 이해하지 못하고 내지인(=일본인)과 똑같이 천황폐하의 적자(赤子)인 조선인에 대해 '민족적 우월감과 배타적인 모욕적' 태도를 가졌던 점을 들었다. 여기에서 '내선일체'를 보다 철저히, 조기에 달성하기 위해서는 "내선 양측의 사람들이 모든 민족적 편견을 철저하게 청산하는 것에 의해 보다 동일적인 일본 민족으로서 완전히 합류, 합체하기 위해 노력해야만 한다"고 주장했다.[34]

이상과 같이 윤치호는 '내선일체'의 문제에서 "동등의 국민적 의무와 자격"에 의한 '민족적 편견'의 극복을 가장 중요시했던 것을 알 수 있다. 윤치호가 1930년대 후반에 들어 적극적인 '친일' 행위를 하게 된 이유는 바로 여기에 있다고 하겠다. 즉 '민족적 편견'이 없어져서 조선인이 자유롭게 일본에 귀의해서 일본 정신을 갖는다는 의미의 '내선일체'를 윤치호는 기대해왔었고, 그 기대가 윤치호의 눈에 현실의 것으로서 비친 것이 1930년대 후반이었던 것이다. 거꾸로 말하면 '민족적 편견'이 존재하는 한 윤치호는 일본에 대해 '수동적'이고 '냉소적'이기도 했다고 말할 수 있다.

윤치호는 조선인에게 '병역'을 부여한 것을 '민족적 편견'의 극복에 의해 진정한 '내선일체'를 실현하기 위한 당국의 노력으로 받아들였다. 조선인의 전쟁 협력의 필요성에서 '내선일체'의 궁극적인 모습은 "내선의 무차별 평등에 도달하는" 것이라고 선전하는 총독 미나미의 발언을 윤치호는 "진심으로 조선인을 일본인으로서 동등하게 대우하기 위해 고심하고 있다"고 생각하고 기대를 걸었다.35) 윤치호는 조선에 대해 육군 지원제도의 실행이 검토된다는 보도를 접하고는 "지원자에 의한 순수한 조선인 연대를 만든다는 획기적인 결정"은 "조선인의 역사의 새로운 페이지이다. 씩씩한 일본 군대의 보호와 감독 아래서 조선인은 고양된다"고 감격하여 일기에 썼다.36)

1938년 2월 조선인에 대해서 '육군 특별 지원 법령'이 적용되었을 때 윤치호는 어떤 축하 행사에서 "지원병 제도를 실시해도 좋다고 조선인을 신용해 준 것에 대해 대단히 감격하고 감사하고 있습니다"라고 인사한 후 조선의 청년들이 "만족할 만한 성적을 올릴 수 있을까"가 걱정이라고 하며 청년들에게 분투할 것을 호소했다.37)

그리고 1942년 5월, 조선의 징병제는 1944년부터 실행한다는 각의(閣議)의 결정에 대해 윤치호는 《매일신보》와의 인터뷰에서 "오늘 드디어 징병제가 실현되었으므로 오늘부터 우리들은 내지(內地=일본)의 형제들과 함께 보조를 하나로 해서 대동아전에서 싸우자"라고 말했다. 그 이후 열린 징병제 감사 축하 대회에서 윤치호는 "조선에 징병제 실시가 결정되고 반도 동포에게도 국방의 국책이 부가되었다. 실로 성지(聖旨)의 홍대무변(弘大無變)함에 감사하지 않을 수 없다"고 하는 감사문을 식민지 지배자에게 보냈다.38)

이 같은 심리 상태에 있었던 윤치호에게 학도병의 자원율이 대단히 낮다는 것은 참을 수 없는 일이었다. 그는 "파격적인 영광인데 왜 주저하는가"라고 외치면서 전국을 순회 강연하기도 하고 해당자를 개별 방문해 필사적인 설득작업을 폈다.39) 그리고 1943년 5월 조선에 대한 해군 지원병제 실시가 결정되자 윤치호는 그의 일기에 "조선인을 위한 중대한 결정이다. 우리들은 제국 정부가 영광스런 일본 해군의 자랑스러운 대열에 조선 젊은이의 참가를 허가해준 것을 감사해야만 한다. 나는 조선의 선원들이 공을 세울 것을 바란다"고 기도하는 심정으로 쓰고 있었다.[40)]

이상과 같이 조선인이 '황군(皇軍)'이 될 수 있다는 것을 조선인을 '일본인'으로서 간주하려는 증거라고 감격해 감사하는 마음으로 가득했던 윤치호는 '내선일체'는 실은 '내주선종(內主鮮從)'이라는 조선인의 반대론에 대해 "천황폐하의 성지임"으로 조선을 식민지로 보는 것은 "일시동인의 성지를 무시하는 형법상의 불경죄"라고 비난했다.[41)] 이렇게 조선인의 반대의 움직임을 비판하면서 동시에 '일시동인'이라는 논리를 일본 당국에게 성실한 '내선일체' 실행을 촉구하는 역공격의 논리로서도 이용했던 것이다.

여기까지 '광신적'이 된 윤치호는 태평양전쟁이 발발하자 "구세대에 진실로 새로운 새벽이 도래했다. 이것은 백인종에 대한 황인종의 본래적인 의미의 인종전쟁이다"라고 규정했다. "나는 일본이 앵글로 색슨족의 인종적인 편견과 불공평과 거만함의 풍선에 구멍을 뚫을 뿐만 아니라 이 풍선을 완전히 터뜨리는 것에 성공해서 그들에게 수세기간 황색 인종에게 복종과 굴욕을 강요한, 그들이 자만했던 과학과 발견, 발명을 갖고 지옥에 가라고 말할 수 있게 되길 원한다"고 독설을 토했다.[42)] 전황이 일본에게 불리해질 때는 일본의 필승을 기원했다. 히틀러가 러시아를 침공하리라는 뉴스를 접해서는 "나는 양쪽 다 싫지만 히틀러가 지면 일본이 불리해지는 것이 걱정되어서 히틀러가 러시아를 격멸할 것"을 바란다고도 하고, 일본이 전쟁을 확대시키는 것을 걱정하기도 했다.[43)]

그러면 윤치호가 그린 '내선일체'의 구체적인 모습은 어떠한 것이었을까? 윤치호는 조선인에 대한 차별에 대해 "조선인의 민족으로서의 능력과 수준은 일본인의 그것에 비해 떨어지고 그렇기 때문에 차별대우를 받는" 것은 관계없으나 "일본인의 능력 수준에 도달한 조선인에 대해서는 그 대우에서 어떠한 차별도 보여서는 안 된다"고 주장했다.44) 즉 '조선 독립 불가능론' 내지는 '조선 민족 열등론'이라는 논리에 근거해서 미래의 가능성이 전혀 없는 조선 민족을 '발전적'으로 해체해서 '유능한' 조선인은 일본에 편입해서 자기 상승을 실현하는 것이 윤치호에게 이상적인 '내선일체'였던 것이다.

조선 근대문학의 아버지라고 불리는 이광수는 대표적인 대일 협력자가 되어서 "조선인으로서 민족적 감정과 전통의 발전적 해소를 단행해야만 할 것이다. 그 발전적 해체가 내선일체라고 믿는다"고 말했다.45) 이광수의 이 말은 윤치호의 심경을 대변한 것으로 그것은 다름 아닌 '민족의 발전적 해체론'이었다.

이러한 윤치호의 '친일'의 논리는 그가 품고 있던 '강자로서의 일본'이라는 심상(心象)이 식민지 권력의 압력과도 연동해 최종적으로는 '발전적인 자기 해소'라는 형태로 윤치호를 침식해서 그의 자아를 완전히 삼켜버린 결과라고도 말할 수 있다. 부정해왔던 조선의 '독립'의 날이 '도둑과 같이' 왔을 때 윤치호는 이 상황을 어떻게 수용했을까. 민중에 의해 제1급 '친일파, 민족 반역자'로 고발되었을 때 그에게 남겨진 길은 자살뿐이었을지도 모른다.46)

제2부
김교신의 신앙과 '조선산 기독교'

■ 김교신(金教臣, 1901~1945)

김교신은 1901년 4월 1일 함경남도 함흥의 엄격한 유교 가문에서 출생했다. 1919년 함흥공립농업학교를 졸업하고 3·1 운동에 참가한 후 일본에 건너갔고, 1920년 도쿄에서 기독교에 입신했다. 우치무라 간조(內村鑑三)에게 사숙하면서 7년간 성서 강연에 참여, 무교회주의 사상을 가지게 되었다. 1922년 도쿄고등사범학교 영어과에 입학하고, 다음 해에 지리박물과로 옮겼다. 1927년 졸업 후 귀국, 함흥 영생고보·서울 양정고보(1928~1940)·서울 제일고보(현재의 경기고, 1940)·개성 송도고보(1941) 등에서 지리학 및 박물학을 가르쳤다.

1927년에 우치무라 문하의 함석헌·송두용·정상훈·유석동·양인성 등과 함께 ≪성서조선(聖書朝鮮)≫을 발간했다. 1930년부터 10여 년간 경성성서연구회를 개최했고, ≪성서조선≫ 16호부터는 주필이 되어 책임편집을 맡았다.

1941년에는 전근한 제일고보에서 불온인물로 낙인찍힌 지 6개월 만에 추방되고, 송도고보로 옮겼다. 다음 해인 1942년 3월에는 ≪성서조선≫ 158호가 모두 압수되고 함석헌·송두용 등과 함께 옥고를 치른 '성서조선 사건'의 주인공이 되었다. 1943년 3월에 불기소로 출옥하여, 전국을 순회하며 기독교인들을 만나 격려했다.

1944년에는 함흥질소비료공장에 입사하여 노무자들에게 민족혼을 고취했다. 이듬해 4월 발진티푸스에 걸린 이를 돌보다가 전염되어 급서했다. 그는 평생 창씨개명을 거부했으며, 직접 가르친 제자로는 윤석중·손기정·유달영 등이 있다.

제5장 사상의 형성과정과 신앙의 특질

1. 사상의 형성과정

1) 입신

김교신은 1901년 4월 18일 한반도의 동북부 지역인 함경남도 함흥의 전통 있는 유가(儒家) 가문에서 태어났다. 그는 열강들의 한반도 획득을 위한 주도권 다툼이 전개되는 상황 속에서 성장하여 9세가 되던 해에 조국이 일본의 식민지가 되는 것을 경험했다. 1919년 3월 함흥공립농업학교를 졸업한 김교신은 그해 일어난 3·1 운동에 참가하여 활동했다.[1] 김교신에게도 독립선언서를 받아들었을 때의 감격, 목이 타도록 대한독립 만세를 불렀던 운동의 경험은, 신앙에서 김교신과 일생 동지였던 동년배 함석헌이 "내 가슴에서 지울 수 없는 생애의 전환점이었다"고 말했던 것과 같이[2] 조선인으로서의 자각을 새롭게 한 계기가 되었음에 틀림없다.

그 후 김교신은 일본에 건너가 1922년에 도쿄고등사범학교(東京高等師範學校) 영어과에 입학했는데 그다음 해에 지리박물과로 전과했다. 이 사이 1920년 6월 도쿄에 있는 성결교회에서 시미즈(淸水俊藏) 목사에게 세례를 받고 기독교 신자가 되었다. 그러나 세례를 받았던 교회는 세속적인 이권 투쟁에 전념했고 마침내 목사를 추방하는 사건이 일어났다. 김교신은 교회의 내분에 실망하여 1920년 11월 교회를 떠났다. 정신적인 방황의 날들을 보낸 다음 1921년 1월부터 우치무라 간조(內村鑑三)의 성서연구회에 출석하게 되었다. 그 이후 귀국할 때까지 약 7년간 우치무라에게 성서를 배웠는데, 우치무라의 최대의 역작으로 불리는 로마서 강의가 있었을 때 김교신은 언제나 맨 앞자리에 앉아 경청했다고 한다.3)

우치무라는 기독교란 "늘 있어서 살아 있는" 예수 그리스도라고 보고 기독교를 그 역사적인 형태가 아니라 오히려 역사적인 형태를 내부에서부터 파괴시키면서 스스로를 계속해서 새롭게 표현하는 '영(靈)'적인 존재로 파악하려고 했다.4)

김교신은 이러한 우치무라를 "세상에 둘도 없는 대(大)선생"이라고 하면서 그의 기독교 이해를 '진정한 복음'의 이해라고 생각했다.5) 그리고 복음의 진리를 일본 사회의 역사 현실 속에서 실천하려는 우치무라의 사회비평 활동을 '예언자'적이라고 불릴 만한 것으로 생각하고 이러한 우치무라의 신앙의 자세에서 진정한 기독교인의 신앙의 태도를 발견했다.6) 이와 같이 우치무라의 가르침을 받으면서 김교신은 마사이케 진(政池仁), 이시하라 효에이(石原兵永) 등과 함께 '가시와키청년회(柏木靑年會)'에 소속을 두고 또 1925년부터는 우치무라의 조선인 제자 함석헌, 송두용, 정상훈, 유석동, 양인성 등과 함께 '조선성서연구회'를 만들어 성서 연구에 전념하면서 기독교 진리의 근간(根幹)을 습득해갔다.7)

한편 1927년 도쿄고등사범학교를 졸업한 김교신은 귀국하여 고향 함흥의 영생여자고등보통학교 교사가 되었다. 이후 서울의 양정고등보통학교, 경기중학교 등에서 약 15년간 교사로서 교육을 통한 민족의식 각성에 힘을 쏟았다.8) 그리고 일본에서 귀국한 직후인 1927년 7월부터 함석헌, 송두용 등 앞에서 언급한 '조선성서연구회' 멤버 다섯 명과 함께 잡지《성서조선(聖書朝鮮)》을 발행했다. 1930년 5월 제16호부터는 주필로서

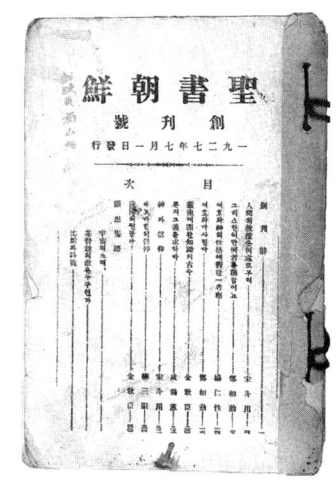
▮《성서조선》 창간호(1927년 7월)

《성서조선》의 발행에 전 책임을 지게 되었다. 총독부의 검열에 의해 삭제, 발행 금지 처분을 받으면서도 1942년 3월 폐간될 때까지 158호를 발간했다. 김교신은 이 잡지를 통해 무교회주의적인 입장에 서서 기독교 전도를 행함과 동시에 스스로의 사상을 심화시켜서 '조선산(朝鮮産) 기독교'를 주장했다.

김교신이 '성서조선'이라는 단어를 사용한 이유는 "조선과 자아의 관계"를 빼놓고는 보편적 진리에 도달하는 것이 불가능하다고 생각했기 때문이었다.9) 즉 김교신에게 보편적인 진리를 추구하면서 산다는 것은 자신의 실천의 장(場)인 식민지 조선 사회에서 기독교의 가르침을 실현하는 것이며 "가장 사랑하는 대상인 조선"에게 "최진(最珍)의 선물"인 성서를 가지게 함으로써 성서에 기초한 존재로 변화시키는 것이었다.10)

이러한 김교신의 생각의 배경에는 신앙의 동지인 함석헌의 영향이 있었다고 생각된다. 함석헌은 김교신과 같이 도쿄고등사범학교에서 역사학을 공부했다. 함석헌은 우치무라의 성서연구회에 출석하는 등 김교신과 성서 연구

나 활동을 함께하면서 조선의 역사를 기독교의 섭리 사관(史觀)에 서서 다시 보려고 했다.11) 함석헌은 역사를 근저에서 만들고 형성해가는 것은 신(神)의 '아가페'이며 인간은 신의 '아가페'를 받아들여 실천하는 '도덕적인 책임자'로서 역사의 전개에 관계한다고 생각했다. 따라서 역사라는 것은 신의 요구에 대해 인간이 응답하는 형태로 신의 '아가페'가 실현되는 무대라고 함석헌은 보았다. 이러한 사관에 서서 함석헌은 조선의 역사 속에서 신의 '아가페'에 등을 돌리는 불의를 통렬하게 비판함과 동시에 신의 '아가페'를 받아들인 의를 확인하고 평가했다. 이러한 비판적인 긍정의 평가를 통해서 함석헌은 조선의 역사를 다른 민족의 역사와 같이 신의 구원을 향해 가는 당당한 역사로서 위치 지으며 조선인 한 사람 한 사람이 '창조적인 수고(受苦)'에 의해서 조선사를 자각적으로 계승·전개할 것을 주장했다.12)

함석헌은 이와 같은 자신의 역사관을 1933년의 '동계 성서연구회' 집회에서 발표한 이후, 「성서적 입장에서 본 조선 역사」라는 제목으로 《성서조선》 제61호에서 제83호까지에 약 2년에 걸쳐 실었다. 김교신은 이 함석헌의 논문을 "조선사에 사관을 부여한 유일한 조선 역사서"라고 평가할 정도로 여기에서 많은 것을 배우고 자극받았다.13)

1942년 3월 소위 '성서조선 사건'이 일어나, 김교신은 독립운동을 했다는 혐의로 체포되어 1년간의 옥중생활을 보낸 후 1943년 3월 불기소 처분을 받고 출옥했다. 그 후 교직과 전도생활의 길이 막혀버린 김교신은 전국을 순회하면서 암흑 속에 있던 신앙 동지들을 격려했다. 1944년 7월에는 흥남일본질소비료공장에 취직하여 3,000여 명의 조선인 노동자의 복리와 인격 교육에 힘을 쏟으면서 '해방'을 준비했다. 그러나 '해방'을 3개월 남겨두고 당시 조선인 노동자들 사이에 유행하던 발진티푸스를 간호하는 도중 스스로도 감염되어 44세로 이 세상을 떠났다.

2) '속죄' 체험과 신 이해

김교신은 기독교에 입신하기 이전부터 인간의 삶은 연극이나 유희, 즉 미적인 영역의 문제가 아니고 사실 내지 진실의 문제이며, 인생을 산다는 것은 도덕적으로 사는 것이라고 생각하고 있었다.[14] 이때의 김교신에게 도덕적으로 산다는 것은 유교의 교훈에 따라 사는 것이었다.

알다시피 유교의 인성론은 인간의 마음에는 인의예지(仁義禮智)의 사단(四端)이 있기 때문에 인간은 내성(內省)하는 것에 의해서 선악을 판단할 수 있다고 한다. 또 인간은 태어날 때부터 이 사단을 갖고 있는 존재로서, 인간이 선을 행하는 것이 자연이라고 하는 성선설(性善說)이 주장된다. 성선설에 의하면 현실에서 범하는 인간의 각종 죄악은 인간이 외부의 물욕에 유혹당해 본심을 잃은 결과로, 결코 인간의 본심에서 오는 것이 아니라고 한다. 따라서 유교에서는 인간은 수양에 의해서 잃어버린 마음을 되찾고 그 본심을 보존하는 것에 의해서 태어날 때부터 가지고 있는 인간의 선성(善性)을 완성할 수 있다고 한다.[15]

김교신은 이와 같은 유교적인 인간관에 서서 논어의 "十有五而志于學, 三十而位, 四十而不惑, 五十而知天命, 六十而耳順, 七十而從心所欲不踰矩(공자가 말씀하시기를 "열다섯에 학문에 뜻을 두고 서른에 자립하고 마흔에 의혹이 없었으며 쉰에 천명을 알고 예순에는 모든 사리에 잘 통하게 되며 일흔에는 내가 하고 싶은 대로 해도 법도를 넘지 않았다")"를 삶의 과정표로 했다. 인간의 선한 본성을 수양에 의해서 완성하여 '從心所欲不踰矩'의 경지에 도달하는 것을 삶의 목표로 하는 강한 윤리적 지향성을 가지고 있었던 것이다.[16]

그러나 김교신은 기독교를 접함으로써 유교와 기독교를 비교하게 되었다. 김교신은 유교의 "己所不欲勿施於人(네가 원하지 않는 것을 남에게 베풀지 말라)"이란 것과 기독교의 "己所欲施於人(네가 원하는 것을 남에게 베풀어라)"이란 것을, 그리고 "見義不爲無勇也(의를 보고도 행하지 않음은 용기가 없는 것이다)"라는 공자의 말과 "의를 보고도 행하지 않는 것은 죄이다"라는 그리스도의 말을, 또 "以直報怨, 以德報德(바른 것으로써 원수에 보답하고 덕으로써 덕에 보답한다)"이란 공자의 교훈과 "적을 사랑하며 오른쪽 뺨을 치는 자에게 왼쪽 뺨을 향하라"라는 그리스도의 교훈을 비교해서 기독교의 교훈이 유교의 교훈보다 훨씬 더 심원고대(深遠高大)하다고 생각했다.[17]

여기에서 김교신은 그리스도의 산상수훈(山上垂訓)의 말을 일 점 일 획까지 충실하게 실행하려고 노력했다. 그러나 행위의 결과만이 아니라 그 동기조차도 중시하는 그리스도의 가르침의 철저함을 깨닫고, 자기 자신에게는 선한 성품은 하나도 없고 오직 죄악의 덩어리일 뿐이라고 생각했다. 또 죄란 유교에서 말하는 것과 같이 본심을 잃은 것으로부터 발생하는 것이 아니라 인간의 본성 그 자체가 이미 죄악에 젖어 있다고 생각하게 되었던 것이다.[18]

이렇게 해서 김교신은 '죄의식'에 눈뜨고 인간의 선한 본성을 자기 수양에 의해서 완성할 수 있다는 유교적 가치관을 버리고 스스로의 힘에 의해서 자기를 구원하려고 하는 모든 노력을 포기했다. 거기에서 김교신은 "건강한 자에게는 의원이 소용없고 병든 자에게라야 쓸 데 있느니라. 내가 의인(義人)을 부르러 온 것이 아니요 죄인을 부르러 왔노라"(마가복음 2 : 17)라는 그리스도의 복음을 받아들였다.[19] 그리고 "죄의 동기를 분석해서 동정으로 변호하며 나중에는 죄를 내 몸에 지고 십자가에 걸려서 영원히 변호"한 그리스도의 자기희생을, 신의 인간에 대한 가장 완전하고 구체적인 사랑의 증거로서 김교신은 이해했던 것이다.[20]

그러나 한편에서 김교신은 기독교는 전체로서는 사랑의 종교이지만 그리스도의 십자가를 제외한 사랑, 즉 "의(義)의 골격이 없는 사랑"을 거부한다고 말하고 십자가는 신의 해소할 수 없는 의의 표현이라고 인식했다.[21] 그는 간과하기 쉬운 신의 의의 측면에 주목하여 "기독교는 신의 의를 본위로 한 종교"라고 규정하면서 "기독교의 아가페라는 단어는 '愛'·'love'·'慈悲' 등과는 다르니 인의(仁義) 또는 의애(義愛)라고나 역(譯)할 것이다"라고 주장했다.[22] 즉 김교신은 기독교의 신은 인간의 죄에 대해 의의 분노를 발하면서도 그 분노를 완화시키기 위한 대가로서 자기의 아들인 그리스도를 인간의 죄를 대신하여 십자가에 못 박히게 했으며, 따라서 십자가의 의미는 인간의 죄에 대한 신의 의의 분노를 포함한 자기희생의 사랑이라고 생각했던 것이다.

이와 같이 그리스도의 십자가의 의미를 신의 분노와 신의 사랑이란 이원성에 의해 매개된 일원적인 사랑이라고 이해한 김교신은, 만약 신의 분노의 의미가 없어지면 신의 사랑만의 일원주의가 되어버리고 이것은 실질적으로는 기독교 신앙의 폐기를 의미한다고 생각했다. 기독교의 신을 사랑만의 신으로 이해하는 것에 대해서 김교신이 얼마나 격렬하게 부정했는가는 애제자였던 조성무(趙誠珷)와 인연을 끊은 이유를 보아도 알 수 있다.

조성무는 양정고보 시절 김교신의 제자이며 성서연구회의 제자이기도 했다. 김교신은 조성무를 일본의 무교회 집회에 소개하여 『성서강의』의 아제가미(畔上賢造)의 문하생으로 성서를 공부시키고, 때로는 아사노(淺野猶三郞)의 요한복음 강좌에도 출석시켰다. 김교신은 조성무에 대해 기대가 매우 컸고, 그가 발간하는 신앙지 《성서조선》에도 조성무에게 요한복음서 시역(試譯)을 싣도록 했다.[23] 그러나 김교신은 조성무가 "다만 신약적인 사랑의 기독교를 알 뿐이요 구약적 의(義)의 종교"를 모른다는 것을 알게 되었다. 그래서 김교신은 조성무가 《성서조선》에 연재하던 요한복음서의 시역을 중단시키고 집회 출석도 금지했다. 가혹할 정도로 보이는 이 조치에 대해서 김교신은 "진리가 유린당하고 신앙이 오해되고 하나님이 무시당하게 됨에 이를 때는 단연코 프로테스트하지 않을 수 없었다"고 말했다.24) 김교신은 신의 사랑을 진정으로 이해하기 위해서는 신의 의가 전제되지 않으면 안 된다고 생각했고, 한 발 더 나아가 그것이 기독교의 진리이며 바른 신앙이라고 생각했던 것이다.

'죄의식'이 미발달한 동양사회에 기독교가 전래되었을 때 적이라 할지라도 사랑할 것을 가르치는 사랑의 요구의 철저함에 압도된 동양의 기독교 신자들에게, 기독교의 신은 사랑만의 신으로서 인식될 위험성이 컸다. 예를 들면, 유명한 부흥 목사로서 김교신과 거의 같은 시기에 활동했던 이용도(李龍道)의 신에 대한 이해,25) 또 일본 조합교회의 조선 전도 책임자였던 와타세(渡瀬常吉)의 신에 대한 이해,26) 일본 무교회주의 주도자의 한 사람이었던 쓰카모토(塚本虎二)의 신에 대한 이해27) 등은 사랑 일원주의였다고 한다. 기독교의 신에 대해서 그 사랑만을 강조하고 의(義)의 측면을 경시 또는 부정하는 것은 기독교 윤리의 차원과 관련시켰을 때 개인이나 사회의 악을 죄로서 인식하는 기준도, 그것을 비판하는 근거도 잃어버리게 된다. 왜냐하면 신의 의의 측면이 몰각되면 신의 의에 대한 인간의 죄가 보이지 않게 되기 때문이다.

김교신은 이러한 신에 대한 이해와 기독교 윤리의 관계에 주목하여, 의의 신을 믿는다는 것은 "하나님의 의에 불타" 불의에 대해 과감히 비판하는 것이라고 생각했다.28) 스승이었던 우치무라에 대해서 김교신은 "우리들의 선생도 물론 완전무결한 사람은 아니었지만 무엇보다도 악을 폭격하는 의의 위력이 강렬했으므로 뭇 소인들이 그를 기피하여 훼방했다"고 말하면서 우치무라의 신의 의에 기초한 사회 비판을 중요시했다.29) 후술하겠지만 김교신이 신의 의의 측면을 중시했던 것은 당시 조선 사회의 모순의 근원이었던 일본의 식민지 지배에 대한 비판, 그리고 민족의 해방과 자유를 추구하는 그의 예언자적 활동과 상호 밀접한 관계를 가지고 있었던 것이다.

2. 기독교 신앙의 특질

1) '죽음'을 이긴 종교

김교신이 부활 신앙을 빈번히 논한 시기는 주로 1930년대 초부터 1940년대 초까지였다. 1930년 10월의 「영원의 긍정」이란 글에서 1942년 3월의 「부활의 봄」이란 글까지 부활신앙에 관한 10여 편의 글이 남아 있다. 김교신의 신앙지 《성서조선》이 1942년 5월호를 최종호로서 폐간된 것을 고려하면 이 부활 신앙은 초기 시대를 제외한 그의 활동의 거의 전 시기와 관련되어 있다고 말할 수 있다.

부활신앙은 속죄 신앙과 분리해서는 생각할 수 없다. 왜냐하면 그리스도의 부활은 그리스도의 죽음과 표리일체의 관계에 있기 때문이다. 즉 그리스도의 죽음은 신의 사랑이 죄인이라는 무가치적 존재에 향해지는 것을 의미하는 데 비하여 그리스도의 부활은 죄인과 연대하는 자기희생적인 신의 사랑이 그 사랑의 힘에 의해서 죄인을 정복하고 승리를 거두었다는 것을 의미하기 때문이다.[30]

김교신은 그리스도 부활을 신자의 내부에서 일어난 환영(幻影)으로 보는 심리적 해석에 반대하고 실제로 일어난 '역사적 사실'로 본다.[31] 그리고 그리스도는 인류의 죄와 죽음을 정복하고 부활했다고 믿었다. 김교신은 "공자가 없어도 유교의 교훈은 세전(世傳)할 수 있고 석가가 없어도 불교의 종교는 존립할 수 있지만 그리스도가 없는 기독교라는 것은 도저히 성립할 수 없다. ……기독교는 윤리 도덕으로 편성된 것도 아니요, 철학 사색으로 조직된 것도 아니다. 오직 그리스도의 생애, 특히 그 십자가상의 죽음과 그 부활의 사실로서 생긴 것이다"라고 말하면서,[32] 그리스도의 부활이라는 사실을 기독교의 토대로 간주했다. 더욱이 이와 같은 그리스도의 부활이 기독교인의 희망인 사후의 부활의 근거를 이루고 있다고 생각했다.33)

그런데 그리스도의 재림의 날에 이루어지는 신자의 부활은 그리스 철학에서 말해지는 영혼 불멸과는 완전히 다르다. 육체에 속박되어 있는 영혼이 육체가 죽은 후 불멸의 세계에 들어간다고 보는 영혼 불멸설에 근거하여 그리스도의 부활을 합리적으로 설명하려고 하는 시도에 김교신은 반대했다. 김교신은 기독교인의 부활은 영혼 불멸설 주장과 같이 "일정불변의 법칙이 아닌, 또 물(物)의 속성도 아닌 온전히 하나님의 대능(大能)으로서이다"라고 말한다.34) 그리고 부활은 인간적·합리적인 설명이 불가능한 것으로서 생(生)과 사(死), 존재와 비존재를 다스리는 신 자신의 권능에 의한 것이라고 보았다. 신은 이와 같은 권능에 의해서 인간적인 가능성이 전부 파국에 이르렀을 때에도 무조건적으로 신뢰할 수 있는 자로서 스스로를 계시한다고 보았던 것이다.35) 그렇기 때문에 김교신은 신의 권능에 의한 기독교인의 육체의 부활이라는 사실에 기초해서 기독교는 '죽음을 이긴 종교'라고 생각했다.

한편 그리스도는 죽음의 부패로부터 구출된 최초의 성자이며 제2의 아담으로서 신이 만물을 신의 지배하에 두는 새로운 시대의 시작을 나타낸다. 즉 그리스도의 부활은 구질서에 속하는 생명의 회복이 아니라 신의 새로운 창조의 시작이다.36) 그리스도의 부활은 지금까지의 죄로서의 세계 역사가 그리스도의 부활에 의해서 선포된 '신의 나라'의 도래라는 종말론적 차원으로 이동되는 순간이다. 신자의 부활의 약속도 이 종말론적인 질서 속에 포함된다. 이러한 의미에서 그리스도의 부활은 세계의 구원을 완성하려는 신의 종말론적인 위업의 시작인 것이다.37) 김교신은 부활 신앙의 이러한 종말론적인 측면에 주목해서 그리스도의 부활을 만물이 결정적으로 갱생되는 때로서 이해했다.38) 그리고 그리스도의 부활에 의해서 세계의 역사가 이미 선과 불의를 향해 전환했다고 보고 그러한 관점에서 당시의 조선의 역사 현실을 주시했다.

당시 조선에는 만주사변을 분기점으로 해서 조선을 대륙 침략의 후방 병참기지화하려는 정책이 총독부에 의해 실시되고 있었다. 특히 1937년의 중일전쟁의 발발을 계기로 '내선일체'라는 슬로건 아래서 황민화 정책이 진행되고 있었다. 또 신사참배를 강요하기 위해서 '일면 일신사(一面 一神社)' 정책이 추진되고 더 나아가 '황국신민의 서사(誓詞)'를 제창할 것이 강요되었다. 그리고 '국체명징(國體明徵)'·'내선일체'·'인고단련(忍苦鍛鍊)'이란 3대 강령 아래 조선교육령을 개정하여 조선어 사용을 금지했다. 1939년에는 '창씨개명' 제도를 만들어 조선인의 이름까지도 일본식으로 바꾸도록 했다.[39] 이와 같이 중일전쟁 이후의 조선은 민족 자체의 존속까지도 위협받고 있었다.

이러한 고난의 시대에서도 김교신은 그리스도의 부활이라는 사실에서 희망을 발견해냈다. 김교신은 "심한 동결은 고통과 절망을 심각하게 하지만 다시 춘양(春陽)의 기쁨을 절대하게 한다. 지금 우리에게 임하는 모든 동상(凍傷)은 춘양의 부활을 확연히 하고자 하는 데 없을 수 없는 과정이다. 우리의 소망은 오직 부활에 있고 부활은 봄과 같이 임한다"고 하면서[40] 민족 역사의 고난과 암흑은 일시적인 것일 뿐이라고 인식하고 미래의 영광의 승리를 주창했다. 또 고통 속에 신음하는 동포에게, 육체의 생명이 다한 후 다시 영체(靈體)로 부활하기 때문에 생명을 빼앗는 것 이외에는 아무것도 할 수 없는 자들을 무서워하지 말고 용감한 나날들을 보내도록 격려했다.[41]

이와 같은 김교신의 태도는 그리스도의 부활이 의미하는 종말론적인 의의를 현실적으로 파악하여 고난받는 민족의 현실에서 얼굴을 돌리지 않고 그 속에서 죽음을 극복한 자로서의 기독교인의 존재를 증명하려 했다 할 것이다.

2) '세계 완성'이라는 대망

김교신의 또 하나의 신앙적 특징은 재림신앙이다. 재림신앙이란 그리스도가 부활해서 신과 함께 우주를 지배하지만 그것을 완성시키기 위해서 다시 이 세상에 강림한다고 하는 교설이다.[42] 즉 그리스도의 부활에 의해 이 세상은 신의 지배하에 있는 것이 명시되었지만, 실제로는 이 세상에 불신앙과 악이 아직도 강하게 남아 있어 신의 지배는 완전히 실현되어 있지 않다. 따라서 그리스도가 그 완전한 성취를 위해 재림한다고 하는 것이다.

그리스도의 재림의 날에는 인간의 죄와 불신앙이 모두 심판되고 신자의 부활도 실현된다. 그리고 현실의 모든 불의, 전쟁, 억압은 없어지고 이상적 사회인 '신의 나라'가 지상에 세워진다. 그뿐 아니라 자연계에도 평화가 온다. 어린 아기가 사자와 함께 뒹굴며 놀게 된다. 따라서 그리스도의 재림의 순간에는 그리스도의 부활에 의해서 시작한 '신의 나라'가 이 역사의 현실로서 실현되는 때이다.[43]

김교신에게 이러한 재림신앙은 중일전쟁 이후 식민지 조선에 대한 일본의 탄압이 점점 더 격렬해져 갈 때, 또 평화를 원하는 모든 인간의 노력과 희망을 짓밟고 제2차 세계대전이 발발하여 확대되어갈 때 빈번히 언급된다. 김교신은 자기가 살고 있는 시대는 "양심이 없는 인물만이 활보하는" 시대로서 "개인의 내심을 돌아보아도 탄식이요, 세계의 정국을 살펴보아도 절망이다"라고 말하고 있다.[44] 그리고 인간이 절정의 문화와 문명을 자랑하면서도 스스로가 희망하는 평화와 정의를 실현할 능력은 없다는 것을 분명히 보여준 시대라고 생각했다.[45]

김교신은 이러한 시대에 대해서 "국가와 민족의 재래의 문화와 도덕과 인정 등은 그중에 값있는 것이 전무(全無)하지는 않으나 대체로 더러운 것이 그 본질을 이루었고 썩을 것, 육(肉)된 것들이 그 중심세력을 차지했다. 따라서 한번 뜯어 고쳐서 새로운 질서를 만들어야 할 것이다. 그리스도의 던지신 불로 인해 모든 육에 속한 것은 불타 없어지고 영화(靈化)하고 영원한 것이" 되지 않으면 안 되며[46] 자연의 현상도 바울이 "그 아름다움은 표면적인 것이며 그 깊은 속에는 역시 비애의 색채가 잠겨 있어 피조물도 썩음의 종노릇에서 해방되어 하나님의 자녀들의 영광의 자유에 이르는 것이니라. 피조물이 다 이제까지 함께 탄식하며 함께 고통하는 것을 우리가 아나니"(로마서 8:21~22)라고 말한 것과 같이 고통 속에 있다고 보았다. 그는 "식물과 동물, 지구와 천체가 모두 새로운 질서를 갈망하고 있다"고 말하면서[47] 그리스도의 재림에 의해서 새로운 질서가 도래하지 않는 한 인간과 모든 피조물의 고통은 끝나지 않는다고 보았다.

그러나 김교신은 이러한 고통과 탄식이 영원히 계속되지 않으며 "회개의 복음을 전파시키고 이것을 신수(信受)하게 하신 이가 그리스도의 재림의 날까지 구원의 대업을 완결 성취"하는 것에 의해 그리스도의 재림의 날에는 '신의 나라'가 역사적인 현실로서 출현하여 우주 전체의 비탄과 고난을 종식시킨다고 믿었다.[48] 따라서 김교신은 그리스도의 재림의 약속은 생의 허무를 극복시키는 절대적인 약속이며 그것은 기독교인의 인간적 절망과 비관을 극복시키고 어떠한 고난의 순간에도 희망과 기대를 유지시키는 데 충분한 힘을 주는 절대적인 예언이라고 생각했다.[49]

그런데 재림은 꼭 역사상에서 이루어지지만 그때가 언제인지는 명시되어 있지 않다. 더욱이 재림의 날은 인간이 알 수 있는 것도 아니며 알려고 노력한다고 해서 알게 되는 것도 아니다. 그렇기 때문에 김교신은 기독교인이 그리스도의 재림을 믿을 때 중요한 것은 세계 구원의 완성에 대한 불굴의 대망을 현재의 생활에 어떻게 환원시킬 것인가라는 문제로 보았다.[50] 김교신은

"새로운 천지가 일개인의 속에 이루어지며 한 가정과 한 백성에 나타날 뿐 아니라 실로 전 우주에 성취되는 것, 이 일을 기독교인은 바라는 것이요 또한 이 목표를 향하여 싸우는 존재"이며 그렇기 때문에 "권리 있는 자도 없는 듯이 타인의 익(益)을 위해 아가페의 생을 살아야 할 것"이라고 생각했다.[51] 즉 김교신에게 재림신앙은 기독교인의 사회 윤리의 근거와 원동력을 이루고 있었던 것이다.

그런데 김교신의 재림신앙은 당시 조선 기독교계의 말세신앙과 어떠한 관계에 있었을까? 당시 조선 기독교에서 말세신앙을 주장한 대표적인 인물은 길선주(吉善宙)였다. 길선주는 조선 기독교의 최대 교파인 장로교회의 아버지라고 불릴 정도로 큰 영향력을 행사한 인물이었다.[52] 길선주의 사상 중심은 말세론으로, 그 내용은 주로 그리스도의 재림과 세계의 종말을 강조하고 사태의 긴박성을 주장한 것이었다. 길선주의 저서인 『말세학(末世學)』은 그리스도의 재림의 징후를 열거하는 것을 중심으로 하는데, 조선 내에서 29건, 국외에서 6건을 그 증거로 들었다.[53] 이 증거에 기초하여 길선주는 이방기약(異邦基約), 즉 이스라엘이 죄 때문에 받는 이민족의 지배로부터 해방되는 때를 1974년이라고 하고 그때에 그리스도가 재림한다고 말했다. 또 모세에게 명령한 희년(禧年)을 계산해서 2002년에는 그리스도와 함께 안식할 지상 천국이 시작한다고 확신했다.[54]

이러한 길선주의 말세론에는 김교신의 재림신앙과 유사한 점이 있다. 즉 그리스도의 재림을 희구하지 않을 수 없었던 그들의 현실적인 절망과, 그러면서도 재림의 약속에 기초하여 현실의 고난을 극복해내려 했던 신앙의 구조에서 양자는 일치한다. 그러나 김교신의 재림신앙의 경우 그것은 현실적인 사회 윤리의 실천을 포함한 것임에 비하여 길선주의 말세론은 현실적 혹은 사회 윤리적인 측면이 완전히 결락(缺落)되어 있다. 길선주의 경우 재림을 기다리는 기독교인의 현재는 오로지 그 시간을 계산하거나 그 징후를 발견하는 것에 집중되어 있다. 따라서 길선주의 말세론에는 그리스도의 재림의 날과 그것을 기다리는 기독교인의 현재, 즉 역사의 종말과 현재 사이 혹은 신앙과 행위와의 사이의 변증법적인 연결이 결여되어 있다. 이와 같은 김교신과 길선주의 차이는 그리스도의 재림을 생각하는 양자의 사상적 맥락의 차이, 즉 예언자적인 맥락과 묵시 문학적인 맥락의 차이에 의한 것이라고 말할 수 있다. 김교신은 그리스도의 재림을 사회 구원의 메시지로서 받아들여 기독교인은 어떠한 절망적인 경우에도 세계 구원의 완성의 날을 대망하면서 그 목표를 향해 싸워야 한다고 생각했던 것이다.

3) 기독교인의 존재 양식

기독교에서 구원은 인간의 '업적'에 의하지 않고 신앙에 의해서만 얻을 수 있다. 즉 그리스도가 인간의 죄 때문에 죽고 묻힌 지 3일 만에 부활했다는 사실을 신앙으로서 받아들이는 데에 구원이 있다. 바꾸어 말하면 기독교인은 죄인이지만 신은 인간의 죄 대신에 죽은 그리스도의 의를 인간에게 돌려서 그것을 믿는 기독교인을 '의'로 한다는 것이다.[55] 따라서 기독교인은 구원받은 죄인이므로 자신의 구원에 대해 어떠한 권리도 주장할 수 없다. 구원에서 신의 절대적인 이니셔티브와 '신앙만에 의한 구원'과는 동일한 것이다. '신앙만에 의한 구원'은 구원에서 신의 절대성에 대한 인간의 신앙 고백적 표현인 것이다.

김교신은 "죄인 중에서도 죄인의 두목인" 자기 자신이 "예수 그리스도의 공로에 힘입어 구원 얻었다"는 것을 확신하고[56] 자신의 생은 신으로부터 사랑받아 '의'로 칭함을 입은 '귀중한 생'이라고 확신했다.[57] 이와 같이 김교신은 자신의 생을 근저로부터 긍정했으면서도 자신은 여전히 '무자격'의 존재라고 생각했다. 김교신은 자신은 '도덕적 폐물'로서 원래 구원될 수 있는 조건과는 인연이 먼 존재라고 말한다.[58] 신의 구원의 위업에 대한 '무자격자'로서의[59] 자각으로부터 김교신은 "만약 인류 중에서 한 사람이라도 멸망할 사람이 있다면 나의 구원을 믿을 수 없게 됩니다"라고 말하면서 모든 인류가 구원받을 수 있다는 '만인구원론'을 주장했다. 그리고 그것이 "비성서적이라 하더라도 어쩔 수 없는 나의 신념이외다"라고 말한다.[60]

이와 같이 인식한 김교신은 '구원된 존재'임과 동시에 '무자격의 존재'인 기독교인은 결국 "십자가를 우러르는 죄인"이며 그것 이외에는 아무것도 아닌 존재라고 생각했다.[61] 즉 기독교인은 "영(靈)이 육(肉)에 선전포고"하고 세상과 죄에 이기는 나날의 승리에 의해서 신의 '의'에 어울리는 결실을 맺는다는 과제를 짊어진 존재라고 보았다.[62] 따라서 기독교인은 '의'의 완성을 향해서 계속 '성장'해나가는 과정에 있는 존재라고 인식했던 것이다.[63]

그러면 '죄에 이긴다'는 것은 무엇을 의미할까? 김교신은 죄란 개개의 윤리적 악행이 아니라 신에 대해 '유자격'을 주장하려는 의지이며 구체적으로는 그 의지에 주박(呪縛)되어 세속적으로 자기세력을 확장하려는 모든 행위라고 생각했다.[64] 따라서 '죄에 이긴다'는 것은 신에 대해서 '유자격'을 주장하려는 유혹을 거부하고 자신의 '무자격성'을 끊임없이 자각하여 관철하는 길 이외에는 다른 방법이 없다고 보았다. 이 경우 신에 대해서 권력이나 부를 내세운 '자격 주장'은 물론 도덕적인 '자격 주장'도 김교신은 거부했다. 즉 기독교인은 자신에게는 자랑할 만한 것이 하나도 없다는 것을 자각하는 진정으로 "심령(心靈)이 가난한" 자가 되지 않으면 안 된다고 생각했던 것이다.[65]

신 앞에서 '무자격의 존재'라는 것을 항상 각성하는 것이 기독교인의 신앙의 근본이며 기독교인의 삶이기도 하다고 본 김교신은, 나아가 이러한 기독교인의 삶은 이웃사람에게 개방되지 않으면 안 된다고 생각했다. 김교신은 신으로부터 사랑받는 존재인 인간은 신 앞에서 서로 평등한 형제관계에 있다고 인식하고 이웃사람과 함께 어려움을 나누며 서로 배워가면서 함께 "광명(光明)을 탐구하는" 존재여야 한다고 생각했다.66) 즉 기독교인은 보편적 타자인 이웃사람에게 자신의 생을 항상 개방하고 연대할 책무를 가진 존재로 보았던 것이다.

그러면 김교신에게 이러한 기독교인의 구체상은 어떠한 것이었을까? 김교신은 크리스마스를 "무한히 높았던 신의 아들이 가장 낮은 자리로 오시는 날이다"라고 말하면서 "세상 사람들은 미꾸라지처럼 유영술을 부려 상층으로 상층으로만 사교를 넓히고 지위를 높이며 세력을 펼칠 때에 예수만은 낮은 하수도로 하수도로만 향했다. 거기서 병상(病傷)한 자와 패퇴한 자의 한숨을 들어주시고 눈물을 씻어주셨다. 그리고 나중에는 자신의 몸을 십자가에 달아 비천과 치욕의 극에까지 내려가셨다"고 말하면서67) 그리스도는 '하향적인 사랑'으로 가치관을 역전시킬 것을 인간에게 호소하고 있다고 말한다.68) 즉 김교신이 생각한 기독교인의 구체상은 신의 호소에 부응하여 신에 의해서 세상에 이긴 자유를 "자발적으로 신에게 반상(返償)"하고 가장 가난하고 고독한 이웃사람의 고뇌와 책무를 함께 짊어지는 것이었다.69)

이러한 이웃사람에 대한 '사랑'은 대가 없이 행해져야만 하는 것이나 그 능력은 기독교인 자체 안에는 내재해 있지 않다고 김교신은 말한다. 그 능력은 스스로를 '무자격자'라고 자각하는 기독교인을 신이 "다른 것을 필요로 하지 않는" 충족된 존재로 화(化)하고 또 계속해서 충족해가는 신의 사랑에 근거한 것이라고 생각했다.70) 즉 김교신은 이웃사람에 대한 사랑의 실천은 그 근거와 원동력이 신의 사랑에 있다고 이해했던 것이다. 바꾸어 말하면,

이웃사람에 대한 사랑이란 신에게 무자격의 상태로 받은 사랑을 이웃사람에게 환원하는 것 이외의 다른 것이 아니었다. 따라서 김교신은 이웃사람에 대한 사랑의 실천은 윤리의 실천이 아니라 신에 대한 신앙고백이라고 생각했다. 김교신은 신을 존경하고 이웃사람을 사랑하는 것은 "이양일원(二樣一元)"으로 "윤리의 시작이며 신앙의 완결"이라고 보았다.[71] 따라서 김교신은 윤리가 신에 대한 신앙으로부터 분리되어 인간을 윤리적으로 차별하고 지배하는 근거로서 오용되는 것을 단호히 거부했던 것이다.

이와 같이 김교신에게 이웃사람에 대한 사랑은 신 앞에서 '무자격'의 자신을 항상 각성하는 무형의 신앙을 유형화하는 것이었다. 거꾸로 말하면 '무자격'의 신앙이 이웃사람에 대한 '사랑의 뒷받침'으로서 유형화되지 않으면 추상적인 관념에 지나지 않을 뿐 아니라 그것에 기초하여 신에게 유자격을 주장하며 세계를 거만하게 내려다보는 자기독존에 빠질 수밖에 없는 것이었다. 따라서 '무자격'이라는 신을 향한 수직의 신앙은 이웃사람에 대한 사랑이라는 수평의 행위로 환원되어 유형화되지 않으면 안 되고, 한편으로는 유형의 수평의 행위는 무형의 수직의 신앙에 의해 뒷받침되어야 비로소 유지될 수 있는 것이었다. 김교신은 이와 같은 기독교 신앙의 구조야말로 "그리스도의 전 생애를 궤도로서 목적지로 삼고 따르려는" 십자가의 길이라고 인식했던 것이다.[72]

그런데 이러한 십자가의 길은 사랑의 봉사와 함께 순교의 각오 없이는 감당할 수 없는 길이라고 김교신은 말한다. 십자가의 길은 타인에 대한 차별이나 지배를 꾀하는 모든 악에 대해서 저항하지 않으면 안 되는 것으로 이 싸움에 충분히 대응할 수 없는 신앙은 단지 껍데기에 지나지 않는다고 생각했다.[73] 김교신은 이 순교의 각오를 동반하는 사랑의 봉사나 비판적 항거를 지속적으로 행하는 것이 '십자가를 지는' 것이라고 보았다. 기독교인의 일상의 나날은 십자가를 지는 싸움이며 기독교인의 삶이란 신의 세계 구원의 완성이라는 약속 안에 이미 선재(先在)하는 승리를 역사 안에서 계속해서 수확해 가는 "승전가의 생애"라고 김교신은 인식했던 것이다.74)

이상의 것을 고려하면 김교신에게 기독교인의 삶이란 결국 신의 승리를 역사 속에서 유형화하는 '도구'였다. 이러한 의미에서 김교신은 스스로를 신의 소유물로서 신의 '도구'로서 인식했다. 여기에서 김교신은 개인의 인격을 최고의 가치로 하는 '근대인'과 스스로를 구별한다. 김교신은 인격이 존엄하다는 이유는 그것이 "신의 형상대로 창조"되었기 때문이지 인격 그 자체에 존귀가 있기 때문이 아니라고 말한다. 또 현대가 인격을 최고의 가치로서 강조하고 있는데도 가치 있는 '인격자'를 낳지 못하는 것은 인격과 도덕의 기초인 신을 잊었기 때문이라고 생각했다. 그리고 자신은 "무용한 근대적 술어인 인격"을 그리스도의 발밑에 반상하고 '신의 도구'로서 살아가겠다고 말한다.75) 김교신은 자신의 인격을 넘는 어떠한 상위 가치도, 또 개인이 타자에게 스스로의 생을 개방할 어떠한 필연성도 갖지 않는 '근대인'을 명백히 거부했던 것이다.

더욱이 김교신은 '십자가를 지는 싸움'이라는 격렬한 신앙적 실천주의를 '근대인'의 자기의식에 근거한 행동주의와 구별했다. 김교신은 기독교인의 행위는 현세환원(現世還元)을 필수적으로 요구하는 신앙의 실천에 의한 것이므로 자기의 욕망의 충족을 목표로 하는 '근대인'의 행위와는 구별되어야 한다고 주장했다.76) 기독교인의 행위는 "신 안에서의 충족"에 근거하며 또 그것을 원동력으로 하는 소위 "2차적 여흥(餘興)"과 같은 것이기 때문에 결과는 고려하지만 성과에 집착하지 않는 것이라고 말한다. 이와 같은 '내적 자유'를 획득한 기독교인의 행위는 행동의 성과에 행위의 가치를 환원하고 따라서 강렬한 행동열과 함께 적막과 허무를 항상 그 이면에 내포하고 있는 '근대인'

의 성과 중시의 강박적인 행동주의와는 다르다는 것이다.77)

이와 같이 '근대인'을 명백하게 거부하고 '신의 종'이 되는 것을 자랑으로 삼는 데에 김교신의 서구 근대 비판의 원점이 있다. 김교신은 인식과 행위의 개적(個的) 주체로서 '근대적 자아'를 확립함과 동시에 그 개적인 자기존재를 신앙을 매개로 하여 보편적 타자에게 개방함으로써 '근대적 자아'를 초극하려고 했던 것이다. 그리고 '근대인'의 자아의식에 기초한 경쟁과 성과 중심의, 다시 말하면 목표 상실의 행동강박증이나 그 필연적인 귀결인 '이웃사람 부재와 반애타성(反愛他性)'을 극복하려고 했던 것이다.78)

김교신의 '근대초극'의 사상은 후술하는 그의 민족적 아이덴티티의 모색의 입구와 동시에 출구를 이루는 사상적인 원점이기도 하지만 김교신은 이상과 같은 기독교 신앙을 '천하를 얻는' 것보다 더 중요한 '자기'를 얻기 위한 유일한 길이라고 간주했다. 그리고 그리스도가 그 생을 가지고 계시한 신의 진리라고 하는 것은 궁극적으로는 자기를 얻기 위한 유일하고 진정한 '자기애'의 길이라고 이해했다.79)

이상 김교신의 기독교 신앙의 특질을 분석했다. 김교신의 기독교 신앙이란 신에 대한 수직의 무형의 신앙이라고 하는 주선(主線)을, 역사라는 수평의 차원에서 기독교인의 '이웃 사랑'의 삶이라고 하는 유형의 보조선(補助線)에 의해서 뒷받침함으로써 주선을 직립적으로 성장시키려는 것이었다. 김교신은 이 수직과 수평이 교차하는 교차점에 '구원받는 존재=무자격의 존재'라고 하는 자기 확립과 동시에 자기 상대화의 시점을 두고 그 시점에 서서 스스로의 삶을 관철해나가려고 했던 것이다.

제6장
김교신과 무교회주의

1. 김교신의 무교회주의론

1) 우치무라 간조와 무교회주의

무교회주의(無敎會主義)라는 것은 우치무라가 1907년 3월에 그가 창간한 《성서의 연구[聖書之硏究]》에 「무교회주의의 전진」이라는 글 속에서 이 단어를 만들어 씀으로써 사용하게 된 신앙적 입장을 지칭하는 용어이다.[1]

우치무라는 무교회주의를 루터의 종교개혁을 보다 철저화한 제2의 종교개혁으로 이해했다. 루터는 교회법을 만들어 기독교인의 신앙을 통제하고 "구원은 로마 교회에 의해서만 가능하다"고 주장한 로마 가톨릭 교회에 대해 구원은 제도적 예배와 율법적 행위에 의한 것이 아니라며 종교개혁을 일으켰다. 이때 루터는 사람이 하나님으로부터 의롭다고 여겨지는 것은 신앙에 의해서이지 인간의 율법적 행위에 의해서가 아니라는 점, 그리고 로마 교회의 계급적인 성직제도에 반대하여 성직자와 평신도의 구별을 없앤 '만인사제주의'라는 점을 종교개혁의 중심사상으로 하여 독일 교회를 새롭게 제도화하여 정립했다.[2]

그런데 루터는 종교개혁 이후에도 성직제도 및 성례전을 유지했다. 따라서 종교개혁은 로마 가톨릭 교회로부터의 완전한 단절이 아니라 그 제도와 전통을 어느 정도 보존하는 결과가 되었다. 왜냐하면 세례와 성찬이라는 두 개의 성례전을 유지하여 그것에 참여하는 것이 구원에 필요하다고 보는 한, 또 이 성례전은 정식으로 임직을 받은 성직자만이 집행할 수 있는 한 구원은 당연히 교회를 매개로 하여 얻어지는 것이 되기 때문이다.[3] 더욱이 성직제도를 유지하는 것은 사제라는 성직을 일반인에게 개방한다고 한 루터 자신의 '만인사제주의'를 결국은 폐기하는 것과 다름없는 것이기 때문이다.[4]

우치무라는 종교개혁의 이 두 점에 주목하여 루터의 종교개혁은 "저지된 운동으로 끝났다"고 생각했다.[5] 그리고 이와 같은 한계를 가진 종교개혁에 그 근본을 둔 프로테스탄트의 제(諸) 교파는 기독교의 진정한 중심으로 복귀하지 못하고 각각의 우상 — 성서, 교의 일종의 도그마 — 를 잔존시킴으로써 로마 교회로 회귀해버렸다고 우치무라는 인식했다.[6] 여기에서 우치무라는 현재의 기독교에는 제2의 종교개혁이 필요하다고 생각했다. 우치무라가 말하는 제2의 종교개혁이란 인간의 율법적 행위에 의한 '의인(義認)'의 추구를 일체 배제하고 단지 오직 하나님의 은혜에 의한 '신앙만의 신앙'을 관철하는 것, 또한 '프로테스탄트주의를 논리적 귀결까지' 철저화한 '만인사제주의'를 관철하는 것이었다.[7]

이와 같은 우치무라의 생각은 그의 기독교 이해와 깊은 관계를 갖고 있다. 우치무라는 기독교라는 것은 "제도도 아니고, 교회도 아니다. 그리고 그리스도의 언사(言辭)도 아니다. 기독교는 사람이다. 살아 있는 사람이다. 어제도 오늘도 영원히 변하지 않는 주 예수 그리스도이다. 기독교가 만일 이러한 것이 아니라면, 늘 있어서 살아 있는 그가 아니라면 그것은 아무것도 아닌 것이다"라고 생각했다.8)

기독교를 영원히 살아 있는 그리스도 자신이라고 본 우치무라는 진정한 기독교인은 어떠한 매개도 거치지 않고 직접 그리스도에게로 향해 가지 않으면 안 된다고 생각했다. 그리고 기독교 신앙의 본질을 신(神)과 기독교인의 살아 있는 교제라고 생각했다. 즉 신 자신의 생명에 참여하는 기독교인의 신앙은 신 자신이 바람과 같은 무형인 것과 같이 '신의 바람에 날려 영(靈)에 의해 생기는' 것으로9) 그것은 어떠한 조직이나 형태에 의해서도 제한되지 않는다. 기독교인의 신앙의 자유와 독립을 제한하는 권위는 신뿐으로 인간의 권위에 의해서는 제한되지 않는다고 생각했다. 우치무라는 기독교인의 신앙은 신에 대해 철저히 복종하고, 신 이외의 어떠한 것에도 종속되지 않는다는 독립의 정신을 중요시한 것이다.10)

기독교인의 신앙의 독립은 신 자신의 절대성의 요구에 근거한다. 그리스도의 신은 자신 이외의 다른 것에 복종하는 것을 우상 숭배로 규정하고 그것을 금지하는 존재로 배타적이고 절대적인 귀의(歸依) 복종을 요구한다. 따라서 신의 절대성의 요구와 기독교인의 신앙의 독립은 표리일체(表裏一體)의 관계에 있다고 볼 수 있는데11) 기독교에서 신의 절대성이 무엇보다도 명백히 나타나는 것은 신의 인간 구원의 위업(偉業)에서이다. 우치무라는 구원은 인간의 율법적 행위나 의식과 제도에 의해서, 나아가 인간의 신앙에 의해서도 이루어질 수 없으며 오직 그리스도의 대속적 죽음에 의해서만 가능하다고 보았다.12)

우치무라는 기독교의 중심은 인간 구원에서 신의 절대적 주권과 오직 신에게 복종하고 그 외의 인간적인 권위로부터 독립하는 기독교인의 신앙의 자유라고 하는 두 점에 있다고 생각했다. 이러한 관점에서 우치무라는 현실의 교회의 도덕적인 부패와 신앙의 자유에 대한 제한, 그리고 구원에 관한 교회의 권리 주장에 반발해서 제2의 종교개혁의 필요성을 통감하게 된 것이다. 이때 우치무라는 '프로테스탄트주의'를 그 논리적 귀결까지 관철시키기 위해서는 교회로부터 모든 교회주의의 흔적을 제거하지 않으면 안 된다고 생각했다.13) 여기에서 우치무라는 성서에 나타난 교회관으로 회귀하는 것을 통해 새로운 교회의 형태를 모색했다.

우치무라는 마태복음서 16장 18절의 "내가 이 반석(베드로) 위에 내 교회를 세우리라(Και ἐπι Τἀυτη Τη πέΤρα Ὀικσδομηδω μου Την ἐκκλησίαν)"14)라는 말을 자신의 교회론의 근거로 삼았다. 여기에서 '교회'라고 번역된 '에크레시아'라는 단어는 '밖으로 불려 나온 자들의 집합체'라는 의미로, 원래 국회 내지는 시회(市會)와 같은 보통 사람들의 모임을 지칭하는 단어이다.15) 이 에크레시아는 영어의 'Church'나 독일어의 'Kirche'와는 그 어원이 다르다. 왜냐하면 'Church'와 'Kirche'는 그리스어의 쿠리아콘(κυριακὸν), 즉 '주(主: 神)의 집'이라는 의미의 단어에서 유래한 것으로 신전과 같이 순수하게 종교적인 의미를 가지기 때문이다.

우치무라는 그리스도가 교회를 지칭할 때 쿠리아콘을 사용하지 않고 에크레시아를 사용했다는 점에서 그리스도는 교회를 보통의 평민의 집회와 같은 것으로 만들려고 했다고 말한다. 또 우치무라는 '제정'이 아니라 '건설'의 의미로 사용되는 단어인 오이코도메오(ὀικοδομὲω)에 주목하고 오이코도메오는 '가옥 조영'의 의미에서 '가정 건설'로 의미가 변한 단어로서 "그리스도가 여기에서 특별히 이 단어를 사용함으로써 정부 형태 같은 교회제도를 피하고 가정과 유사한 형제적 공동체의 건설을 의도하셨던 것을 알 수 있다"고 했다. 이 두 가지에 근거하여 우치무라는 '내 에크레시아를 세우리라'라는 그리스도의 말을 '내 에크레시아를 가정으로서 만들리라'는 의미로 해석하고 그리스도가 만들려고 한 에크레시아는 법왕(法王)이나 감독(監督)과 교직(敎職) 등에 의한 정부와 같은 단체가 아니라 가정과 같은 사랑의 공동체였다고 주장한다.16)

이렇게 해서 우치무라는 법왕, 감독, 또는 교의, 규칙에 의해 성립된 키르헤로서의 현재의 교회는 그리스도가 만들려고 한 에크레시아와는 다른 것이라고 생각했다. 여기에서 우치무라는 교회를 그리스도와 살아 있는 친교(親交)를 공유하는 신자들의 사랑의 공동체였던 초대 교회의 모습으로 되돌아가야 한다고 했다.17)

그러나 현재에 진정한 에크레시아로서 초대 교회의 형태를 그대로 재현하는 것은 불가능하다. 따라서 우치무라는 초대 교회의 단순성을 회복한 진정한 에크레시아에 대해서 "그(그리스도)는 말씀하셨습니다. '두세 사람이 내 이름으로 모인 곳에는 나도 그들 중에 있느니라'(마태복음 18 : 20). 이것이 그리스도가 세운 진정한 교회입니다. 그 중심은 그리스도입니다. 그 주위에 모인 자들은 그의 이름으로 그의 성스러운 뜻을 이루려는 신자입니다. 따라서 교회는 가장 단순한 것입니다. 동시에 가장 깊고 또 성스러운 관계로 이루어진 것입니다. 두세 사람 이상의 진정한 신자가 그리스도의 이름에 의해 모이는 곳에 진정한 교회가 있습니다"라고 한다.18) 이와 같이 우치무라는 진정한 에크레시아는 그리스도를 마음 안에 머무르게 하며 그리스도와 코이노니아를 공유하는 신자들의 단순한 모임이라고 생각했던 것이다.

그런데 이와 같은 에크레시아를 건설하는 방법은 무엇인가? 이것에 대해 우치무라는 "제도는 규칙이다. 사랑의 자유는 아닌 것이다. 제도는 아무리 완전한 것이라도 신의 나라를 만드는 것이 아니며, 따라서 교회는 제도의 완성을 기다려서는 언제까지나 완전해지지 않는 것이다. 제도를 폐지하고 사랑에 의거할 때 교회는 비로소 완전해질 수 있다"19)라고 한다. 즉 우치무라는 그리스도 교회의 제도는 그 어떤 것이라도 에크레시아의 사랑을 파괴하며 신앙의 자유를 법적으로 규제하게 되기 마련이라고 생각했다.

여기에서 그는 교회는 "제도가 아닌 사랑의 사귐이며 조직 또는 단체가 아니라 영혼의 자유로운 친교이지 않으면 안 된다. 실제적으로 그것은 신의 아들 예수 그리스도가 아닌 어떠한 인간도 감독 또는 목사라고 부르지 않으며 교회를 필요로 하지 않는 기독교여야 한다"고 말하고20) 교회적 제도를 가지지 않는 교회로서 무교회를 주장했다. 그는 교회를 가지지 않는 자들의 교회인 무교회가 곧 유교회(有教會)이고 또 최선의 교회라고 생각했다.21) 결국 그는 의례, 제도, 교의 등의 교회조직을 가지지 않는 것에 의해서 인간적인 단체인 키르헤로서의, 교회가 아닌 교회, 즉 에크레시아를 만들려고 했다.

그러나 교회의 조직을 가지지 않는 교회인 무교회는 무조직적인 조직을 가진 교회를 의미하는 것은 아니다. 우치무라는 무교회주의의 교파적인 경향을 보인 그의 제자에 대해서 "나는 교회 문제에는 둔감할 정도의 무교회주의자이다. 교회라고 부르는 교회(무교회도 포함해서), 주의라고 부르는 주의(무교회주의도 포함해서)는 모두 배척하는 무교회주의자가 되기를 원한다"고 하여 무교회주의적 교파화의 경향에 대해 경고했다.22) 그리고 만일 무교회주의가 무교회주의적 교회가 되는 경향을 보이면 즉각 "무교회주의를 갖고 그것을 또 깨뜨려야만 한다"고 말한다.23) 결국 그는 그리스도와 살아 있는 친교를 가진 에크레시아를 만들기 위해서는 무교회 그것 자체도 포함하여 모든 교회의 제도주의에 대해 저항했던 것이다.

이상과 같이 우치무라의 무교회주의는 조직으로서의 교회(Kirche)를 부정하는 것에 의해 그리스도와의 친교를 공유하는 에크레시아를 현실화하는 것, 또한 그것에 의해 기독교에서 신앙의 자유와 '오직 신앙에 의한 구원'을 분명히 하려 했던 것이다.

2) 전적(全的) 기독교

지금까지 우치무라의 무교회주의를 검토했다. 그러나 무교회주의의 본질은 무엇인가라는 문제에는 여전히 불분명한 점이 있다. 왜냐하면 우치무라의 무교회주의가 새로운 교회의 설립을 목표로 하는 어떤 형태를 가진 교회론적 주장인지 아니면 기독교 전체의 존재 양식과 관련된 하나의 정신인지가 확연하지 않기 때문이다. 우치무라의 제자인 김교신은 무교회주의의 정신적 유산을 지키면서도 동시에 우치무라의 무교회주의의 중심이 무엇인지를 물음으로써 스스로의 무교회주의를 전개해나가고자 했다. 김교신은 "문제가 교회와 관련되어 있기는 하나 단순히 교회에만 관련된 것이라면 무교회주의는 있어도 좋고 없어도 좋다"고 한 함석헌의 무교회주의 이해에 동의하고[24] 무교회주의를 기독교 전체와 관련된 하나의 정신의 부정적인 자기 표현으로서 이해했다. 김교신에게 그 정신이라는 것은 "자기(기독교인)의 전 생명을 그리스도에게 넘겨주는 일이다. 종래의 자기 기준, 인간 중심으로 살던 것을 그리스도 표준, 하나님 중심으로 사는 것," 즉 자기에 대해서는 죽고 그리스도에 의해 사는 것이었다.[25] 그리고 이것이 무교회주의의 보다 적극적인 자기주장이라고 생각했다.

그런데 김교신은 '신(神) 절대중심주의'의 최대의 위협은 인간 중심적인 자기주장으로서 이것이야말로 신에 대한 인간의 최대의 죄라고 생각했다.[26] 여기에서 김교신은 '신 절대중심주의'를 관철하기 위해 모든 '인간 중심주의'를 배격할 필요성을 느끼고 교회의 인간 중심적인 요소에 반대하여 무교회주의를 주장했다.

김교신은 "교회 밖에는 구원이 없다고 단언하는 자, 즉 교회주의자에 대해서 교회의 밖에도 구원이 있다"고 항의하고[27] 구원이라는 것은 세례 유무, 교회 소속 여부와는 아무 관련이 없다고 말했다. 또 무교회주의는 그리스도와 살아 있는 친교를 가진 신자의 모임인 에크레시아를 일정한 형식으로 속박하려는 '교회주의자(敎會主義者)'들에 대해 "영원히 체계를 세우지 않는" 거절하는 정신을 내세웠다.[28]

그런데 김교신은 이와 같은 무교회주의는 무교회주의를 표방하는 무교회의 모임 그것 자체에 의해서도 구현될 수 없는 정신이라고 생각했다. 즉 무교회 모임도 교회로부터 구원을 해방시키고 에크레시아에 대한 고정적인 형식화를 부정하는 정신으로서의 무교회주의에 의해 끝없는 자기비판을 행하지 않으면 안 된다고 하여 무교회주의를 하나의 교회론적 주장이나 새로운 교회의 형태로서 이해하는 것에 반대했다. 그는 이러한 생각을 가진 사람들에 대해서 "밤낮으로 무교회, 무교회를 연창함이 마치 나무아미타불을 연호(連呼)하는 속승(俗僧)"과 같아 진정한 무교회주의자가 될 수 없다고 말한다.[29] 그리고 무교회가 하나의 새로운 교회의 형태라면 "무교회 자체도 교회와 마찬가지로 아무 생명도 없는 것이요, 애착할 것도 없는 바이다"라고 한다.[30] 더욱이 무교회주의가 새로운 교회로서 무교회를 만들 것을 주장하여 기성의 교회와 대립 항쟁하는 주의일 뿐이라면 "우리는 무교회주의자라는 범주 안에 우리를 구속하려는 모든 세력과 유혹에서 자신을 해방해야 할 것"이라고 주장했다.[31]

이와 같이 김교신은 무교회주의라는 것은 모든 교회가 늘 스스로를 검증하는 정신적 척도이며, 무교회라는 것은 형태로서 구현될 수 없는 모든 교회의 보이지 않는 정신적 원형이라고 생각했던 것이다. 다시 말하면 그에게 무교회주의는 무교회의 모임까지 포함한 모든 교회에 대해서 그 한계를 명백히 하는 것에 의해서만 스스로를 표현할 수밖에 없는 '신 절대중심주의'의 부정적인 정신인 것이다.

그런데 '신 절대중심주의'는 부정적인 모습만을 갖는 것은 아니다. 그것은 교회에 대해서는 부정적인 모습으로 나타날 수밖에 없으나 적극적인 모습으로서 나타나는 장(場)도 있다. 그 장이라는 것은 김교신에 의하면 무교회주의자의 생(生) 그 자체였다. 즉 무교회주의자가 자신의 생활 영역에서 '신 절대중심주의'에 근거하여 사는 것에 의해서, 무교회주의는 교회에 대한 부정적인 자기표현만이 아니라 '신 절대중심주의'의 적극적인 자기표현이 가능하게 된다고 그는 말한다. 따라서 그는 무교회주의의 적극적인 모습은 교회 문제에 대해 부정을 발(發)하는 곳에 있는 것이 아니라, 오히려 '신 절대중심주의'에 의해 기독교의 진리에 따라 살아가는 것에 있다고 보았다.[32] 여기에서 그는 기독교인의 전 존재 영역에서 '신 절대중심주의'에 근거해 살려는 것을 '전적(全的) 기독교'라고 하고 이것을 자신의 무교회주의의 입장으로 삼았다.[33]

'전적(全的) 기독교'로서의 김교신의 무교회주의는 그 논리적 귀결로서 무교회주의자의 생활에서 '신 절대중심주의'의 실천을 강력히 요구한다. 그런데 무교회주의는 종교의식과 행위, 넓게는 교회라는 특별한 종교적 영역을 가지지 않음으로써 무교회주의자의 생활로부터 성속(聖俗)의 구분을 제거한다. 즉 일상생활 전체가 신(神)과 살아 있는 친교가 행해지는 종교적 영역이 되는 것이다. 그는 '신 절대중심주의'는 무교회주의자의 전 생활을 통일하는 원리가 된다고 생각했다. 무교회주의자는 신 이외의 어떠한 존재도 두려워하지 않으며 모든 것으로부터 독립된 인간으로서 살아가야만 한다고 말한다.[34] 그리고 무교회주의자 각각은 성서를 연구함으로써 일상생활에 대한 생활지침을 성서로부터 얻어야 함을 강조했다.[35]

여기서 말하는 성서 연구라는 것은 일반 교회의 성서연구회에서 행해지는 것과 같이 성서에 대한 강화(講話)를 듣는 것이었다. 그것은 성서의 원문(原文)을 읽는 주체의 생활과 관련하여 그것을 철저하게 연구함으로써 무교회주의자 각자가 신의 뜻을 깨닫고 그것을 생활원칙으로 삼는 것이다. 따라서 김교신은 무교회주의자의 전 신앙과 전 생활이 성서와 정동(靜動)을 같이한다고 생각하고 무교회주의자의 생활에서 성서 연구는 인격적이고 실천적인 행위라고 보았다.36)

더욱이 그는 무교회주의자가 일상생활에 임할 때 일상생활의 의무를 신(神)의 편재적(偏在的)인 눈 아래에서 행해야만 한다고 말한다.37) 그리고 일상의 일거수일투족(一擧手一投足)을 근면과 성실함을 갖고 행할 것을 강조했다. 사람들과의 사귐에서도 단순과 소박, 정직으로 일관할 것을 권고했다.38) 그의 문장에는 무교회에서 일반적으로 퓨리턴이라고 일컬어지는 밀턴, 크롬웰, 칼라일, 링컨, 프랭클린 등의 인물들의 일화가 빈번히 인용되어 그들의 진실, 신의, 개인적인 엄격, 정직 등의 덕성을 배울 것이 강조되고 있다. 또 직업생활은 '종교적 성자'를 자칭하여 자만과 위선에 떨어지게 하는 이른바 '신앙병'으로부터 기독교인을 지키며 평범한 생활인으로서의 건강함을 견지하게 하는 것으로써 중요시했다. 그리스도를 마음에 모시고 행한다면 모든 직업은 성직이라고 하여 직업생활을 통해 기독교인의 신앙을 나타낼 것을 촉구했다.39) 김교신 자신도 칼라일의 '의상철학(衣裳哲學)'으로부터 영향을 받아 평범한 일상의 의무를 수행하는 것을 근본으로 삼아 고등학교 교사라는 일을 하면서 독립 전도자의 생활을 하고 있었다.

또 근로와 노동의 생활을 중요시하여, 일하기 싫은 자는 먹지도 말아야 하며 일생을 천막직인으로 근로하면서 독립 생계를 유지했던 바울을 기독교인의 모범으로 보았다.40) 그는 스스로의 근로에 의한 경제적 독립이 영적 독립의 기초를 이룬다고 생각하고 "30여 세에도 독립생활을 못 할 만한 자이거

든 다시 성령(聖靈)을 논하지 말고 성서를 강의하지 말라. 논의치 않는 것이 하나님께 대한 최대의 봉사니라"라고 말한다.[41] 그러나 경제적인 독립생활을 강조한 것이 부의 축적을 권고하는 것은 아니었다. "자기를 위해서는 항상 궁핍하되 남을 위해서는 언제든지 도울 수 있는" 자발적인 가난함의 생활태도와 자선이나 금전에 대한 청빈을 무교회주의자의 생활에서 요구되는 덕성으로 강조했다.[42]

또한 김교신에 의하면 무교회주의자는 시간의 사용에서도 특별한 규율이 요구된다. 그는 사교 등의 세속적인 향락은 단순한 시간의 무용한 사용일 뿐만 아니라 신앙생활에도 해악을 미친다고 생각했다. 도덕적 감각이 결여된 예술작품이나 인간의 감성적 충동을 그대로 미화시킨 문학작품 등은 거짓으로 간주했고, 또 영화나 댄스 등도 향락적 문화주의의 산물이 많다고 보았다. 그는 근대 서구 문명이 만들어낸 인간 중심주의적인 취미를 위한 시간은 1초라도 절약하고 사람에게 봉사하는 노동과 진리 탐구를 통해 신을 기쁘게 하기 위해 시간을 사용할 것을 강조했다.[43] 즉 신앙생활의 정진이라는 목표를 향해 매일을 살아야만 한다고 말한다.[44]

김교신은 무교회주의자가 이같이 기독교인으로서의 책임감과 성실함에 근거한 윤리적 금욕주의라고 말할 만한 생활을 견지함으로써 그가 위치한 삶의 자리에서 기독교를 전도할 것을 강조했다. 그는 이러한 무교회주의자의 전도는 교파 간의 경쟁과 신도수의 통계, 광고가 동반되는 교회의 전도와는 질적으로 다른 것으로 보았다. 김교신은 '선교한다'는 의미의 그리스어 케륏소(κηρύσσω)가 '설교'라기보다는 '증언'을 의미하는 것과 같이[45] 무교회주의자는 자기의 '전 존재 자체'를 그리스도에 관한 증언으로 화하게 하는 '존재의 전도'를 해야 한다고 말한다.[46] 따라서 무교회주의자에게서 전도라는 것은 일상생활과 분리되어 있는 특별한 시간에 행해지는 특수한 활동이 아니라 일상생활 그 자체가 되는 것이다.

이렇게 무교회주의자는 자기가 사는 삶의 장에서 '신 절대중심주의'에 근거해 살아갈 의무를 지는 자인데, 그 살고 있는 자리라는 것은 신자의 개인적인 생활 영역을 넘어 당연히 사회, 국가의 영역으로 확대되는 것이다. 따라서 김교신에 의하면 무교회주의자에게는 그 시대 그 사회 안에서 "무릇 진리를 거스르는 자를 향하여 선전포고"하는 것이 요구된다고 한다.[47] 왜냐하면 그리스도의 탄생은 '의로움' 그 자체의 도래로 그리스도를 따르는 신도에게는 십자가를 지는 것이 요구되는 이상, 이 세계의 악과의 싸움을 회피하는 것은 불가능하기 때문이다. 무교회주의자는 예레미야, 이사야, 나아가 그리스도가 행한 것과 같이 신의 말씀에 비추어 사회 현실을 직시하고 예언자적인 비판을 항상 행해야 한다고 그는 보았다.[48] 즉 시민적·도덕적인 질서와 양심을 혼란시키고 타락시키는 일체의 것에 대해 힘차게 항거해야 한다고 주장했던 것이다.

김교신에게서 무교회주의자의 생활은 개인적 영역에서의 철저한 윤리적 금욕주의의 자세와 각자가 속해 있는 사회와 민족의 영역에서 사회 윤리에 입각한 민중의 양심으로서의 역할을 수행하는 것이었다. 그것은 인간의 전 존재 영역에서 '신 절대중심주의'에 근거해서 살려는 그의 '전적 기독교'로서의 무교회주의의 논리적 귀결이기도 했다.

이제까지 김교신의 무교회주의론을 검토했다. 김교신의 무교회주의라는 것은 '오직 신에 의해 구원받은 존재＝인간적인 자격과 권리를 주장할 수 없는 존재'라는 신앙적인 자각을 기독교인의 전 생활 영역에서 관철시키는 것이었다. 따라서 무교회주의는 반교회주의의 개념이라기보다는 교회의 무한 확대와 그 내재화의 개념이라고 할 수 있다. 즉 기독교인의 전 생애를 신에게로의 예배가 올려지는 하나의 교회로 화하는 것이었다. 이 '생(生)＝교회'

를 통해서 김교신은 '존재의 전도', 즉 기독교를 역사 안에서 증언하려고 했던 것이다. 이 '생애교회주의'라고도 할 수 있는 개념의 배후에는 어떠한 집단적 공통성이나 단체적인 익숙함 속에 자기를 몰각하는 것을 엄격하게 거부하고 신 앞에서 자기의 책임자로서 홀로 서려는 '단독자'의 정신과 철저한 개인적 신앙 실천주의의 정신이 있었던 것이다.

2. 김교신과 일본 무교회

1) 일본 무교회의 제2세대 리더들과의 관계

김교신이 무교회주의를 이렇게 이해한 배경에는 일본 무교회주의자들과의 교류가 있었다. 일본 무교회의 제2세대에서 중심적인 문제가 되었던 것은 우치무라의 무교회주의를 어떻게 계승하는가, 또 15년 전쟁49)하에서 우치무라의 '비전론(非戰論)'에 근거하여 여론의 흐름에 어떻게 저항할 것인가 하는 점이었다. 김교신도 그들과 같은 과제를 짊어진 무교회의 제2세대에 속한다고 볼 수 있다. 따라서 김교신과 일본 무교회의 제2세대 리더들과의 관계를 고찰함으로써 김교신의 무교회주의 성격이 보다 분명하게 제시될 수 있다. 그러나 일본 무교회 제2세대의 리더 전부를 검토하는 것은 불가능하므로 여기에서는 우치무라 사후(死後) 무교회주의의 연대를 상징한다고 할 수 있는 우치무라 간조 기념 강연회50)에 등단하는 사람으로서 김교신과의 교류가 확인되는 사람, 즉 쓰카모토 도라지(塚本虎二), 아제가미 겐조(畔上賢造), 구로자키 사이기치(黑崎幸吉), 가네자와 쓰네오(金澤常雄), 야나이하라 다다오(矢內原忠雄), 이시하라 효에이(石原兵永), 이토 유지(伊藤拓之), 마사이케

진(政池仁)과의 관계를 중심으로 고찰한다.

우치무라 사후 우치무라의 무교회주의의 계승 문제와 관련하여 일본 무교회 제2세대의 리더들은 두 가지 입장으로 양분되었다. 하나는 우치무라의 무교회론을 보다 철저히 하는 입장이고 다른 하나는 에크레시아를 특별한 종교적 영역에서 해방시켜 비종교적인 영역으로 개방하려는 입장이다.

전자의 입장은 쓰카모토에 의해 대표되는 소위 '1인 1교회주의'이다. '1인 1교회주의'란 '제의(祭儀)'로서의 성례전의 배제와 함께 인위적 구원 장치로서 제도교회를 배제하는 것을 본질적인 신조로 주장하는 무교회주의의 요구를 구원의 원리로까지 철저화한 것이었다.[51] 그는 교회가 없는 기독교가 유일한 그리고 진정한 기독교라고 생각했다. 이 유일한 진정한 기독교는 교회 안에 존재하는 것이 불가능한 무교회 독자(獨自)의 것이라고 확신했다. 더욱이 쓰카모토는 교회는 완전히 악마에 의해 움직이는, 결코 그리스도와는 관계없는 조직으로 보았다.[52] 여기에서 그는 기독교에 관한 궁극적인 진리를 담고 있는 것은 무교회라고 생각하여 무교회의 원리를 구원의 원리로까지 확대시킨 것이다. 이렇게 되면, 무교회의 문제는 진정한 에크레시아를 분명히 하기 위한 문제가 아니라 구원의 여부와 직접 연결되기 때문에 기독교에서는 사활(死活)의 문제가 된다. 따라서 그는 "만일 내가 믿는 것에 잘못이 있고 교회가 믿는 쪽이 옳아서 신앙만으로는 불가능하다면 나의 구원은 절망적이며 내가 그리스도를 믿을 이유는 소멸된다"고 말한다.[53] 쓰카모토의 잡지 《성서지식(聖書知識)》의 표지에는 "교회 밖에 구원이 있다(Extra Ecclesiam Salus)"고 쓰여 있다. 그는 사악한 교회와의 투쟁에 무교회의 사명이 있다고 생각했다. 따라서 그는 교회에 대해서 비타협적·대결적인 자세를 취하고[54] 나아가 이와 같은 무교회야말로 '일본적 기독교'라고 생각했다.[55]

그런데 이같이 철저한 쓰카모토의 무교회론은 우치무라에게는 자신의 무교회주의의 영역을 넘어서는 것으로 보았다. 1928년에 쓰카모토는 《성서의 연구》에 과격한 무교회론을 기고했으나 이 원고를 본 우치무라는 그에게 개고(改稿)를 요구했다. 우치무라는 "'Either-or'까지 해야 할 문제는 아니라고 생각합니다. 지금은 30년 전과는 상당히 달라졌습니다. 지금은 교회와 생사를 걸고 싸울 때가 아니라 그들과 친구가 되어 이끌어줄 때라고 생각합니다"라고 말하고 "나와 《성서의 연구》가 지금까지 무교회주의를 제2의 문제로 취급해온 이상, 우리들과 진영을 달리하지 않으면 안 됩니다"라고 말했다.56) 그러나 쓰카모토는 우치무라와의 무교회주의에 관한 의견 차이에 대해 "나의 무교회론은 선생보다 철저하다. 아니, 선생님에게는 아직 무교회론에 대한 형식적 이론은 없었다"고 말하고57) 우치무라가 일단 일으킨 무교회주의의 불은 우치무라의 의도와는 무관하게 발전해가는 것으로, 자신은 우치무라의 무교회주의를 보다 철저화시킨 것이라고 주장했다.58) 실제적으로 교회를 부정하는 쓰카모토의 '1인 1교회주의'는 진정한 에클레시아는 포기하지 않았으나 교회의 조직을 부정하는 것 이외에는 아무런 조직론도 갖추지 못한 무교회주의가 도달했던 하나의 논리적 귀결이었다고도 말할 수 있다. 그러나 쓰카모토의 '1인 1교회주의'는 성서 안에 그 근거가 있는지의 여부는 별도로 하더라도, 그것이 명백히 사회적 존재로서 인간이 처해 있는 현실을 외면한 관념적인 주장이라는 것은 지적될 수 있을 것이다.59) 왜냐하면 신을 오직 한 사람의 개인으로서만 마주 향해야 한다면, 이웃사람은 신에게 흡수되기 때문에 결과적으로 이웃사람 부재(不在)가 되어버린다. 그러나 어쨌든 우치무라 사후 쓰카모토는 우치무라의 사실상의 후계자가 되었다. 우치무라의 제자들이 시작한 집회 중 쓰카모토의 집회에 가장 많은 사람이 모였으며 그 대집회는 도쿄의 명물이었다고도 한다.60)

그런데 후자의 입장, 즉 에클레시아를 특별한 종교적 영역으로부터 해방시켜 비종교적인 영역으로 개방하려는 입장에 속했던 사람들은 쓰카모토의 무교회론에 대해서 적지 않은 비판을 가했다. 마사이케는 쓰카모토가 우치무라로부터 '무교회'만을 이해하여 복음보다 '무교회'를 제일주의로 삼고 전면에 내세웠다고 한다. 그리고 쓰카모토의 무교회주의는 더 이상 무교회주의라 할 수 없는 무교회의 교회라고 비판하고 우치무라의 신앙과 중대한 점에서 상이하다고 말했다.61) 야나이하라는 에크레시아 사상을 사회의식과 관련시켜 쓰카모토의 무교회론을 강력히 비판했다. 야나이하라는 에크레시아 사상과 사회의식과의 관련을 적극적으로 주장하고 개인의 구원과 사회의 구원을 자동차의 두 바퀴와 같이 분리될 수 없는 것으로 파악했다.62) 그리고 교회의 벽을 허물고 사회를 향해 개방하는 것이 무교회주의 주장의 하나의 중요한 귀결이라고 생각했다. 그는 이러한 점에서 무교회주의는 재개혁되지 않으면 안 된다고 보았다.63)

이와 같이 교회와 세속사회와의 사이에 경계를 두지 않는 무경계주의(無境界主義)라고도 말할 수 있는 야나이하라의 교회론이 쓰카모토의 '1인 1교회주의'와 양립될 수 없는 것은 당연하다. 야나이하라는 "수입품의 교회를 무교회가 공격하더라도 그것에 의해 짊어져야만 하는 십자가는 심각한 현실이 될 수는 없다. 일본적 기독교는 일본적인 박해를 짊어지지 않으면 안 된다"고 말하고64) 무교회주의의 사명을 개인주의적인 구원관에 입각하여 교회와 대결하는 것에 둔 쓰카모토에 반대했다.

일본 무교회주의 제2세대의 리더들 사이에서 일어난 이러한 분열은 15년 전쟁이라는 현실 대응 문제를 둘러싸고 보다 심각해졌다. 그 문제에 관하여, 무교회 제2세대의 사람들에게 사상적 원점이 되었던 것은 우치무라의 비전론(非戰論)이다.

우치무라는 청일전쟁을 의전(義戰)으로 그 필연성을 주장했으나 전쟁의 과정과 결과를 주시하고 심각한 자기비판을 했다. 러일전쟁 때에는 "나는 러일 비전론자일 뿐만 아니라 전쟁 절대 폐지론자이다. 전쟁은 사람을 죽이는 것이다. 이렇게 사람을 죽이는 것은 대죄악이다. 이러한 대죄악을 범해서 개인도 국가도 영구한 이익을 얻는 것은 불가능하다"고 말하고[65] 절대 비전론을 주장했다. 그리고 제1차 세계대전에 대해서도「전쟁 폐지에 관한 성서의 명시(明示)」라는 글에서 "실로 평화를 사랑하는 자는 전쟁에 대해서는 그것이 어떤 성질의 것이든지 반대하지 않으면 안 된다. 단 하나의 발언이라도 전쟁 찬성의 발언을 해서는 안 되며, 단 한 표라도 전쟁 찬성을 위해 투표해서는 안 된다"고 말하고 비전론의 입장을 일관했다.[66]

그러면 우치무라는 이 비전론을 현실에서 어떻게 실천하려고 생각했는가? 그는「비전론주의자의 전사(戰死)」라고 하는 글에서 "만일 병역을 거부하려고 해보라. 의심으로 충만한 이 세상에서 우리들을 볼 때 비겁자라고 하여, 우리들의 비전론을 생명에 대한 애착 때문이라고 여기고 우리들의 주장을 듣고도 그것에 귀를 기울이려 하지 않을 것이다. 또 우리들이 병역을 거부한다면 어떤 다른 사람이 우리 대신 소집되어 결국 우리들의 거부는 타인의 희생으로 끝나게 된다. 따라서 우리는 그 사람들을 위해서도 스스로 자발적으로 그 고역에 복종해야만 한다. 또한 모든 죄악이 선행에 의해서만 소멸될 수 있다면 전쟁도 많은 비전론주의자의 비참한 전사에 의해서만 궁극적으로 폐지가 가능해질 것이다"라고 말한다.[67] 즉 우치무라가 비전론을 현실적으로 구체화하려 했던 방식은 '양심적인 전사'라고 말할 만한 것이었다.[68]

이 우치무라의 '양심적인 전사'라는 생각의 배경에는 무저항주의가 있었다. 우치무라는「무저항주의의 교훈」이라는 글에서 만일 악에 대해서 전혀 저항하지 않는다면 악이 증가하고 이 지상에서 선이 자취를 감추지 않겠는가라는 의문에 대해서 결코 그렇지 않다고 부정하면서 "저항에 의해 악을 근절하는 것은 불가능하다. 그러므로 악을 근절하는 방법으로는 악에게 양보하는 것 외에는 좋은 방법이 없다"고 말한다.69) 우치무라의 이러한 주장은 '진리'라는 목표를 위해 '비폭력'이라는 수단을 통해서 투쟁한다는 간디의 '전투적 비폭력주의'와는 구별되어야 한다.70) 우치무라의 입장은 악에 대한 양보가 궁극적으로는 악의 세력에 가담해서 선에 대한 적대 세력이 될 수도 있다는 것을 간과한 극히 일면적인 주장이었다고 할 수 있다.

무저항주의에 근거한 '양심적 전사'라는 방법은 '비전(非戰)'이라는 사상을 현실적으로 실천할 때 비전론자가 전쟁을 일으키는 세력에 저항해서 '반전(反戰)'하지 않고 오히려 '참전(參戰)'한다는 자기 모순적인 결말을 초래한다. 이 '양심적인 전사'라는 행동양식에는 무엇보다도 전쟁을 일으키는 국가 권력에 대한 저항이라는 측면이 결여되어 있다. 따라서 일본 무교회 제2세대들이 이러한 비전론에 근거하여 15년 전쟁에 대응하려 할 때 전쟁을 일으키는 국가 권력에 대한 구체적인 저항이 동반되지 않는 한 '비전'의 철저한 관철은 좌절로 끝날 위험성이 내포되어 있었다고 할 수 있다.71)

한편 일본 무교회 제2세대의 리더들이 15년 전쟁하에서 현실 대응 방침으로 비전론에 입각했다고 해도 그것을 이해하는 방식에는 상당한 차이가 있었다. 먼저 복음과 행위 내지는 복음과 율법을 구별하여 비전론을 오직 율법의 영역, 행위의 영역에 국한된 것으로 보는 견해가 있다. 이러한 전제 위에서는 비전론과 사회문제는 신앙문제에서 제외되어 신앙과 현실 사이에 실천적 긴장이 생길 가능성은 없어진다. 따라서 복음만을 주장하고 현실문제는 언급하지 않는다는 입장이 생긴다. 이러한 입장의 대표적인 인물들이 쓰카모토와 아제가미였다.

쓰카모토는 1932년 7월《성서지식》에「전쟁과 기독교」라는 제목의 강연 안내를 실었다. 그러나 그는 그 강연회를 스스로 중지하고 그 이유를 다음과 같이 밝혔다. "나는 이번에 가루이자와초(輕井澤町)에서의 전쟁과 기독교라는 공개 강연을 돌연 중지했다. 그것은 내가 복음을 말하는 데 방해가 될 위험이 있기 때문이다. ……생명은 아쉽지 않다. 그러나 신의 명령에는 따르지 않으면 안 된다. 나는 비난을 각오하고 그것을 중지했다. 나에게는 일본을 비전국(非戰國)으로 하는 것보다도 신의 명령에 따르는 것이 대사업이다"라고 말했다. 또한 "자신의 생명에 조금이라도 미련은 없다. 그러나 생명의 염가 판매만은 하고 싶지 않은 것이다. 그리스도의 십자가 이외의 것에는 사용하고 싶지 않다. 사용한다면 신에게 죄송하다"고 말했다.[72] 결국 쓰카모토는 비전 문제를 논하는 것이 복음을 말하는 것에 방해가 된다고 생각했던 것이다.

더욱이 쓰카모토는 예언과 복음을 분리하고 '복음만'의 입장에 서서 예언을 사상(捨象)해버렸다. 즉 "예언자의 종교는 예언자의 종교인 것으로 결코 복음은 아닌 것이다. 우리들은 어디까지나 복음 신자이지 않으면 안 된다. 나라의 죄를 질책하기 전에 먼저 자신의 죄를 질책하지 않으면 안 된다. 아니 죄를 책하는 것이 아니라 예수 그리스도를 믿음으로써 그 죄가 그리스도에 의해 사해진 것을 감사하지 않으면 안 된다. ……우리들은 누구든지 예언자여서는 안 된다. 복음 신자여야만 한다"고 말한다.[73] 이와 같이 예언을 사상해버린 쓰카모토는 구약성서의 중요성을 인정하지 않게 되어 만년에는 「구약은 성서가 아니다」라는 제목의 글을 썼다. 이렇게 해서 쓰카모토는 전쟁문제에 의해 대표되는 현실문제에 대해 침묵하는 입장을 취했다. 쓰카모토와 함께 아제가미도 "전쟁문제는 기독교 입장에서 본다면 제2의 문제"라고 말해 같은 입장에 섰다.[74] "나 역시 복음만 말하고 있으면 족하다고 생각한다. 예언자적 정신으로 가득차서 크게 외치려고 한다면 그것은 그 사람의 자유이지만…… 그러나 나는 복음 제일주의로 그 외의 것은 제2의 것으로 보고 싶다. ……어쨌든 나는 복음 외의 것에는 더 이상의 흥미를 잃었다. 노인이 되었는지도 모르겠다"고 한다.75)

이와 같은 복음 제일주의의 입장에 반하여, 복음과 행위 내지는 예언의 평행주의라는 입장이 있었다. 그 입장에 선 사람은 먼저 구체적인 현실의 문제를 자신의 신앙생활의 중심에 두고 이것을 대상으로 싸운 야나이하라였다. 야나이하라는 쓰카모토의 「예언자교와 복음」이라는 글을 비판하고 다음과 같이 말한다. "이사야와 에레미야가 국민의 죄를 규탄한 것은 자기만 깨끗하다 하여 타인을 비난한 것은 아니다. ……타인을 질책하는 것이 자만인가 아닌가를 반성할 여유조차 없이 절박하게 신 앞에서 '죄'를 규탄했던 것이다."76) 그리고 사회공공의 문제를 정면에서 솔직히 직면하며 공적인 염려를 종교생활의 중심에 두고 새로운 사회조직을 어떻게 기초 지을 것인가, 또 그 지도 원리는 무엇이어야 하는지에 대해 신의 예언을 들을 필요성이 있음을 주장했다.77)

또한 이시하라도 아제가미의 입장을 "복음의 근본문제로서 인간의 죄악을 문제시하는 기독교 신자가, 죄악의 조건을 가장 완비하고 있는 전쟁을 제2의 문제라고 말한다면 우리는 그 사람의 상식을 의심하지 않을 수 없다"고 비판했다.78) 또 마사이케는 「신앙과 행위, 복음과 예언」이라는 글을 써서 예언과 복음을 양분하는 것을 비판했다. 구로자키, 가나자와 등도 현실문제에 강한 관심을 보이며 예언과 복음을 분리시키지 않았다.79)

그런데 15년 전쟁하에서 복음만을 말하고 현실문제에는 침묵하는 입장은 사상 통제가 강화되어감에 따라 전쟁 협력의 입장으로 변했다. 쓰카모토는 1938년 7월 「우리들의 싸움」이라는 글에서 "만주사변 발발 이래 황군(=일본군)은 파죽지세로 남경(南京)을 격파하고 서주(徐州)를 지나 한구(漢口)의 공격도 이미 목전의 일이 되었다고 한다. 구미인(歐米人)이 오늘날 우리나라의 무력의 강대함에 혀를 내두르는 것은 당연하다"고 일본군의 승리를 찬양했다. 그는 동시에 군사력에 의한 중국 정복과 함께 크리스찬의 사랑에 의한 중국 정복의 임무도 주장했다. 이와 같은 쓰카모토의 논리에는 조선인을 일본에 동화(同化)시키려는 취지에서 행해졌던 일본 조합교회(組合敎會)의 조선 전도의 논리와 동일한 발상이 보인다.[80]

태평양 전쟁이 발발했을 때 쓰카모토의 태도는 전승의 기쁨으로 나타났다. 예를 들면 1941년 12월의 《성서지식》에는 "12월 9일 쾌승(快勝)을 알림, 제국 해군은 잇달아 미국 전함 6척을 격파, 그 외에 항공 모함 1척, 순양선 4척을 격파하고, 그외 각지에서 적을 격멸했다는 보도가 전해졌다. 만세, 만세"라고 쓰고 있다. 그 후에도 적극적인 전쟁 협력의 발언이 보이는데, 대표적인 것은 1942년 2월 《성서지식》에 게재된 「최후의 문제」라는 글이다. 여기에서 쓰카모토는 이 전쟁을 "동아(東亞)의 민족을 영미(英美)의 착취로부터 구하기" 위한 '십자군'이라고 하며 전쟁을 역사적으로 정당화시켰다. 더욱이 그는 출정하는 학생들에게 "일본 군인으로서 누구에게도 지지 않는 혁혁한 무공을 세우는 동시에 그리스도의 병졸로서 빛나는 승리를 얻어낼 것을 열렬히 기도한다"고 말한다.[81] 여기에서 그리스도를 위해 싸우는 것과 일본 국가를 위해 싸우는 것이 완전히 하나가 되어버렸다. 복음만을 논하는 쓰카모토의 복음 제일주의는 어느새 전시 동원체제의 이데올로기적 보완물로 전락해버린 것이다.

한편 현실문제를 신앙의 중심문제로 생각했던 리더들은 여러 가지 박해를 경험하게 된다. 먼저 신앙잡지를 보면 쓰카모토의 《성서지식》을 제외한 모든 다른 개인 신앙잡지는 폐간되었다.[82] 마사이케는 전쟁 반대의 이유로 시즈오까(靜岡) 고등학교를 퇴직당했다. 야나이하라는 《중앙공론(中央公論)》에 「국가의 이상」이라는 글을 써서 삭제 처분을 당했으며 후지이 다케시(藤井

式)의 기념 강연 때 중일전쟁을 비판하여 "먼저 이 나라를 장사(葬死)지내 주십시오"라는 발언이 문제가 되어 도쿄 대학을 사임하게 되었다.[83] 또한 검거 구속된 사람도 있었는데, 그 대표적인 사람은 《구도(求道)》의 주필이었던 후지자와(藤澤武義)와 평화주의자 아사미(淺見仙作) 등이었다.[84]

한편 지금까지 예언과 복음을 동시에 중요시하고 싸워왔던 사람들도 태평양 전쟁의 발발을 계기로 입장을 바꾸기도 했다. 구로자키와 가나자와는 쓰카모토와 같이 태평양 전쟁을 구미 백인과 그들에 대한 '신의 채찍'으로서의 일본과의 전쟁으로 생각하고 전쟁 긍정의 입장을 취했다.[85] 이들의 전쟁 협력은 일본의 식민지 지배에 저항했던 조선의 무교회주의자들에게 큰 실망을 안겨주었다. 그리스도와 살아 있는 친교를 가지려 했던 무교회주의자가 제국주의 전쟁을 의전(義戰)이라고 보고 협력하는 것에 실망하여 김교신의 동료인 함석헌이 무교회 신앙지에 심각한 회의를 표명한 것도 이때의 일이었다.[86] 결국 일본 무교회 제2세대의 리더들이 우치무라의 비전론에 입각하여 15년 전쟁을 맞이했다 하더라도 그 과정에서 여러 가지 변용(變容)이 일어났던 것이다. 비전을 끝까지 주장한 사람은 야나이하라, 마사이케, 이시하라 그리고 이토뿐이었다.

그런데 김교신은 일본 무교회 제2세대 리더들의 이러한 움직임을 어떻게 보고 있었을까? 김교신은 "우치무라 선생의 유력한 제자 중에서 선생의 무교회주의를 진전시킨 이는 쓰카모토이고, 선생의 무교회적 정신으로써 교회 공격을 일삼지 않고 일반 사회·정치 문제에 전념하여 교역자 및 신학자에까지도 존경을 받고 있는 이는 야나이하라다"라고 하여 무교회의 양대 흐름을 간파했다.[87] 김교신은 이러한 흐름 중에서 "무교회의 본령(本領), 무교회의 넋을 가장 여실히 본받은 이는 이토이고, 지금은 야나이하라 교수가 있다"고 말한다.[88] 김교신이 이토와 야나이하라에게서 무교회주의의 진정한 정신을 발견해낸 것은 '신 절대중심주의'에 근거한 '전적 기독교'로서의 김교신 자신의 무교회주의 이해의 당연한 귀결이었다.

김교신은 "평화 시절에는 예언자로 대접받아도 거부하지 않다가 비상시국을 당한즉 별안간에 '예언자'가 아니고 '복음자'라느니, '신앙만으로 구원받는다'느니, '사명이 다르다'느니 변명"한다며 쓰카모토와 아제가미의 '복음 제일주의'를 비판했다.[89] 그는 아제가미의 1937년 12월의 「암중촌경(暗中寸景)」을 읽고 이제 무교회도 늙어가고 있다고 통탄하면서 "늙은 자는 모조리 썩어질진저. 예언자 아닌 무교회자는 절멸할진저"라는 격렬한 어조로 복음과 예언의 분리를 비판했다.[90]

이 같은 자신의 입장을 그는 1936년 5월 야마모토 다이지로(山本泰次郎)의 잡지 《성서강의(聖書講義)》에 「무교회 신도에 대한 희망」이라는 제목의 글을 실어 명백히 밝혔다.[91] 이 글은 같은 해 2월호에 실린 마쓰마에(松前重義)의 조선에 대한 감상문인 「조선의 희망」에 대한 김교신의 응답 형태를 취한 것이었다. 여기에서 그는 먼저 쓰카모토의 무교회 이론과 그것에 입각한 교회 공격을 다음과 같이 비판했다. 즉 "이미 교회 측 사람들조차도 오직 교회에 의해서만 구원받을 수 있다고 말하는 사람은 없으며 인간이 구원받는 것은 오직 신앙에 의해서만 가능하다는 것이 무교회의 본질이라고 한다면 그것은 동시에 모든 프로테스탄트 교회의 본질이기도 하다. 따라서 구원이 여기 있느니 저기 있느니 하며 서로 쟁탈전을 벌이는 것은 있을 수 없는 일이다. 그렇기 때문에 첫째도 무교회주의, 둘째도 무교회주의라고 말하는 쓰카모토의 성서연구회는 마치 목사가 교회와 헌금의 두 자로 설교의 중심을 삼는 것과 마찬가지이며 또 불교도가 나무아미타불을 연창하는 것과 같다"[92]고 비판했다. 계속해서 그는 "만주와 이디오피아가 어떻게 되더라도, 동경의 한가운데에서 무엇이 일어날지라도, 국민 전체를 향해 분노를 토로하는 것과 같은 손해가 되는 일은 하지 않고 내버려둔 채, 다만 소수의 무교회 팬들에 대해 무교회를 연창하고" 약한 교회를 상대로 하여 싸우는 것이 무교회라면, "무교회의 간판을 내려주지 않겠는가"라고 제안했다.[93]

나아가 그는 무교회 내부에서 일어난 신앙과 행위와의 구분 여부를 둘러싼 논쟁에 대해서도 비판했다. "신앙만이라는 것과 행위 병행이라는 것의 구별을 저렇게까지 확실히 구분해서 열심히 싸우는 것에는 특별히 발달한 종교가의 섬세 민감한 신경이 없으면 안 되는 일이라고 경탄했다. ……대체적으로 보아 신앙만을 주장하는 선생님(=우치무라)의 행위도 실로 훌륭하셨다. 행위를 역설하는 선생의 신앙도 실로 부러울 정도의 신심(信心)이라고 생각해왔다. 스승을 이겨내려고만 하는 것에 급급해 전진만을 꾀하지 말고 아직 신앙만이라든가 행위도라든가의 분리를 하지 않았던 우치무라 선생에게 되돌아가는 것은 불가능하겠는가"라고 제안하고 만일 그것이 불가능하다면 무교회의 간판을 내려주기를 바란다고 썼다. 그리고 결론적으로 무교회라는 것은 그러한 소극적이고 천박한 것이 아니라 "그 시대의 나라의 움직임에 대응해서 모든 진리의 적에게 대항해 새롭게 선전포고를 하는" 정신이라고 규정했다.[94]

그리고 교회이든 무교회이든 모든 기독교인의 정의로운 순교가 요구되는 시대에서 무교회의 사명은 "일본 국민이 당면한 진리의 최대의 적을 향해 싸워 무교회의 적극적인 진리를 발양(發揚)하는 것"으로 그것이 또한 조선을 위한 것도 되며 나아가 세계 구원의 길이기도 하다고 말했다.[95] 여기에서 우치무라의 예언자적 정신을 적극적으로 계승하려고 한 김교신의 모습이 엿보인다.

김교신은 무경계적인 무교회주의의 입장에 서서 일본의 침략전쟁에 계속해서 저항했던 일본 무교회의 제2세대 리더들과 적지 않은 교류가 있었다.

조선 총독부의 검열로 인해 삭제 처분과 정간 처분을 받고 거의 언제나 출판이 지연되었던 김교신의 신앙지 《성서조선》에 대해 다음과 같은 격려의 편지를 받은 적도 있었다. "더 이상 《성서조선》을 보는 일은 불가능할 것인가 하고 통탄하고 있던 중, 어제 무사히 도착했기 때문에 안심했습니다. …… 서로 최후의 일각까지 십자가의 깃발을 높이 들고 전진합시다. 어떠한 권력이나 무력의 압박 앞에서도 변절, 침묵할 수 없는 소중한 진리만을 전합시다. ……당신(=김교신)은 주(主)의 이름을 위해 고통당하는 사람의 선봉입니다. 굳세게 서주십시오. 기도합시다."96) 또 그는 이시하라, 야나이하라, 가타야마데쓰(片山徹) 등과도 교류가 있었는데, 이들은 1975년 간행된 김교신의 추억집인 『김교신과 한국』에 그에 관한 회상의 글을 싣기도 했다.97)

그러나 김교신이 무경계적인 무교회주의 그룹의 리더들과 보조를 같이했다고는 하더라도 식민지 지배국 일본의 무교회주의자와 식민지 조선의 무교회주의자의 논리가 완전히 동일할 수는 없었다. 따라서 이들 간의 논리는 어디까지 일치하고, 어디에서 달라지는가 하는 점에 주목하여 김교신과 야나이하라의 교류를 고찰하고자 한다.

2) 김교신과 야나이하라

김교신과 야나이하라는 예언을 중요시하고 사회문제를 신앙의 문제로서 다루는 무경계주의적 입장에서 우치무라의 무교회주의를 계승하려고 했다는 점에서 공통점을 가진다는 것은 이미 지적했다. 특히 식민지 정책학자인 야나이하라와 식민지 무교회주의자인 김교신과의 사이에는 식민지 조선 문제와 관련하여 특별한 친화감이 있었다. 또한 두 사람 사이에는 상호 이해에 근거한 적지 않은 교류가 이루어지고 있었다.

그 대표적 예로 1940년 경성(京城)에서 열렸던 야나이하라의 로마서 강연회를 들 수 있다. 이 강연은 도쿄 대학에서 해직된 야나이하라가 경찰 정치의 탄압하에 있는 조선인에게 그리스도의 복음을 전하기 위해 계획했던 것이다.98) 김교신은 야나이하라의 조선 강연회의 실제적인 실무자로서 모든 준비를 맡았다. 야나이하라는 그의 오래된 친구로 당시 조선 총독부의 재무국 세무과장이었던 무라야마(村山道雄)에게 보낸 편지에서 "강연회는 소생의 제의에 의해 계획된 것인데, 이에 대해 경성의 김교신에게 이야기했습니다. 김교신씨를 알고 있는지 모르겠는데, 최근까지 양정중학교의 교사로 오랫동안 있던 사람으로, 《성서조선》이라는 잡지의 주필입니다. 무교회주의 사람입니다. 이 사람이 나의 성서 강습회의 사실상의 준비를 해주게 되었습니다만 올해 3월 말에 경성에서 김교신씨가 주최한 구로자키 씨의 강연회 이래 경찰 당국의 주의를 받아오고 있어서 만일 나의 강연회를 김교신씨에게 공공연히 의뢰하게 되면 김교신씨와 그 그룹의 사람들이 경찰 당국의 탄압의 대상이 될 염려가 있지 않을까"라고 말하며99) 김교신에 대한 배려를 담아 경성 성서 강습회의 경위를 설명하고 있다. 결국 야나이하라의 로마서 강연회는 YMCA 주최의 형식으로 이루어졌으나 사실은 일본의 조선 통치 방법을 비판하는 일본 무교회주의자 야나이하라와 조선 무교회주의자 김교신이 공동으로 실현시킨 것이었다. 이 강연회에서 야나이하라는 개인과 민족의 구원이라는 문제에 중점을 두어 5회에 걸쳐 로마서를 강연했다. 그 내용은 정치적인 독립 등의 문제는 제외된 것으로 모든 민족은 평등하고 각각의 민족은 민족애를 갖고 있기 때문에 민족적인 차별은 없어져야 하며 현실적으로 조선, 일본, 중국 등 민족들 사이에 존재하는 민족적 차별은 없어져야 한다는 요지였다.100) 야나이하라는 이와 같이 모든 민족의 평등을 주장하는 시민적·기독교적인 민족론을 논했으나 김교신은 "강의도 비유고, 잡지도 비유이다. 로마서 강의는 일종의 비유로서 말한 것이기 때문에 귀 있는 자는 들어라"라고 말하며, 야나이하라의 강의를 일본의 식민지 지배에 저항하는 조선인을 지원하기 위한 '백병전(白兵戰)'적 행위로 이해했다.[101]

한편 1945년 복간(復刊)되었던 야나이하라 주필의 '희신(喜信)'의 복간호에서 야나이하라는 3개월 전에 병사한 김교신에 대해 다음과 같은 추도문을 실었다.

> 나타니엘이 진정한 이스라엘인이라 불린 것과 같이 김교신 씨는 진정한 조선인이었다. 김교신 씨는 조선을 사랑하고 조선 민족을 사랑하고 조선어를 사랑했다. 그러나 그의 민족주의는 고루한 배타적 민족주의와는 다른 것이었다. 그는 그리스도의 복음에 의해 새로 태어난 조선인이었다. 유화(柔和)하고 근면한 조선인으로서의 미덕이 신앙에 의해 한층 정화되어 있었다. 그는 그리스도 안에서 자기 민족을 사랑하고 그리스도를 전하는 것을 자기의 나라 사랑으로 삼았다. 미국 류의 천박한 기독교에 의하지 않고 소련의 공산주의 같은 불신앙에 의하지 않고 또 세속적인 민족운동에 의하지 않고 권력자에게 영합, 협력하는 것에 의하지도 않고 순수한 무교회 복음의 신앙에 의해서 조선인의 영혼을 소생시키고 조선인을 자유와 정의와 평화의 민족으로 만들기 위해 김교신 씨는 그 소중한 일생을 바쳤다.[102]

야나이하라는 이 추도문에서 김교신을 높이 평가하고 있다. 그러나 그의 김교신에 대한 이해는 오로지 무교회주의적인 신앙의 측면에서 행해지고 있다. 또 김교신의 애국심을 당시의 조선 민족의 정치적 독립을 구하는 민족운동 내지는 민족주의와 구별되는 기독교적 민족문화주의와 같은 것으로서 이해하고 있다.

그러나 김교신은 무교회주의자로서 활동했던 전 기간에 걸쳐서 조선 민족의 정치적 독립을 요구하는 민족주의자로서도 활동했다. 그는 민족교육과 계몽운동 그리고 일본의 식민지 지배에 대한 비판을 통해서 일본의 조선 지배에 계속해서 저항했던 것이다. 왜냐하면 '십자가를 짊어진다'라는 기독교인으로서의 싸움은 민족 독립운동을 최종적인 목표로 하는 것은 아니지만 그것을 제외한 채로 진행될 수는 없는 것이었기 때문이다. 야나이하라는 김교신의 이와 같은 민족주의자로서의 모습을 간과하고 있다. 그 원인은 야나이하라 자신의 조선문제에 대한 인식의 내용에서 기인하는 것이 적지 않다.

야나이하라의 조선관에 대해서는 이미 기존의 연구가 있다.[103] 그것에 의하면 야나이하라는 시민적인 식민정책학의 관점에 입각하여 식민지주의가 종속주의에서 보호적 상호공존주의로 나아가 자주적 결합의 단계로 발전하는 것을 추구했다. 이러한 입장에서 그는 일본의 조선 지배 방법을 세계에서 유일한 전제적 통치제도라고 비판하고 조선의 민족자치로서의 조선의회의 설립을 주장하는 당시로서는 보기 드문 양심적인 조선관을 가지고 있었다.[104] 그러나 그의 일본의 조선 통치에 대한 비판은 지배민족인 일본인의 반성이라는 측면에서 나온 것으로 피지배민족인 조선 민족 편에 서서 민족적인 자결권을 인정했던 것은 아니었다.

예를 들면, 귀국을 앞둔 조선인 여학생이 조선에 돌아가 어떤 태도를 취해야 할 것인가를 야나이하라에게 질문하자 그는 "그 문제에 관해 조선인이 취하는 태도에는 여러 가지가 있습니다. ……일본을 증오하는 마음에서 반항적 태도를 가져서는 안 됩니다. 조선이 지금과 같은 상태에 떨어진 것은 신의 뜻에 의한 것이라는 것을 믿고, 조선 민족 자신의 죄를 회개하고 신의 뜻에 복종한다는 태도에서 출발하는 것이 필요할 것입니다"라고 말했다.[105] 또 그가 주장했던 조선의회의 설립은 일본의 조선 지배를 전제한 것으로 조선의 완전 독립론은 아니었다. 이러한 점을 고려한다면 야나이하라의 조선 인식은 일본의 조선 식민지 지배를 현실로서 긍정하고 그 통치 방법상의 동화주의적 정책을 비판했던 것이라 할 수 있다.106) 야나이하라의 이 같은 생각의 배후에는 일본 민족의 신이 조선 민족의 신이기도 하다는 기독교적 보편성의 입장에만 서서 민족적 평등이라는 구체적인 역사적 문제를 기독교적인 개인의 평등으로 추상화하여 해소시켜버리는 발상이 내재해 있었다고 지적할 수 있다.

김교신과 야나이하라, 이 두 사람이 서로의 입장을 어떻게 인식하고 있었는가라는 문제는 별도로 조선 문제에 대한 양자(兩者)의 인식에는 상이점이 있었다. 이 상이점은 결국 조선 무교회주의자와 일본 무교회주의자의 사상적 분기점이기도 했다. 즉 김교신은 우치무라의 계승문제에서는 보조를 함께하면서도 무교회주의를 구체적인 역사 현실의 장(場)에서 전개해나가는 데서는 야나이하라를 대표로 하는 일본 무교회주의자의 시민적 내지는 그리스도적 평등주의와는 양립될 수 없는 '조선 민족주의자'로서의 길을 걸었던 것이다. 1937년 2월 《성서조선》에 쓴 '재출발'이라는 글에서 김교신은 '황민화' 정책하에서 수난을 당하고 있던 조선 그리스도 교회와의 공동 투쟁을 선언하면서 "현재 무교회주의 대가들과 우리의 보조가 일치하지 않는다고 우리를 시비하지 말라. 우치무라 선생이 싸우던 싸움과 다르다고 우리를 책하지 말라. 저들에게는 저들의 처지가 있고 저에게는 저의 시대가 있었다"고 말하고 있다.107) 즉 식민지 조선의 무교회주의자 김교신은 우치무라의 무교회주의를 '조선'이라는 별개의 사회 환경에서 어떻게 주체적으로 수용하여 전개해갈 것인가라는 과제를 명백히 자각하고 있었던 것이다.

제7장 조선 기독교회에 대한 자세

1. 조선 기독교회에 대한 비판

1) 교파심의 극복

이미 검토한 바와 같이, 김교신은 무교회주의가 교회를 비판하는 것이 그 사명이라고는 생각하지 않았다. 오히려 "우리의 힘으로 교회에 이익이 된다면 교파의 구분을 막론하고 힘껏 원조하리라"고 말하면서 개방적·연대적 태도를 취했다.[1] 그러면서도 김교신은 자신의 신앙적 입장에 서서 조선 기독교회가 가지고 있던 몇 가지 문제점에 대해서 비판하지 않을 수 없었다.

조선 기독교는 선교 초기부터 프로테스탄트 교파들에 의해 교파이식형(敎派移植型) 선교가 이루어졌다. 그러나 교파란 선교국의 전개과정에서 생긴 것으로서 조선 기독교에는 교파 구분의 필연성은 없었다. 조선의 기독교인들 사이에서는 조선 내의 모든 교파를 하나로 연합하여 단일의 민족교회를 만들려는 움직임이 일찍부터 있었다. 예를 들면 초기의 조선 기독교의 대표적인 지도자인 최병헌, 한석진 등의 단일 민족교회를 주장하는 발언이나 또 단일 민족교회에 대한 조선 기독교인의 열망이 원동력이 되어 1905년 단일의 조선 기독교회의 창립을 목표로 한 '재한 복음주의의 선교공의회'의 조직 등을 그 예로 들 수 있다.[2] 그러나 조선 기독교의 민족주의적인 성향을 저지하려고 했던 선교사들의 의향, 자국의 교파 확장으로서의 그들의 전도방식, 또 당시의 조선의 정치적 상황 등에 의해서 그러한 움직임은 결국 실패로 끝나고 조선 기독교는 교파의 분립이라는 형태를 취하게 되었던 것이다.

1930년대에 들어와서는 기존의 교파가 더욱 심한 내부 분열을 일으켰다. 예를 들면 가장 큰 교파였던 장로교회는 지역적인 갈등, 신학상의 정통 시비, 민족독립운동의 방법에 관한 노선 차이가 원인이 되어 1932년 '적극신앙단,' 1935년 '경중노회(京中老會)'가 분립한 것을 비롯하여 내부 분열이 끊이지 않았다.[3] 또 기존 교파로부터 분립해서 새로운 교파의 형태를 정비한 최태용의 복음교회, 백남주의 성주교회, 변성옥의 북만주 조선 기독교회 등 적지 않은 신흥 교파도 만들어졌다.[4] 이들 교파들의 분립에 의해서 1930년대의 조선 기독교회는 교파 간의 교권 경쟁, 교파 확장을 위한 전도 분쟁, 이단 논쟁 등이 끊이지 않았다. 이러한 기독교의 교파 경쟁은 비기독교인뿐만 아니라 기독교 내부의 사람들에 의해서도 큰 비판의 대상이 된 심각한 문제였다. 김교신도 이러한 상황에 대해서 침묵하지 않았다.

김교신은 교파 경쟁의식이 강한 미국교회가 조선에서 선교를 시작했을 때 각 선교단체가 교파에 의한 선교 분쟁을 막기 위해서 그들 사이에 선교 구역을 설정했는데 그것이 그대로 조선 기독교의 교파 경계선이 되었다고 보았다.[5] 그리고 조선 기독교의 교파 경쟁의 근본적인 원인의 하나는 미국교회와 그 선교사들의 교파이식적 선교방법에 기인한다고 생각했다.[6]

그러나 당시의 조선 기독교회의 교파 경쟁의 이유로서 김교신이 가장 심각한 문제로 생각한 것은 교파심이었다. 김교신은 교파심이란 그리스도를 자신들의 집단만이 독점하려는 배타성이라고 규정했다. 교파심을 갖는 사람들은 그리스도와의 만남을 자기들만의 배타적인 특권이라고 생각하여 자기 자신이 그리스도에게 속하려 하지 않고 그리스도를 자기들의 것으로 하려는 자이며 따라서 신만이 갖는 절대성을 인간이 주장하는 것이기 때문에 그것은 비기독교적이라고 비판했다.[7] 그리고 교파심이 강한 사람은 그리스도 안에서 모든 신자가 형제라는 것을 잊어버리고 우리 교파인가 아닌가의 기준에서 다른 교파에 대해 적대적인 태도를 취할 수밖에 없다고 생각했다.[8]

김교신은 그 대표적 예기 전도에서 각 교파의 신도 쟁탈전이라고 말한다. 교파심을 갖고 있는 사람은 기독교인이 된다는 것을 단순히 그리스도만 믿는 것이 아니고 자기 교파의 교리를 받아들이는 것이라고 생각하여 전도에서도 자기 교파의 세력 확장을 꾀한다. 거기에서 천국에 가기 위해서는 우리 교파가 아니면 안 된다고 선전하고 신도 쟁탈전을 전개한다. 신도 쟁탈전이 과열되면 이미 다른 교파에 속하고 있는 신자에 대해서도 자기 교파를 강요하는 기묘한 전도가 나타난다. 김교신은 이러한 교파 경쟁적인 전도에 대해서 "타 교파 교인들을 쟁탈하지 말고 비신자에게 개척 전도할 것"을 주장하면서 소록도 등에 가서 전도할 것을 권했다.[9] 또 김교신은 교파심을 갖는 자는 성서 해석에서도 성서의 원문의 의미와는 관계없이 자파의 교리와 의식의 정당함을 보증하기 위해서 마음대로 성서를 해석하고 있다고 지적하고 "성구 자체가 포함하고 있는 그대로"의 진리를 배울 것을 주장했다.[10]

교파 간의 경쟁은 마침내 이단 논쟁까지 일으켜 각파의 사람들은 서로 증오하면서 싸우게 되는데, 이단 시비에 대해서 김교신은 정통과 이단과를 구분하는 기준이란 무엇인가 묻고 그것을 구분할 수 있는 인간적인 표준이라는 것은 원래 존재하지 않는다고 하면서 이단 시비는 기독교와는 아무런 관계도 없는 인간적인 세력싸움에 지나지 않는다고 비판했다.[11] 그리고 김교신은 신앙에서 정통을 주장할 때는 "신앙이 고갈될 때"라고 하면서 자기가 정통의 신자라고 생각하면 생각할수록 스스로 신앙의 건전성을 반성해야 한다고 말했다.[12] 또한 김교신은 어느 교파의 주장도 이단으로 배척하지 않고 거기에서 배우고 함께 진리를 추구해가는 관용의 정신을 갖는 것이 중요하다고 생각했다.[13]

이와 같이 김교신은 각 교파가 교파심을 버리고 그리스도에게 돌아올 것을 주장하면서 "장로교인도 예수를 고창(高唱)하며 성결교, 안식교인도 그리스도를 주역으로 하라. 그리하면 우리는 각파의 소이(小異)를 양보하면서 장로교인도 되고 안식교인도 되리라. 너나 없이 예수 그리스도를 뚜렷하게 전하라. 그 일이 기독교의 알파요 오메가니라"라고 말했다.[14] 김교신은 인간의 다양한 개성의 표현으로서 신앙의 길이 차이가 있다는 것을 서로 인정하고 교파심을 극복할 수 있는 유일한 길은 기독교의 각 교파가 그리스도에게 속하는 자로서 자기 상대화하는 것이라고 생각했던 것이다.

2) '부흥회'적 신앙에 대한 비판

당시 조선 기독교의 신앙적 경향은 1919년의 '3·1 운동'을 계기로 두 가지 흐름으로 나타났다. '3·1 운동'에는 기독교회도 적극적으로 참가하여 큰 역할을 했지만, 그 후 기독교의 사회윤리에 기초해서 사회문제에 적극적으로 참여하려는 사회적 기독교 운동의 경향과, 현실로부터 등을 돌리고 종교적 카타르시스를 구하려는 '부흥회'적 신앙 형태가 나타났다.[15]

이 '부흥회'적 신앙 형태는 일본의 통치가 점점 더 가혹해짐에 따라 조선 기독교의 대세를 점하게 되었다. '부흥회'적 신앙 형태의 대표적인 지도자로서 길선주를 들 수 있다. 길선주는 '3·1 운동'에 참가한 혐의로 투옥되었는데, 옥중에 있는 동안 신구약 성서를 30회 이상 통독했다고 한다. 특히 요한 묵시록을 1만 번 이상 읽어 암기할 정도였다고 한다. 그는 요한 묵시록에 기초하여 말세를 이야기하면서 전국을 순회하며 부흥회를 10회 이상 열었다. 그 참가자는 500만 명에 이르고 그 결과 세워진 교회도 100개를 넘는다고 한다.16)

'부흥회'적 신앙 형태는 1930년대가 되면 점점 더 신비주의적인 경향을 띠게 된다. 그 대표적인 인물이 이용도(李龍道)이다. 이용도는 그리스도와의 만남은 언어로 표현할 수 없다고 하여 무언(無言)을 좌우명으로 해서 교리의 기독교를 공격하고 사랑의 기독교를 주장함과 동시에 내적인 체험을 강조했다.17) 이용도의 주위 사람들 중에는 이용도보다 더 열광적이며 신비적인 종파가 생겨 극단적인 경우에는 강신극(降神劇), 입신극(入神劇)을 연출했다. 이와 같이 '부흥회'적인 신앙 형태는 기독교의 건전성을 위협하는 단계에까지 이르렀던 것이다.

김교신은 이 '부흥회'적 신앙그룹을 '성신(聖神) 타입'이라고 부르고 이들을 '성신 열병 환자'라고 규정했다.18) 그리고 1935년 대표적인 부흥목사였던 길선주의 장례식에 즈음하여 과거 조선 기독교에서 '부흥회'적 신앙 형태가 그 나름대로 공헌한 부분을 평가하면서도 이후의 기독교는 '부흥회'적 신앙 형태를 극복해야만 한다고 주장했다. 김교신은 성령(聖靈)이란 자연히 위에서 강림하는 것이며 인간 측에서 구하는 것이 아니라고 지적한 뒤에 '부흥회'에서 인위적으로 만들어낸 집단 흥분적인 심리 상태에서 행하는 죄의 고백, 즉 윤리적인 행위에 대한 의지를 동반하지 않는 죄 고백은 "마귀 하나를 쫓아낸 후에 일곱 마귀가 도로 들어와 거하는" 것과 같다고 비판했다.19) 그는

'부흥회'에 의한 일시적인 열렬한 종교심은 쉽게 냉각되기 때문에 신앙이 생활 속에 반영되기는 어렵다고 본 것이다.[20] 즉 '부흥회'적 신앙을 가지는 사람들은 성령만을 추구해서 기독교인의 이상적인 태도를 현실로부터 초월하는 것으로 생각함으로써 현실 세계의 불의나 허위에 대해 비판이나 개혁의 책임을 지는 것을 외면하여 기독교인의 예언자적 참여의 임무를 망각해버리는 것을 엄하게 비판했던 것이다.[21]

더욱이 김교신은 '부흥회'적 신앙 형태 속에 있는 비이성적인 요소를 비판했다. '부흥회'적 신앙의 강신극 등과 같은 기독교적인 샤머니즘의 형태와 관련해서 김교신은 신앙과 이성의 조화를 유지하는 것에 의해 기독교의 건전성을 회복할 것을 주장하면서 "기독 신자가 되기 전에 우선 이성의 정상과 교양을 힘쓸 것이다. 이성이 왜곡된 데는 신앙도 구원도 없느니라"라고 말한다.[22] 신앙은 과학에 이르지 않지만 과학은 신앙에 이르러 신앙을 돕는다고 생각하여 신앙이 과학을 적극적으로 이용할 것을 주장했다.[23]

김교신은 이상과 같은 비판에 기초하여 조선 기독교의 방향에 대해 다음과 같이 말한다.

> 금후 50년은 이성의 시대이며 연구의 시대이다. ……냉수를 끼쳐 열을 식히면서 학구적인 양심을 배양하며 학문적 근거 위에 신앙을 재건할 시대에 처해 있다. ……지난 50년간의 조선 기독교도가 대체로 '성신 타입'이었다면 금후에는 '학구 타입'이 되기를 우리는 기대한다. ……학문과 신앙이 완전히 합금(合金)을 이룬 것이라야 금후에 닥쳐올 순교의 시대에 능히 견디어 설 것이다.[24]

김교신은 신교(信敎)의 자유까지도 위협하는 일본의 기독교 탄압이라는 어려운 현실 속에서 고투를 계속하는 기독교인이 행동의 지침과 격려를 얻기 위해서는 건전한 마음과 이성의 활용을 통해서 성서 속에 숨어 있는 진리를 찾아가는 노력이 중요하다고 생각했던 것이다.

3) 사회적 기독교 운동과 '신의 나라'

조선에서 사회적 기독교 운동은 미국의 '사회적 복음(Social Gospel)' 운동으로부터 영향받은 것이다.[25] '사회적 복음' 운동은 1890년대 미국에서 '왕(王)인 그리스도'와 '사회의 목표로서의 그의 나라'라는 슬로건에 기초해서 행해졌다. 이 운동의 중심적인 인물은 라우셴부슈(Walter Rouschenbusch)였다. 그는 성서의 중심 메시지는 그리스도가 제시한 '신의 나라'에 있다고 생각하고, 그것이 인류에게 사회를 부단히 진보시킬 근거를 제공한다고 보았다.[26] 그리고 '신의 나라'를 사회 복음운동의 핵심이론으로 규정했다. 그에 의하면 '신의 나라'는 인간 발전의 모든 면에서 사람들에게 최고의 그리고 가장 자유로운 발전을 제공한다. 그 나라에서는 인간은 모든 형태의 예속으로부터 해방됨으로써 타인의 목적에 봉사하는 단순한 수단으로 취급되지 않는다. 또 상층계급과 하층계급의 관계 속에 있는 자기주장의 억압으로부터 더욱이는 종교적인 편협성의 속박으로부터 사회적인 삶이 구원받는다. 그는 이러한 '신의 나라'는 평화적인 발전에 의해서만 실현되는 것이 아니고 악마의 나라와의 계속적인 투쟁에 의해서 실현되는 것으로 생각해 '신의 나라'의 전망에 기초한 사회의 전면적인 재건을 주장했다.[27]

이와 같은 사회적 복음운동에서 영향을 받은 YMCA 계열의 조선 기독교인은 특히 '3·1 운동' 이후 분노와 좌절 그리고 조선 사회 전반의 경제적인 궁핍에 자극되어 사회개혁에 의한 '신의 나라'를 건설하는 것이 조선 사회에 요구되고 있다고 생각했다.[28]

YMCA는 전 조선 인구의 80%가 거주하는 농촌사회의 경제적인 피폐를 해결하기 위해서 "우리들은 전 국민의 경제적 향상과 사회적 단결과 정신적 소생을 꾀한다"는 강령에 기초해서 농촌사업, 문맹퇴치운동, 협동조합운동을 적극적으로 추진했다. 1932년 YMCA의 농촌사업부가 작성한 통계에 의하면 전국에 협동조합이 65개소, 총자본금은 1만 엔을 초과하고 있었다.[29] 이와 같은 YMCA 계열의 사회적 기독교 운동은 교회 내부에도 확대되어 1932년에는 장로교회와 감리교회의 연합기관인 예수연합공의회의 '사회신조'가 제정되고, 교회 내부에도 사회부와 농촌부 등이 설치되었다.

김교신은 이 사회적 기독교 운동에 대해서 기독교가 '전무후무(前無後無)'의 빈곤에 처해 있는 조선 사회의 절박한 요구에 부응했다는 점에서는 그 의의를 인정했다.[30] 그러나 사회적 기독교 운동은 근본적으로는 기독교의 본말(本末)이 전도된 운동이라고 생각했다. 김교신은 그 이유로 다음 두 가지를 들었다.

첫째, 사회적 기독교 운동의 이념은 '기독교=사회개혁'이며 거기에는 속죄도 부활도 십자가도 없다고 보았던 것이다.[31] 즉 사회적 복음의 근본을 이루어야만 하는 개인의 철저한 회심에 대한 강조가 사회적 기독교 운동에는 보이지 않는다고 보았다. 따라서 YMCA 계열의 사회적 기독교 운동은 기독교인의 사회윤리의 원점과 그 원동력을 이루는 '무자격성'의 각성에 대한 요구가 결락(缺落)되고 마치 기독교가 현세 생활의 '윤택'에 유용한 종교인 것같이 변질시켜, 결과적으로 사회개혁에 대해서 극히 '무능한 신념'으로서 변용되고 말았다고 비판했다.[32]

둘째, 김교신은 사회적 기독교 운동의 '신의 나라'에 대한 이해에 문제가 있다고 생각했다. 김교신에 의하면 사회적 기독교 운동은 '신의 나라'가 지상에 점차적으로 임한다고 이해한 결과 교회가 하나의 사회사업기관화하여 지상천국 건설운동을 하게 되었다고 말한다.33) 그러나 김교신은 '신의 나라'에 대해서 "이곳이다 저곳이다 하며 미혹할 바도 아니요, 너희 가운데 너희 속에 온 것이며 오늘이냐 내일이냐 할 것도 아니요, 이미 믿는 자, 거듭난 자에게 임한 것이며 사람과 운동과 역사(役事)로서 확장되는 것도 아니요, 농부가 종목에 물 붓듯이 하나님의 말씀을 온 천하에 전파하는 동안에 겨자씨가 싹터 자라듯이 왕성해지며, 인류가 우주 만물과 의(義)의 태양이 비치는 이 나라를 사모함이 절실해져 어린 아이와 같이 이를 받을 때 종내 우리의 구원이 응답됨을 볼 것이다"라고 말하면서,34) '신의 나라'란 사회적 기독교 운동에서 말하는 것과 같이 인간의 개혁과 진보에 의해서 달성되는 것이 아니라고 생각했다. '신의 나라'는 모든 사람이 신을 믿고 그것을 대망하여 싸워가는 중에 시간이 되면 스스로 임한다고 생각했다. 따라서 김교신은 '신의 나라'를 지상에 달성하기 위해서는 '신의 나라'를 건설하려는 운동이 아니라, 복음을 전하고 복음에 따라 살아가는 생활인이 많아지는 것이 중요하다고 생각했다.

'신의 나라'는 인간의 역사 속에서는 실현되지 않는다. 인간의 힘으로 실현할 수 있는 것도 아니다. 그것은 신만이 절대적인 이니셔티브를 갖는 나라이다. 이 점에서 김교신이 사회적 기독교 운동의 '신의 나라'에 대한 이해를 비판한 것은 타당하다.

그런데 '신의 나라'는 역사에서 실현되지 않는다고 하지만 인간의 역사와 접점을 갖지 않고서 성취될 수 있는 것은 아니다. 왜냐하면 인간의 역사는 신의 계획이 실현되는 무대이기 때문이다. 따라서 '신의 나라'의 근거와 실현은 초월적이지만 그 운동은 내재적이다.35) 그 운동이 신성(神性)과 인간성을 왜곡하는 역사적이며 구조적인 악에 대한 인간의 싸움 속에 있는 것은 분명하다. 그렇다면 기독교인에게 중요한 것은 스스로를 '신의 나라'로서 주장하는 것이 아니라 그것을 항상 생성 속에 있는 나라, 즉 자기지양(自己止揚)의 원리로서 포착해 현실의 구조적인 악에 대처해가는 것이다.36)

김교신의 경우 이러한 '신의 나라'의 사상의 역사적인 실천에 대해서 기독교인이 상실해서는 안 되는 원점을 명시하는 것에 그치고 있다. 기독교인의 '단독성'을 중시하는 김교신의 '무교회주의'와, 그것에 관련해서 행한 사회에 대한 개인적인 예언자적 비판의 활동이 어떠한 매개를 통해서 역사 내의 구조적인 악에 저항하려고 하는 공동의 투쟁에 개방되고, 그것에 연대해갈 것인가는 그의 사상적인 과제로서 여전히 남아 있는 문제라고 말할 수 있다.

2. 무교회주의를 둘러싼 논쟁

1절에서는 김교신의 조선 기독교회에 대한 비판을 보았는데, 교회 측에서 김교신에게 행한 반비판도 적지 않았다. 그것은 주로 김교신의 무교회주의를 직접 내지 간접적으로 문제로 한 논쟁의 형식으로 이루어졌다. 신학 관계 잡지에 김교신을 비판하는 입장을 표명한 사람은 적지 않았으나, 김교신 자신이 상당한 관심을 갖고 대응한 비판자는 김린서와 최태용이었다.

여기에서는 김교신과 김린서, 최태용과의 사이에 행해진 논쟁을 고찰한다.

1) 김린서와의 논쟁

김린서는 1930년 조선 장로교 평양신학교의 잡지였던 《신학지남》에 「무교회주의자 우치무라 간조에 대해서」라는 글을 발표했다. 이 글은 우치무라뿐만 아니라 김교신을 중심으로 한 조선 무교회주의의 집회까지도 비판의 대상으로 삼은 것이었다.

당시 장로교가 주로 '부흥회'적 신앙 형태를 띠고 있었고 또 김린서는 대표적 부흥목사인 길선주의 제자였던 점을 생각하면 김린서의 비판은 무교회주의에 대한 '부흥회'적 신앙그룹의 입장을 대표하는 것으로 볼 수 있다.

먼저 김린서는 우치무라의 무교회주의에 대한 비판에서 출발한다. 그는 "그의 무교회주의에는 오류가 적지 않다. 교회란 조직체가 부패의 원인인 것처럼 보는 것이 근본적인 오류이다. ……인간이 새로울 때에 교회도 새롭고, 인간이 타락한 곳에 교회도 타락하는 것이다. ……교회가 낡아진다는 일면만을 가지고 성경이 명(命)한 교회를 부인하는 것은 자가당착이다"라고 말하고, 교회 부패의 문제는 조직에 원인이 있는 것이 아니라, 오히려 인간의 문제라고 주장했다.37) 그리고 무교회주의자도 교회주의자와 같이 '타락'했다고 보고 그 예로 무교회주의 내부의 사제 간의 싸움을 지적했다. 또 '위인(偉人)'들만을 상대로 하는 고답적인 집단인 무교회는 비교회가 되는 것이 가능할지 모르지만, 문맹우부(文盲愚夫)에게까지도 전도하기 위해서는 교회는 절대 불가결하다고 강조했다.38)

한편, 김린서는 우치무라의 신앙적 측면에 대해서는 진정한 십자가의 신앙에 근거하고 있다고 높게 평가했는데도 우치무라의 무교회주의에 내포되어 있는 일본적 요소39)에 대해 계속해서 비판을 가하며 다음과 같이 말한다.

> 우치무라의 무교회의 진의는 어디에 있는가? 서양인의 영향을 일절 거부하는 종교의 독재제국을 건설하기 위해서만 필요하다. 일본주의자인 그에게 그 정도의 야심이 있다는 것은 외국인인 내가 비판할 것은 아니다. 그것이 도리어 후일 일본 신자들에게 일종주(一宗主)로서 받아들여질 것이다. 우치무라는 봉황당 애국자(奉皇堂 愛國者)로서 스스로 자랑하는 '무사(武士)의 자식'이므로 정

계에 나갔다면 칼을 차고 총독으로서 군림할 정도의 거대한 인물이다. 그는 야마토주의(大和主義)로 바쁘고 일본 이외에는 한 발자국도 밖으로 못나갔던 전형적인 무사의 아들이지 세계인은 아니다. 배외(排外)운동할 여가가 있다면 조선론과 같은 것도 쓸 필요가 있지 않았겠는가. 아마도 조선에 대해서는 침묵할 필요가 있었던 모양이다. 진리에는 국경이 없다고 말하는 사람이 있다. 진리는 하나이나 진리를 말하는 사람은 국경 속에 들어앉아 있다. 결국 우치무라는 국경선을 긋는 야마토 기독교 제작자이다.[40)]

여기에서 김린서가 말하는 것은 우치무라의 무교회주의는 일본주의에서 생겨난 것이므로 그는 조선문제에 대해 침묵할 수밖에 없었고 이 점이 바로 그의 예언자적 활동의 한계로 결국 무교회는 '야마토 기독교=일본 기독교'에 지나지 않는다는 것이다.

이러한 이해에 근거하여 김린서는 우치무라의 "나의 복음주의는 일본에서 실패하나 조선에서는 성공한다. 일본은 조선을 통해 기독교를 아시아 대륙에 전하는 자이다"라는 말에서 "조선 영계(靈界)를 호시탐탐하는 영적 제국주의의 야심"을 볼 수 있다고 한다. 그리고 김교신의 《성서조선》을 중심으로 한 조선 무교회주의의 집회에 대해 "야마토 기독교 제작자인 우치무라가 조선 영계에 군림했다"고 생각하고 김교신 등을 "복음까지도 우월감을 갖는 소위 상국신자(上國信者)에게 배우려 한다"고 비난했다. 또 그는 김교신의 집회에 대해서 "우치무라는 바울 교리를 가진 일본주의의 무사당(武士黨)이기 때문에 그의 제자가 되려는 조선 기독교인도 무사도(武士道)의 할례를 받음이 당연하다"고 말한다. 즉 김린서는 김교신 등을 일본주의에 동화된 기독교인으로 본 것이다. 나아가 김린서는 "상국교인(上國敎人, 일본 기독교인들)이 조선교회의 병합을 꾀하는 것은 족히 두려울 바가 아니나 선생의 내적

잠행(內的潛行)적 침입"에는 근심이 적지 않다고 말하여 조선에 대한 우치무라의 무교회주의의 영향을 걱정했다.[41)]

물론 우치무라의 무교회주의가 구미의 기독교로부터의 독립과 '일본적' 기독교를 지향했던 것은 사실이다. 그러나 김린서가 우치무라의 무교회주의를 일본의 국가주의에 협력했던 소위 '일본적 기독교'와 동일시한 것은 오류이다.[42)] 그러므로 김린서의 우치무라에 대한 이해는 첫째, 일면적인 것이며 둘째, 거기에는 김린서 자신의 자기 방어적이며 편협한 민족주의적 감정이 보인다고 하겠다.

한편 김린서의 이러한 우치무라의 무교회주의에 대한 비판의 배후에는 일본 그리스도 교회에 대한 조선 기독교인의 불신이 있었다고 할 수 있다. 즉 일본의 조선 지배를 신의 경륜으로서 합리화시켰던 일본 기독교의 조선관[43)]을 비롯하여 '조선의 정신적 정복과 선량한 신민화'를 목표로 하여 조선 총독부의 자금과 권력에 의해 지탱되었던 일본 조합교회의 조선 전도[44)] 또한 다수의 투옥자와 옥사자를 낸 조선 기독교의 신사참배 반대운동에 대한 일본 기독교의 신사참배 권고[45)] 등이 여기에서는 고려되어야 한다.

당시의 조선과 일본의 기독교의 관계에는 식민지 지배국과 피식민지국이라는 정치적 상황이 기독교의 정신에 의해 조금도 변화되지 못하고 그대로 반영되어 있었다. 더구나 조선 기독교의 민족주의적 성격을 탈색시키려는 조선 총독부의 기독교 정책[46)]은 일본 기독교인에 대한 조선 기독교 측의 경계심을 더욱 강화시켰다.

이와 같은 당시의 한일 기독교의 관계를 고려한다면 김린서의 비판은 우치무라의 무교회주의가 조선에 뿌리내리려 할 때 짚고 넘어가야 할 문제점들을 제시한 것이었다고도 할 수 있다. 즉 조선에 무교회주의가 토착화될 때 무교회주의 속에 내재되어 있는 일본적 성격을 어떻게 수용해야 할 것인가?

그리고 우치무라의 애국심과 조선관을 어떻게 볼 것인가라는 문제는 조선 무교회주의자에게는 피하기 어려운 사상적 과제였다고 할 수 있다. 이러한 의미에서 김교신은 김린서의 비판에 대해 어떠한 형태로든 대답하지 않을 수 없었다.

김교신은 1930년 8월 「우치무라 간조론에 대답하여」라는 글에서 우치무라와의 관계에 대해 "조선인인 나에게 과연 명예인가 손해인가, 이익이 되는가 해가 되는가는 알 수 없으나, 기정사실로서 우치무라 선생은 나의 무이(無二)의 선생이다"라고 말한다.47) 조선인 김교신은 일본인 우치무라를 유일한 선생으로서 존경하고 있었다. 그렇다면 그토록 존경했던 이유는 무엇일까? 이에 대해 김교신은 "우치무라가 아무것도 아니었다 하더라도 일본의 진정한 애국자라는 사실만은 처음부터 간파하고 있었다. 자연과학자의 정신에 근거한 성서 연구와 전 국민으로부터 국적(國敵)이라는 비방 속에 매몰된 반생의 생애 속에서도 결코 조국 일본을 버릴 수 없었던 애국자의 충혈, 그것이 무엇보다도 강력하게 나를 끌었다"고 한다.48) 즉 김교신은 "진정한 애국자이며 동시에 살아 있는 신을 아는 사람"으로서의 우치무라의 '애국심'에 끌린 것이었다.49)

1922년 우치무라가 오테마치(大手町)에서의 성서 강연을 마쳤을 때 김교신이 보낸 감사문에는 다음과 같은 내용이 들어 있었다. "선생님, 전 국민의 박해와 견디기 어려운 국적이라는 비방 속에서도 극동의 일각(=일본)에 굳게 서서 십자가의 성스러운 깃발을 하늘 높이 지켜주신 것을 감사하게 생각합니다."50) 이와 같이 김교신은 십자가에 근거하여 국민에게 도덕을 가르치려 했던 그의 예언자적인 비판과 고발을 진정한 애국으로서 생각했다. 그러므로 김교신은 우치무라가 말하는 소위 '불경사건(不敬事件)'과 러일전쟁에 대한 비전론의 주장으로 인해 일본 국민에게 받았던 박해를 예로 들어 그의

애국은 김린서가 염려하는 일본주의의 그것과는 다르다고 반박했던 것이다.51)

그런데 우치무라의 '불경사건'이라는 것은 대일본제국의 성전(聖典)으로 일컬어지는 '교육칙어(敎育勅語)'에 기록된 메이지 천황의 서명에 대해 절을 하지 않았다는 데서 발단한 사건이다.52) 기독교의 신 이외에는 누구도 결코 경배해서는 안 된다고 생각한 우치무라는 '봉배(奉拜)'라는 것은 종교적 예배에 해당된다고 생각하여 천황의 서명에 대해 머리를 숙이지 않았다. 이것이 매스컴에 의해 '우치무라 불경사건'으로 전국적으로 알려지게 되었다. 이 사건에 의해 우치무라는 해직되었을 뿐만 아니라 일본 국내에서 편히 잠잘 곳이 없는 몸이 되었다. 이러한 '우치무라 불경사건'은 천황제 국가 일본의 국가사상과 기독교의 충돌로 평가되고 있다. 그로부터 15년 후 일본과 러시아 사이에 긴장이 높아지고 일본 국내의 여론이 개전의 방향으로 굳혀질 때 우치무라는 러일전쟁을 "이름은 러일의 충돌이지만 실은 양국 제국주의자의 충돌이다"라고 말하여 러일전쟁의 제국주의적 성격을 지적하고 비전론을 주장했다.53) 그러나 그의 이러한 주장은 일본 국민에게 환영받지 못하여 근무하고 있던 '만조보(万朝報)'사를 다시 그만두게 된다.

김교신은 이러한 우치무라의 행동에서 진정한 애국이라는 것을 배웠다고 말한다.54) 그러나 우치무라의 애국이 절대적인 신이라는 관점에 서서 국민에게 도덕을 가르치는 것이었다고 한다면 식민지 조선에 대한 그의 태도에는 납득하기 어려운 점들도 있다. 우치무라의 조선관에 대해서는 이미 몇몇의 연구가 나와 있는데55) 이들 연구에 의하면 우치무라는 1910년 일본의 조선 합병에 대해 비판적인 견해를 표명하고 소위 '105인 사건' 때에는 조선인을 도우려고 노력했으며 나아가 일본의 조선 합병은 실패하리라고 예언하는 등 당시로서는 드문 진보적인 조선관을 가지고 있었다.56)

그러나 1915년 5월 도쿄 조선기독교청년회에서 '교회와 성서 — 조선인에게 성서 연구를 권하는 말'이라는 제목으로 행한 강연에서는 조선과 일본의 바람직한 관계는 일본과 조선의 민족적인 평등과 독립에 근거한 것이 아니라 그리스도 아래에서 조선과 일본 양국인의 '진정한 합동 융합'이라고 말했다.57) 나아가 일본조합교회(日本組合敎會)의 조선 전도, 1919년의 '3·1 운동' 그리고 관동대지진(關東大震災) 때의 조선인 학살 등 일본인의 조선관을 알기 위한 지표로 언급되는 일련의 문제에 대해서는 어떠한 언급도 하고 있지 않다.58) 이 점에 대해서는 우치무라의 강한 '애국심'에서 그 원인의 하나를 찾아볼 수 있을 것이다.59)

물론 식민지 조선에 대한 우치무라의 이러한 태도에 대해 조선 무교회주의자는 큰 불만을 갖고 있었다. 함석헌은 그와 김교신이 조선에 대해 이야기하던 것을 전하면서 "김교신이 조선의 독립문제에 대해 물어보았는데, 선생님(=우치무라)이 '영국의 스코틀랜드와 같이 되면 좋지 않은가'라고 대답하셨다는 것이었습니다. 우리들은 그 대답에 불만이었습니다"라고 증언하고 있다.60) 우치무라는 아마 조선이 평화적으로 일본에 동화되어 일본인과 조선인 사이에 민족적 구별이 없어진다면 그것으로 족하다고 생각했을 것이다. 이에 대해 김교신은 "이집트의 애국자에게 유태의 영계(靈界)까지 걱정시키려니까 문제도 일어나는 것이다. 일본의 애국자에게 일본을 열애하도록 하라. 증오도 비판도 일어날 것이 없고 오히려 아름다운 것을 거기서 발견할 것이다"라고 말하며 "우치무라는 많은 조선 기독교에 대해 좋은 사마리아인이었다"고 말한다.61) 이러한 김교신의 변명에는 우치무라에게 조선을 위한 싸움을 기대하거나 의존하지 말고 그가 일본을 사랑한 방법으로 조선을 사랑하는 것을 자기의 사명으로서 주체적으로 받아들이려는 자세가 보인다.

김교신은 무교회주의에 내재되어 있는 일본적 성격과 관련하여 "바울 당시의 이방인이 유태주의의 할례당을 거절하고 복음만을 신수(信受)한 것과 같이 조선 기독교도가 우치무라 선생에게 배우려고 한다면 무사도보다는 그가 가진 바울의 교리를 받아들이자"[62)]라고 말한다. 일본에서 시작했던 무교회주의를 받아들인 조선인 김교신은 그 안에 내재되어 있는 어떤 보편적인 것만을 배우고 그 외 부차적인 것, 즉 일본적인 특성은 조선적인 것으로 변화시킬 필요가 있다고 생각했던 것이다. 이러한 생각이 김교신이 의도한 '조선산 기독교'의 출발점이었다고 말할 수 있다.

2) 최태용과의 논쟁

김교신과 전개된 김린서의 논쟁이 주로 무교회주의와 조선과의 관계라는 논점을 중심으로 이루어진 것이었다면, 최태용과의 논쟁은 무교회주의의 본질, 특히 그 교회론을 둘러싸고 이루어진 것이었다.

최태용은 우치무라에게 배운 적도 있었으며 또 우치무라도 1922년 최태용의 저서 『일본에 보낸다(日本へ送る)』에 서문을 붙여 '성서의 연구사(聖書之研究社)'에서 출판해준 적도 있었다. 최태용은 그의 신앙지 《영(靈)과 진리(眞理)》 제15호에 우치무라에 대한 감상을 다음과 같이 적고 있다.

> 우치무라의 저서를 취독(取讀)했던 것은 얼마나 유익했던가. 그때 나는 그의 안에 있고 그는 내 안에 있는 것 같아 그의 말은 나의 마음의 오저(奧底)까지 울려 퍼졌다. 그때에 그 위대한 사도의 호흡을 나의 호흡으로 하면서 그에게 배운 것은 지금에 와서 그것을 회고해보는 것만으로도 상쾌한 일이다. 그에게 배워 기초를 닦은 일이 없었다고 한다면 나의 지금의 기독교는 없었을 것이다. 나는

그에게 말할 수 없는 감사를 느낀다.[63]

우치무라도 최태용에 대해서 자기는 "이렇게까지 깊게 나의 저서를 읽어 준 사람이 있다는 것을 지금까지 몰랐다. 그리고 그 사람이 조선인이기 때문에 더욱 고맙다"는 감상을 남겼다.[64]

그러나 그 후 최태용은 메이지 학원(明治學院) 신학부에서 바르트 신학의 영향을 받아 무교회주의적인 입장을 버리고 1935년 12월 '조선복음교회'를 창립했다.[65] 따라서 최태용은 무교회주의에 대한 배교자였다고도 할 수 있는데, 그러므로 그에게 교회론은 뼈를 깎는 숙고의 대상이었던 것이다.

최태용은 1936년 《영과 진리》에 발표한 「기독교의 교회적 사명」[66]과 「구체적 실존인 기독교」[67]라는 글을 통해 교회론을 전개했다. 최태용은 당시의 조선 기독교의 교회관에 대해서 "한편에서는 교회를 당연한 것으로서 승인하고 또 종교적인 본능의 미(味)를 오직 교회에서 만족시키려는 경향이 있으며 또 한편에서는 무교회주의 내지는 극단의 무교회가 행해지고 있다"고 한다.[68] 그리고 이러한 두 경향은 모두 문제가 있으므로 교회 문제를 기독교 신학의 과제로서 반성할 필요가 있다고 보았다.

최태용은 교회를 "역사적·사회적인 실존으로서 인간의 요구와 신의 말씀과의 전장(戰場)"으로서 정의했다.[69] 즉 기독교의 구원이 육체를 가진 인간에게 영적인 것을 실현시키는 것이라면 기독교인의 신앙은 인간의 요구와 신의 말씀과의 전투로서 교회도 인간의 요구와 신의 말씀과의 전장이지 않으면 안 된다는 것이다. 최태용은 교회에 있는 약간의 설비와 제도라는 것은 역사적이고 사회적인 존재인 인간이 요구하는 불가피한 것이나, 그것은 언제나 신의 말씀에 복종하고자 하는 용의를 가지고 있지 않으면 안 된다고 생각했다. 그리고 교회의 적극성은 그 제도 설비가 신의 말씀에 의해 부정될

때 비로소 나타나는 것이라고 했다.[70]

이렇게 하여 최태용은 제도로서의 교회가 부정되는 곳에 진정한 교회가 실현된다고 보았다. 또 그는 이러한 제도로서의 교회의 부정은 교회 자체의 존재문제로서 당연히 교회의 내부에서 행해져야만 한다고 생각했다. 이러한 교회관에 근거하여 최태용은 기독교 신앙을 교회라는 제도와 동일시하는 것이 교회주의라고 규정하고 이는 인간의 요구가 신의 말씀보다 우선해 있으므로 이것은 기독교의 본말이 전도된 비(非)기독교라고 비판했다.[71]

최태용은 이러한 논리의 연장선상에서 무교회주의를 논했다. 그는 무교회조의를 본말이 전도된 교회의 교회주의에 대한 반동이라고 보았다.[72] 그리고 그는 무교회주의를 구체적으로는 우치무라가 일본 기독교회의 교회주의적 경향에 반발하여 주장했던 개인적 사상이라고 보고 우치무라의 이러한 무교회주의는 교회주의의 오류를 비판함으로써 시대적인 사명을 마쳤다고 생각했다. 따라서 그는 우치무라의 제자들이 그 시대적 사명이 끝난 무교회주의를 영구적 내용을 지닌 무교회론으로 주장하는 것은 잘못이라고 인식했다.[73] 또 조직적인 교회를 부정하는 무교회의 방법에 의해서는 교회 문제에 대한 적극적인 해결이 불가능하다고 주장했다.[74] 결국 최태용은 진정한 교회의 잘못된 모습으로서 교회주의가 존재하는 한에서 무교회주의는 의미를 가지나 교회가 무교회주의의 비판을 받아들여 신의 말씀에 의해 조직을 상대화시키는 진정한 교회의 모습으로 되돌아가려고 할 때, 무교회주의는 그 존재 이유가 없어지므로 스스로 자취를 감추는 것이 당연하다고 생각했던 것이다.

한편 최태용은 무교회주의의 개인주의적 경향도 비판했다. 최태용은 구원은 신자 개인과 신과의 사이에서 성취되지 않으면 안 된다고 하는 무교회주의의 주장은 정당한 것이나 그것은 신의 말씀을 본위로 하는 교회라면 어떤 교회라도 주장하는 것이라고 한다. 그리고 무교회주의에서는 개인이 지나치게 강조되어 극단적으로 고립된 개인주의가 되기 쉽다고 보았다. 최태용은 "신앙이 생명적이면 생명적일수록 그것은 구체적·현실적·시대적인 것"이 되며 "신앙을 같이하고 사명을 같이하는 사람이 모여 하나의 단체를 구성해서 그 시대에 대처하지 않으면 안 된다. 신앙을 갖고 시대를 의식하는 사람이 어떻게 고립해 있을 수 있겠는가…… 따라서 꼭 어떤 기구가 필요하게 되는데 기독교인의 이러한 의미에서의 기구라는 것은 교회 외에는 없다"고 말하며 교회 조직의 필연성을 주장했다.[75] 그에 의하면 개인적 성사로서 구원받은 신자가 이 세상에서 사명을 의식하며 살기 위해서는 기구가 필요한데 그것은 무교회의 경우도 마찬가지이다. 그런데 이러한 기독교 고유의 기구인 교회에 대한 부정을 그 본질로 하는 무교회는 고립된 개인주의에 지나지 않는다고 생각했던 것이다. 이와 같은 최태용의 무교회주의에 대한 비판[76]에 대해 김교신은 「나의 무교회」,[77] 「대립 항쟁의 대상」,[78] 「우리들의 입장을 시비하지 말라」[79] 등의 글을 써서 이에 대한 반론을 제기했다. 김교신은 주로 최태용의 무교회주의에 대한 이해를 문제 삼았다. 그는 무교회주의라는 것은 "교회와 대립 항쟁하는 곳에 그 존재 이유가 있다"고 하는 최태용의 무교회주의에 대한 이해와 관련해서 최태용은 무교회주의의 원리를 파악하지 못하고 그 외형만을 보고 있는 것에 지나지 않는다고 비판했다.[80] 그리고 자신의 무교회주의는 진정한 에클레시아를 명백히 하기 위해 조직으로서의 교회를 부정하는 것으로, 교회 비판을 그 본질로 삼는 것은 아니라고 말한다. 더욱이 자신의 무교회주의는 교회만을 문제로 삼는 것이 아니라 시대적이고 사회적인 문제에 대해서도 주목하고 있으므로 결코 개인주의로 떨어지지는 않는다고 반박했다.[81]

최태용의 무교회주의에 대한 이해에는 피상적인 점이 있다는 것은 부정할 수 없다. 왜냐하면 최태용은 교회의 조직이라는 면에서 성례전이 필수적인 것으로서 유지될 때 교회는 필연적으로 구원과 불가피한 관계를 맺지 않을 수 없다는 것을 의식하지 못했으며, 따라서 교회와 구원을 분리시키고자 하는 무교회주의의 본질적인 의도도 이해할 수 없었기 때문이다.

그리고 최태용은 무교회주의를 오직 기성 교회에 반대하는 새로운 교회론의 주장으로서 생각했다. 그러나 이러한 무교회주의에 대한 이해는 쓰카모토적인 무교회론에 가까운 것으로 김교신의 '전적(全的) 기독교'로서의 무교회주의와는 상당한 차이가 있는 것이었다.

이렇게 최태용의 무교회주의에 대한 이해는 부분적인 것이기도 했으나 한편으로 무교회적 해결 방법으로는 교회 문제에 대한 적극적인 해결은 불가능하다는 최태용의 무교회주의에 대한 불만을 이해하는 것은 어렵지 않다. 왜냐하면 무교회주의는 성례전을 배제함과 동시에 조직론도 배제해버림으로써 에클레시아가 인간적 조직으로서의 키르헤가 되는 길은 차단시켰으나 구체적으로 에클레시아를 어떻게 건설할 것인가라는 문제에 대해서는 아무런 방법도 제시하고 있지 않기 때문이다. 이 문제에 대해 현재 무교회의 유력한 지도자의 한 사람인 이즈미(泉治典)는 "무교회는 기독교의 중심을 재발견함과 동시에 그 주변을 깨뜨려버렸다. 따라서 파괴한 것을 어떻게 복구하는가 하는 것이 2세대 이후의 사람들의 큰 과제이다"라고 말하고 있다.[82]

무교회주의가 조직적인 에클레시아를 갖지 않는 한 무교회주의의 개인주의적 성향에 대한 최태용의 비판은 적절한 것이라고 할 수 있다. 물론 김교신이 말한 바와 같이 무교회주의자는 그리스도의 재림을 믿고 인간 사회와 전 우주의 구원을 대망한다. 따라서 무교회주의자는 개인의 구원만을 추구한다는 의미에서의 개인주의자는 아니다. 그러나 그리스도의 재림을 대망하는 무교회주의자가 구체적인 에클레시아를 가지지 않는 한 고립된 개인으로서 존재할 수밖에 없다. 따라서 구원받은 개인이 어떠한 에클레시아를 구성해야 하는가라는 문제에 대한 구체적이고 합리적인 조직론의 부재는 김교신의 무교회주의에서도 하나의 문제로서 남아 있다고 할 수 있다.

제8장
'조선산 기독교'의 논리구조와 실천

1. 전통의 창조적 계승과 기독교

1) 조선 기독교의 미국적 형식 비판

1884년 기독교의 전래 이래 조선 기독교 교회는 주로 미국 선교사들에 의해 지도되었다. 통계에 의하면 1920년 당시 조선에는 선교사가 총 343명이 있었는데 그중 미국 선교사가 267명으로 약 80%를 점했다.[1] 조선에 미국인 선교사가 많았다는 것은 조선 선교의 주역이 미국 선교사들이었고 또 조선 기독교에 대해 미국 기독교가 결정적인 영향력을 미치고 있음을 의미했다. 그들은 미국적인 가치기준에서 조선의 재래 문화를 판단했다. 그들은 조선의 문화는 서구 문화에 비해 뒤떨어져 있으며 기독교를 통해 서구 문화를 흡수함으로써만 '문명화'될 수 있다고 확신하고 있었다.[2]

선교사들의 조선에 대한 이러한 편견적 태도는 선교사들 내부에서조차 큰 문제로 지적되었다. 예를 들면 당시 선교사로서 조선에 있었던 피셔(James Earnest Fisher)는 「선교교육과 조선 토착문화에 대한 관계」라는 글에서, 선교사들은 조선을 가리켜 이방(Heathen)이라 부르고 또 그들은 조선 재래의 모든 것을 총괄하여 이방적인 것으로 멸시하고 있다고 쓰고 선교사들의 조선 문화에 대한 몰이해를 지적했다.3)

미국 선교사들의 이 같은 편견의 배후에는 문화적 우월감과 차별의식이 존재했는데, 이는 미국 기독교회의 해외 선교의 논리에서 기인한다. 미국의 해외 선교는 1848년의 멕시코와의 전쟁으로 캘리포니아를 획득하면서 생겨난 '명백한 숙명(Manifest Destiny)'이라는 말이 암시하듯이 팽창주의적 발상과 밀접한 관계를 갖는다.4) '명백한 숙명'의 배후에는 다윈주의에 의한 앵글로색슨족의 우월의식이 있었다. 즉 앵글로색슨족이야말로 생물학적으로 가장 우수한 민족이고 인류 최고의 문명으로 마침내 세계를 지배하는 민족이 된다는 생각이었다.5)

이 '명백한 숙명'을 교회의 입장에서 전 세계로 확대하여 해외 선교의 사상적 기초를 부여한 것은 스트롱(Josia Strong)이었다. 스트롱의 생각은 "우리들은 선택받은 민족이고 미국은 약속의 땅이다"라는 확신에서 출발했다. 그는 "신은 세계 전도를 위해서 앵글로색슨을 이 대륙에 보냈다"고 하고 "그리스도 왕국의 도래를 앞당기고 늦추는 것은 향후 10년 내지 15년간의 미국 기독교도의 손에 달려 있다"고 주장하면서 미국 교회의 세계 전도를 촉구했다.6) 이와 같이 스트롱은 앵글로색슨족의 우월의식에 기초한 미국의 팽창주의 사상을 기독교의 세계 전도에 적용함으로써 미국 기독교도의 성스런 사명이라고 주장한 것이다. 스트롱의 이러한 주장이 큰 원동력의 하나가 되어 1880년대의 미국에서는 선교열이 높아졌다. 많은 미국 기독교인은 '약속의 땅 미국의 성스러운 사명'을 다하기 위해 세계 각지로 나갔다. 특히 신학생 사이에서는 선교 부흥운동을 중심적 과제로 한 '전국신학교연맹(The American Inter-Seminary Alliance)', '해외전도지원자학생운동(Student Volunteer Movement for Foreign Mission)' 등이 조직되었다. 조선에 온 미국 선교사들은 대부분 이들 조직에 속해 있었다.[7] 그리고 그들은 자신이 가진 인종적·문화적 우월의식에 근거하여 미국적 교회를 일방적으로 강요했던 것이다.

따라서 미국인 선교사들에게 주로 기독교를 배운 조선의 기독교인들은 기독교를 진실로 조선의 것으로 살리기 위해서는 기독교의 보편적인 본질과 그것에 형식을 제공했던 역사적·문화적인 산물을 반성적으로 구별해야 했다. 그러나 문화의 존재 기반을 이루는 민족의 독립이 파괴되었던 조선 기독교인들에게 이 문제는 결코 용이한 것이 아니었다. 다른 비서구 제국의 일반적인 경향과 같이 조선에서도 미국은 목표로 삼아야 할 '근대화'의 모델로 생각되었기 때문이다. 특히 일본의 식민지 지배에 대항하던 조선 기독교인 중 많은 사람들은 미국인 선교사를 하나의 중요한 지지세력으로 생각하고 있었던 것이다.[8] 따라서 선교 초기부터 조선 기독교회의 자주성을 세우기 위한 여러 가지 시도가 행해졌는데도 조선 기독교회에는 기독교화를 미국화 내지는 서구화와 혼동하는 경향이 적지 않았다.

그런데 김교신은 미국인 선교사들의 행동양식과 조선 기독교회의 현상을 어떻게 보고 있었을까? 김교신은 조선 문화의 고유의 의의를 알지 못하고 단지 조선인을 '이방인'이라고 부르며 미개인 취급하는 미국인 선교사들의 태도에 분노하면서[9] 미국 기독교는 인종 차별이라는 '죄'를 용인하고 있을 뿐만 아니라 교회생활 자체에서도 기독교 본연의 영적 깊이와 경건함이 결여되어 있다고 인식했다.[10] 즉 미국 기독교는 원래 기독교와는 무관한 황금, 스포츠, 영화, 오락, 사교술 등과 같은 세속적인 사업주의와 사교주의적인 것이 주류를 이루고 있다고 보았다.[11]

이와 같이 인식했던 김교신은 미국 기독교로부터 많은 영향을 받은 조선 기독교 안에도 비기독교적인 요소가 적지 않다고 생각했다. 교회 관계 잡지의 발행부수와 광대한 교회의 건축, 또는 종교집회에서 신자 동원수로써 교회의 성공 여부를 판가름하는 조선 기독교회의 사고방식과 활동을 김교신은 특히 엄하게 비판했다. 그리고 기독교에서 성공이라는 것은 스테판과 바울의 순교, 나아가서는 그리스도의 십자가와 같이 세속적인 기준의 성공을 금욕적으로 거부하는 것에 의해서만 가능하다고 지적하면서 "아동 주일학교에서 헌금을 많이 내는 아이에게 선물을 준다든지 특별히 우대한다"는 교회의 금전에 구애받는 행위는 "종교의 옷을 빌린 천박한 상업주의"라고 비판했다. 그것은 "은밀히 덕을 쌓고 은밀히 보는 하느님에게 보답받기를 기다린다"는 조선인의 재래적인 '은덕(隱德) 사상'을 위협하는 것이라고 생각했다.[12]

김교신은 미국 선교사들의 보수적인 근본주의(Fundamentalism)에 영향받아 자기의 신앙 형태 이외의 것은 모두 이단으로 단죄하는 조선 기독교의 신앙경색증을 비판하고 '學而時習之不亦說乎(배우고 때로 익히면 또한 기쁘지 않겠는가)'라고 하는 유교의 호학(好學)의 태도에서 오히려 배울 것이 많다고 생각했다.[13] 김교신은 기독교가 이러한 문제를 포함한 미국적 기독교라면 믿지 않는 것이 오히려 좋다고 말할 정도였다.[14] 조선의 전통적인 가치의식과 미의식의 깊이에도 미치지 않는 미국적 기독교를 흉내내거나 자민족 우월주의에 빠져 있는 선교사의 일방적인 선교방식을 무비판적으로 수용하려는 조선 기독교의 경향을 '종교적 사업주의'에 의해 '조선인으로서의 자기'를 잃어버린 주체 상실적인 기독교라고 김교신은 인식했다.[15]

김교신은 기독교가 그 본연의 힘을 발휘해서 조선의 역사를 움직이는 종교가 되기 위해서는 '조선의 기독교'가 되지 않으면 안 된다고 생각했다. 따라서 가장 선결적인 과제는 미국 기독교로부터 독립하는 것인데, 그것은 조선 기독교회가 미국적 형식을 제거하고 성서로부터 직접 배우는 것으로써 가능하다고 보았다. 또 김교신은 조선 기독교의 미국 기독교로부터의 독립을 방해하는 큰 원인의 하나는 미국 기독교회에 대한 경제적 의존이라고 생각했다. 때문에 그는 1930년대의 세계 대공황으로 미국으로부터 조선 기독교회에 대한 원조가 끊어졌을 때 그것을 미국 기독교로부터 독립할 절호의 기회로 받아들이고 조선 기독교의 자립 갱생과 독립 전도자의 출현을 촉구했던 것이다.16)

2) 전통의 유산과 기독교

김교신은 기독교가 '조선의 기독교'가 되기 위해서는 조선 기독교 내에 있는 미국적 기독교의 형식을 제거함과 동시에 조선 기독교에 알맞은 '조선적 형식'을 모색해야 한다고 생각했다. 여기에서 먼저 김교신은 조선의 전통문화, 즉 유교 안에서 복음적인 의의가 있는 것을 찾아내고자 했다. 조선에서 유교는, 특히 조선 왕조 시대에 들어와서는 관리채용 제도인 '과거'와 관혼상제를 관장하는 '유례(儒禮)'의 제도적인 보증을 가진 국가 지도이념으로서 장려되어 유교적인 모든 규범은 지배계급뿐 아니라 민중의 의식에까지 깊게 영향을 미치고 있었다.17) 따라서 조선인의 정신적인 활동은 유교라는 형태를 빌어서 표현되는 경우가 많았다고 할 수 있다. 김교신은 이스라엘에서 율법이라는 인간적인 교훈이 그리스도에 의해 완성된 것같이 그리스도의 복음이 전래되기 전의 모든 문화에도 그리스도에 의한 최후의 완성을 기다리는 현자 철인의 교훈이 있다고 보았다. 즉 기독교의 복음이 '천도(天道)'라면 기독교 이전의 현자 철인의 교훈은 '인도(人道)'로 그리스의 소크라테스, 아라비아의 마호멧, 인도의 부처, 중국의 공자 등의 교훈도 이스라엘에서 율법의

역할과 같이 복음전사적(福音前史的)인 의의를 갖는다고 생각했다.18)

김교신은 이교(異敎)의 성현군자들이 그리스도를 모르고 비기독교인으로서 죽었다는 이유만으로 영원의 멸망에 떨어진다는 것은 믿을 수 없다고 말한다.19) 그리고 그리스도의 제자라고 함은 세례 여부와는 무관하게 그리스도의 가르침을 실천하려고 노력하는 사람이므로 비기독교적인 기독교인보다 오히려 조선 유교의 선비들이 그 행동과 품격에서 그리스도의 제자가 될 자격이 있다고 생각했다.20) 즉 유교의 형식을 빌어서 표현된 조선의 재래의 정신이라는 '인도'를 그리스도에 의해 최종적으로 완성시키는 곳에 기독교의 조선적 형식이 있다고 생각했다.

그렇다고 해서 김교신이 조선의 유교적 정신과 기독교가 직접적으로 연결된다고 생각한 것은 아니다. 즉 인간이 자기의 의를 추구하는 수단으로서 악용했던 구약의 율법이 그리스도에 의해 부정됨으로써 역설적으로 완성되는 것같이 '그리스도의 빛'에 의한 비판과 부정을 통해 걸러진 유교 내의 복음적 요소에 기독교를 '접목(接木)'할 필요가 있다고 생각했던 것이다. 여기에서 김교신은 조선 유교 안에 있는 복음적 요소라는 '접태(接台)'를 얻기 위해 유교와 기독교의 상위점을 명백히 하려 했다. 이를 정리하면 다음 네 가지로 요약할 수 있다.

첫째로 현세에 대한 태도를 중심으로 본 유교와 기독교의 차이점이다. 유교의 최고 개념인 천(天) 내지 도(道)는 일종의 우주론적인 종합개념으로 기독교의 신과 같은 초세속적·인격적·윤리적인 존재는 아니다. 천은 우주의 영원한 질서이고 동시에 우주의 운행 그 자체이다.21) 더구나 그 질서는 우주적 질서뿐만 아니라 사회적인 질서도 포함한다. 천은 사회질서의 영속성과 그 절대적 타당성의 수호자이다. 따라서 천은 현세를 넘어서고 전통을 초월하는 것이 아니고 오히려 그것들을 절대적으로 긍정하고 유지한다. 인간이 천의 이법에 따른다는 것은 우주적인 조화에 귀속하는 사회 공동체의 질서에 순응하는 것이다. 이렇게 해서 유교에서는 천을 따른다는 것과 현세의 질서에 순응한다는 것이 거의 긴장 없이 양립할 수 있다.22) 김교신은 이러한 유교도의 현세에 대한 태도를 현세의 질서에서 일탈하지 않게 주의하면서 그 안에 안주하는 '순응주의'라고 생각했다.23)

한편 기독교에서는 기독교의 신이 현세의 질서를 창조했으므로 신은 그 질서에 속해 있는 것이 아니고 그 질서를 초월하여 자신의 의지로써 그것을 창조적으로 형성해나간다. 따라서 신의 명령에 따르는 것과 신의 피조물인 현세의 질서에 따르는 것은 양립 불가능한 대극관계에 있다고 김교신은 생각했다. 즉 기독교의 신의 명령에 따른다는 것은 현세의 질서에 따르는 것을 금욕적으로 지양해서 현세의 소유물을 버리고 세속적인 인간관계에도 속박되지 않고 나아가 자기 자신조차도 희생할 각오를 갖지 않으면 안 된다는 것이다.24) 따라서 김교신에게는 기독교인의 태도와 유교의 현세 순응주의적인 태도는 상반되는 것으로 보였던 것이다.25)

두 번째는 첫 번째 문제와 관련된 것인데 유교도와 기독교인이 현세에서 구하는 이상의 차이이다. 유교에서는 천에 의해 수호되는 현세의 질서가 인간이 생각할 수 있는 가장 좋은 질서라는 낙관적인 세계관에 근거해서 천의 이법에 따른 덕행을 쌓는 것으로 현세 내적인 행복을 구한다.26) 즉 '안전 제일과 중용의 도'를 추구하여 무난(無難), 평안(平安), 원만 등의 현세 내적인 이익에 그 관심이 향해 있다고 김교신은 보았다.27)

이에 반해 기독교에서의 현세는 신의 피조물이므로 신의 '의'를 추구하는 기독교인에 의해 끝없는 비판적 극복과 재형성을 필요로 하는 질서라고 생각한다. 여기에서 김교신은 기독교인은 그리스도의 십자가를 이상으로 해서 이 세상의 부조리와 고통을 스스로의 것으로 짊어지는 '창조적인 수고자(受

苦者)'로서 살아야 한다고 생각했던 것이다.28) 따라서 김교신에게 기독교인의 미래 지향적이고 현세 하강적이라고도 할 수 있는 이상은 유교의 현세 중심적이고 상향적 이상과는 상반되는 것이었다.

세 번째는 윤리의 측면에서 본 유교와 기독교의 차이이다. 기독교에서 윤리라는 것은 인간이 초월적인 신 앞에 서서 내면으로부터 자기의 생활태도를 통일적으로 규정하는 원리이다. 그러나 유교에서 윤리는 초월적인 근거를 갖지 않는다. 왜냐하면 천(天) 자체가 공동체의 사회질서이기 때문이다. 따라서 유교에서 윤리는 현실 질서에 순응하는 형태를 취하지 않을 수 없다. 그것은 구체적으로 주어진 질서에서 자기에게 가장 가깝게 위치한 구체적인 인물에 대해 취해야 할 태도일 뿐이다.29) 즉 군신(君臣), 부자(父子), 부부(夫婦), 장유(長幼), 붕우(朋友)의 오륜(五倫)이다. 이 윤리는 인간의 인격을 내적으로 통일하는 원리가 아니라 오히려 특정의 내용을 갖지 않는 것으로서 인간의 외면적인 생활태도를 기존 질서에 적응시키는 예절이 된다. 따라서 김교신은 인간이 자기 존재를 끊임없이 보편적인 타자에게 개방하고 상호 연대를 통해 신 앞에 도덕적인 책임자로서 서야 한다고 말하는 기독교의 윤리와는 다르게 유교의 윤리는 "어쩔 수 없는 경향으로서 아무리 해도 외적이요 사회적인 규약임을 면치 못한다"는 한계를 지닌다고 보았다.30)

네 번째로서 유교와 기독교의 세계상의 차이를 김교신은 지적한다. 내세에 대해서 '未知生而焉知死乎(삶에 대해서 알지 못하는데 어찌 죽음에 대해 알 수 있겠는가)'라고 하는 유교의 '수평'적인 세계상에 비교해서 기독교는 성서의 처음부터 끝까지 내세의 약속으로 일관하는 수직적인 세계상을 갖고 있다고 지적하고 현세를 내세를 위한 여정으로 위치 짓고 상대화한 것이 기독교의 세계관의 내용을 근본적으로 규정하는 것이라고 생각했다.31)

이상과 같이 기독교의 원리에 근거한 유교 비판을 통해서 김교신은 인간을 신 이외에는 무엇도 두려워하지 않는 인격으로 확립시키고 이 세계의 역사를 비판적 부정을 통해 윤리적으로 형성해가기에는 유교가 한계를 가졌음을 인식하고 있었다. 그러나 다른 한편으로 김교신은 유교를 통해 나타난 조선 정신의 존재 형태에는 기독교와 멀지 않는 유사점이 있다고도 생각했다.

김교신은 기독교인의 최고의 자질은 이스라엘 백성의 역사와 바울이 증명하듯이 신에 대한 신앙과 다른 가치와의 혼존이 허락되지 않는, 즉 전일적(全一的)인 헌신을 드린다는 신앙의 '성실함'에 집약될 수 있다고 생각했다.32) 그리고 최고라고 생각되는 가치에 전일적으로 헌신하기 위해 다른 일체의 것을 버리는 조선 유교도의 정신주의에는 기독교 신앙과 같은 정신적인 '성실함'이 깃들어 있다고 보았다.

김교신은 조선 역사상 의에 대한 절의(節義), 정신적인 정절(貞節)을 고수했던 사람들, 또 윤리 규범을 실천하기 위해 박해받고 순교한 사람들을 존경했다. 예를 들면 조선 왕조의 역성혁명에 반대하여 살해된 고려의 충신 정몽주의 '불사이군(不事二君)'의 절조와 단종 폐위에 반대해 참살되었던 이조의 사육충신(死六忠臣)의 절조를 칭송하고 수절을 위해 옥고를 치렀던 춘향과 효도를 다하기 위해 죽음을 선택한 심청, 또한 '최후의 1인까지' 평화적으로 저항하며 조선의 독립을 호소했던 '3·1 독립선언서'의 정신을 칭송했다.33)

또 김교신은 '朝聞道夕死可(아침에 도를 들으면 저녁에 죽어도 좋다)'라는 한 구절에 집약되어 있는 유교의 정신적 이상주의를 순교적인 자세로 관철한 그들은 기독교의 욥과 십자가에서 죽기까지 신에게 충성을 다했던 그리스도의 실천적 자세에서는 다름이 없다고 보았다.34) 물론 유교의 정신과 기독교의 그것과는 상호 내용이 다르므로 양자가 성실한 헌신을 다한 대상은 다르나, 적어도 그 정신에서는 동일한 것이라고 보았던 것이다. 따라서 김교신은 조선 재래의 이 정신적인 이상주의를 매개로 하면 조선인이 절대자인 신에

게만 충성을 다하는 기독교인이 되는 것은 어렵지 않다고 생각했다.[35]

나아가 김교신은 기독교의 윤리와 유교의 성(誠)의 개념의 유사성을 찾아내고 그것에 주목했다. 유교에서 성은 어떠한 거짓됨도 없는 완전한 사실 그것 자체로 진실무망(眞實無妄)을 의미한다고 해석되고 있다.[36] 따라서 이는 존재론적인 개념임과 동시에 윤리적인 개념이기도 한다. 즉 진실무망인 성은 천의 길, 즉 우주원리이고 그것에 따라 성스러워지려고 노력하는 것이 인간의 길이라고 한다.[37] 따라서 유교의 오륜은 성에 이르러서 완성된다고 한다.

김교신은 천에 치성(致誠)을 다해 따름으로써 자기를 완성하는 '성의 사상'에 수렴되는 유교의 윤리적 자세에서, 품성과 심정을 다해 진실인 신을 섬기려는 기독교의 윤리적인 자세의 유비(類比)를 찾아내려고 했다. 여기에서 조선의 대표적인 석유(碩儒)였던 율곡과 퇴계가 보여준 '치성'을 다윗, 리빙스턴, 링컨 등의 기독교인의 신앙의 형태와 같다고 간주했다.[38] 또 기독교의 기도를 유교의 '치성'에 가까운 것으로 보고 "기도는 신과 인간 사이의 성(誠)의 유전, 진실의 교환이다"라고 생각했다.[39]

김교신은 이러한 강한 윤리적 지향성을 가진 정신적 이상주의라는 조선의 재래 정신의 존재 형태를 기독교가 전래되어 오기 이전의 조선 문화에 길들여 있는 복음적인 요소로 보고 거기에 기독교를 접목시키려고 했다. 즉 성에 이르는 것을 최종 목표로 한다 하더라도 윤리적인 선(善)을 사회적인 질서 안에서 위치 지어진 자기에게 가장 가까이 있는 사람에게 한한다는 한계를 갖고 있고, 그 때문에 개별적이고 피상적인 유교 윤리를 기독교에 의해 재구성하려고 한 것이다. "아비나 어미를 나보다 더 사랑하는 자는 내게 합당치 아니하고 아들이나 딸을 나보다 더 사랑하는 자도 내게 합당치 아니하고"(마태복음 10:37)라고 말한 그리스도를 본받아 성을 지향하는 인간의 정신은 지상의 질서에 속박되는 것 없이 신을 향해 지상의 질서를 넘어서서 보편으로 확대되어야 한다고 김교신은 생각했다.⁴⁰⁾ 더욱이 유교도가 지향하는 윤리적 행위는 윤리적인 덕을 소유하기 위해, 즉 '자기의 의로움'을 세우려는 목적에서 행해지는 것이 아니라 "우리의 마음에 사랑을 넘치게" 할 때 비로소 완전히 행해지는 것이라고 김교신은 보았다.⁴¹⁾ 즉 김교신은 조선 유교의 윤리적 이상주의를 보편적인 타자의 괴로움에 대가를 바라지 않고 연대하는 '사랑'의 실천이라는 기독교의 신앙과 연결함으로써 조선 유교도의 정신이 "형식으로서는 파괴되고 내용으로서는 완전한 의미에서 성취된다"고 생각했던 것이다.⁴²⁾

정신의 영원성이라는 것은 단조한 불변의 영원성이 아니다. 오히려 역사적인 생명의 영원성이지 않으면 안 된다.⁴³⁾ '정신' 안에서 늘 인간이 살아 움직이기 위해서는 '정신'은 그 근저에서 맥박 치며 계속 살아 움직이는 원리여야 하기 때문이다. 따라서 늘 깨어 있는 '정신'을 위해서는 낡은 전통 안에서 잠자는 것이 아니라 부정을 매개로 해서 언제나 그 원리를 새롭게 주체적으로 재포착하는, 말하자면 전통의 창조적인 지속이라는 계승양식이 필요하다. 김교신은 유교의 형태 안에 머무르는 정신적이며 윤리적인 이상주의를 조선의 정신적 전통으로 보고 기독교적인 '사랑'의 원리를 매개해서 그 '형태'를 지양함으로써 '원리'를 살려내고자 했다. 즉 유교 윤리의 서열적인 개별주의를 보편적인 타자에 대한 사랑으로 보편화하고 나아가 윤리 그 자체를 신이라는 절대적인 부정의 시점에 근거해 상대화함으로써 윤리적 이상주의에 항상 부수되는 독선적인 영웅주의를 극복하려 했다고 말할 수 있다.

조선의 정신적인 전통을 기독교를 매개로 해서 창조적으로 지속시키려고 하는 김교신의 이러한 전통 계승의 양식에서 특히 주목할 만한 것은 외래의 종교인 기독교를 전통으로부터의 탈출과 배제를 위한 매개로서가 아니라 전통을 내재적으로 극복하는 매개로서 파악한 점이다. 여기에서 기독교는 김

교신에게 민족적 아이덴티티의 주체적인 형성력이 될 수 있었던 것이다.44)

2. 역사 형성과 '창조적 수고자'

1) 조선의 역사 방향과 기독교

김교신은 조선적인 기독교의 존재 형태를 모색할 때 조선의 정신적인 전통을 기독교라는 매개를 거쳐서 창조적으로 계승할 뿐 아니라 조선의 현재와 미래의 역사에 기독교의 원리를 연결하는 것이 필수불가결하다고 생각했다. 김교신은 역사란 근본적으로 신의 '아가페'의 실현을 목적으로 하고 더욱이 신의 '아가페'에 의해 전개되고 보존된다는 함석헌과 입장을 같이했다.45) 즉 역사라는 것은 "민족과 민족 사이에서 신의를, 사람과 사람 사이에서 경애"를 실현할 수 있게 하는 '도덕적인 진리'를 사람들에게 배우게 해서 역사의 근저에 감추어져 있는 신을 깨닫게 하는 무대로서, 세계의 역사는 '힘은 정의다'라고 하는 비도덕적인 허위를 타파하고 '정의는 힘을 이긴다'라고 하는 신의 역사 지배의 '철칙'을 증명해왔다고 김교신은 인식했다.46)

이러한 역사관에 근거해 김교신은 오늘의 시대는 '힘이 정의다'라는 허망한 미몽에 취해 있는 시대이고 국가와 민족의 죄악을 미화하고 칭송하는 인간의 집단 이기주의의 시대라고 생각했다. 여기에서 김교신은 "개인과 국가의 도덕적인 표준에 차이를 허용하지 않을 뿐 아니라 도리어 민족 또는 국가의 범죄를 한층 더 엄혹하게 상세하게 심판하여 세계 역사상에 이를 뚜렷이 제시"함으로써 신을 향해 세계사를 다시 변혁해야 한다고 생각했다.47)

그러면 김교신에게 역사 변혁의 구체적 방법은 어떠한 것이었을까? 이 문제에 관한 김교신의 생각의 원점은 '무자격성'의 각성과 관철이었다. 이것은 타자를 자기의 욕망을 위한 수단으로서 보고 착취와 지배의 대상으로 삼으려는 인간의 자기 중식적인 욕망인 '타자 비존재화(他者 非存在化)의 죄'를 끊임없이 내면적으로 자기 정화하는 것이었다. 그러나 김교신은 이 '죄'의 내면적인 자기 정화로서의 '무자격성'의 자각은 역사의 변혁을 지향하는 경우 상실해서는 안 되는 원점이지만 변혁을 만들어내기에는 소극적인 출발점에 지나지 않는다고 생각했다.[48] 여기에서 김교신은 역사의 변혁을 가능하게 하는 보다 적극적인 자세는 불의가 만들어낸 고난을 스스로가 짊어지는 '자기수고(自己受苦)'의 자세라고 생각했다.[49] 즉 김교신은 불의에 의해 짓밟힌 '신의 사랑과 정의'를 이 세계에 다시 명백히 드러낼 역사의 변혁을 위해서는 불의로 고통받는 사람들과 연대해서 불의를 고발하고 저항함으로써 스스로가 역사의 불의를 짊어지고 정화하지 않으면 안 된다고 생각했던 것이다.

김교신은 불의가 집약적으로 나타나고 있는 식민지 조선에서 사는 모든 조선인들은 이 역사 창조의 '자기수고'를 자각적으로 짊어져야만 한다고 생각했다. 특히 조선의 기독교인들에게 역사에 대한 '자기수고'는 피할 수 없는 책무라고 보았다.[50] 그리고 조선사에 있는 모든 불의에 저항함과 동시에 그 불의에 무방비적으로 상처받고 있는 "가장 빈색궁천(貧塞窮賤)한 자"의 최후의 한 사람이 "자기회복"할 때까지 기독교인은 자기를 바치는 "열애(熱愛)"의 책무를 지고 있다고 주장했다.[51] 나아가 김교신은 조선 사회의 최저변으로부터 불의의 상처를 치유하고 '자기회복'을 꾀하는 것은 조선 역사에 집중된 불의를 분쇄하여 세계사의 불의를 정화하는 것과 표리일체를 이룬다고 보았다.[52] 이러한 역사 창조적인 '자기수고'의 자세가 망국의 슬픔을 체험한 조선인에게 합당한 '애국심'의 형태이고 조선인 한 사람 한 사람이 이 애국심에 자각적으로 분기하는 것이 조선 독립의 길이라고 보았다.[53] 김교신이 생각하는 역사 형성에 대한 기독교인의 자세는 불의에서 오는 고난을 스스로 짊어지는 '자기수고'의 자세를 통해서 불의를 정화함으로써 역사의 윤리성을 회복하고 신의 윤리를 역사에 구현하는 것이었다.

그럼 여기에서 김교신의 '조선산 기독교'론을 정리해보자. 김교신에게 '조선산 기독교'라는 것은 성서라는 보편적인 진리를 조선이라는 개별적이고 구체적인 장에 서서 받아들이고(Bible and Korea), 성서의 진리를 조선의 문화와 역사의 방향성을 결정하는 사상적 원점으로서 세우는 것(Bible to Korea)에 의해, 조선을 신의 세계 질서를 대망하며 계속해 증거하는 존재로(Bible on The Korea) 형성시켜나가는, 말하자면 조선적 기독교의 존재 양식을 모색한 논리였다.54)

그것은 신이라는 절대적인 시점을 갖고 현세의 질서를 상대화해 초월한다는 '무자격성'의 각성과 역사 현실 안에서 고난을 스스로 짊어지면서 역사를 창조적으로 형성해나간다는 '창조적인 자기수고,' 이 두 가지를 축으로 해서 역사를 내재적으로 초월하며 창조해가는 구조였다.

이러한 논리구조를 가진 '조선산 기독교'는 구체적인 역사 현실의 장에서 기독교의 진리를 구현하려 했던 김교신의 주체적이고 실천적인 신앙의 자세였다. 그것은 불의에 의해 억압받던 민족의 역사를 창조적으로 형성함과 동시에 신이라는 절대적인 시점에 서서 민족을 상대화하려는 김교신의 민족적 아이덴티티의 표명이기도 했다.

2) '조선산 기독교'를 산다는 것

일본은 조선의 식민지 지배의 전 기간에 걸쳐서 조선 기독교에 대해 계속해서 적대적인 정책을 취해왔다. 그 목적은 조선 기독교의 민족주의적인 색

채를 탈색시키는 것에 있었다.[55] 특히 1930년대에 들어와서는 신사참배의 강요로 신교의 자유조차도 허락하지 않았다. 1938년에 결정된 조선 총독부의 기독교에 대한 지도대책은 다음과 같았다.

1. 시국 인식의 철저를 위해 야소교 교역자 좌담회를 개최해서 지도 계몽에 힘쓰고 그것을 통해서 일반교도의 계몽에 임하게 할 것.
2. 시국 인식의 철저를 위한 지도 및 시설.
    1) 교회당에는 가능한 한 국기 게양탑을 건설시킬 것. 건설할 수 없는 경우에도 축제일 또는 이에 상응하는 날에는 국기를 게양시킬 것.
    2) 야소교도의 국기에 대한 경례, 동방요배, 국가 봉창, 황국 신민의 서사 제창 등을 실시시킬 것과 동시에 전승 축하회, 출정 황군의 환송영(歡送迎) 등 국가적 행사에는 일반 민중과 같이 적극적인 참가를 종용할 것.
    3) 학교 생도의 신사참배는 국민 교육상 절대 필요한 것이나 일반 야소교도의 신사참배에 대해서는 지방의 실정을 참작해 먼저 교도의 신사에 대한 관념을 시정하고 이해시켜 강제로 하지는 말고 실효를 거두도록 지도할 것.
    4) 서력(西曆) 연호는 역사적 사실을 증명하는 경우 외에는 가능한 한 사용하지 않도록 습관 들일 것.
3. 외국인 선교사에 대한 이상 각 항의 실시는 선교사의 주관에 맡길 것.
4. 찬미가, 기도문, 설교 등에서 그 내용 중 불온한 것에 대해서는 출판물의 검열 등에 의해 엄중하게 취조할 것.
5. 당국의 지도 실시에 대해 그것을 긍정하지 않는 불온한 교도에 대해서 만부득이할 경우에는 관계 법규(행정 집행령, 경찰범 처벌 규칙, 그 외 등등)를 활용해 합법적으로 조치할 것.
6. 국체(國體)에 적합한 야소교의 신건설 운동에 대해서는 그 내용을 엄밀히 검토

해서 목적이 순진하고 장래의 성과가 기대되는 것에 대해서는 적극적으로 원조해줄 것.56)

총독부의 기독교 지도대책의 목표는 국체에 맞는 '일본적 기독교'로 만드는 것이었고 그 방법의 하나로 신사참배가 중요시되었다. 신사참배는 조선 기독교인에게는 기독교의 신앙을 지킬 것인가 아닌가의 문제뿐만 아니라, 일본적 기독교가 될 것인가 아닌가의 지표가 되는 문제이기도 했고 그러한 의미에서 그것은 민족적인 양심을 지킬 것인가 말 것인가의 문제이기도 했다.

1935년부터 시작된 조선 기독교인의 신사참배 거부투쟁은 1945년까지 끈기 있게 전개되어 폐쇄된 교회가 200개, 투옥된 기독교인은 약 2,000명, 옥사자는 50여 명에 달했다.57) 그런데도 결국 조선 기독교는 일본 기독교단의 일부로 편입되게 되었다.58) 이 시대는 조선 기독교에서는 말 그대로 수난의 시대였다.

김교신은 이 시기를 '비상시 순교를 요구하는 시대'로 인식하고 1937년에는 교회 비판을 일절 중지할 것을 선언했다.59) 김교신은 다음과 같이 말한다.

> 무교회인이 대립 항쟁하는 대상이 하나 있다. 그것은 무릇 진리를 거스르는 자를 향하여 선전포고하는 일이니…… 가이사의 것은 가이사에게 주되 하나님의 것은 하나님 아버지께만 바치고자 하는 무리는 모조리 — 교회 안에 있거나 밖에 있거나 힘을 다하여 싸워야 할 시대를 당했다. 순교의 피를 뿌려야만 진리의 종교를 판별하게 된 세대이다. 이러한 세대인 고로 구원이 교회 안에 있다, 밖에 있다 하는 논쟁에는 우리는 흥미를 잃었다.60)

그리고 "이번 싸움은 여호와를 경배하는 모든 무리가 협력하여 당해야 할 싸움"이라고 규정했다.61) 즉 김교신은 오늘의 시대는 이미 건설적인 비판을 통해서 자기 혁신을 꾀할 시기가 아니고 단지 그리스도에 속하는 사람들로써 일본의 국가주의에 대항해서 신앙의 순수성을 지킬 때라고 생각했던 것이다.

이러한 상황 속에서 교사로서 김교신이 가장 중시한 교육목표는 '진리의 구도에 의한 자기 확립'이었다. 김교신은 교육이라는 것은 인간의 귀중한 영혼에 관계되는 것으로 그 목표는 '신 이외의 어떤 것도 두려워하지 않는' 내면적인 인격을 형성하는 것에 있다고 생각했다.62)

그리고 그 방법으로 김교신은 인간의 귀중함을 무시하는 대량생산적인 속성의 방법을 비판하고63) 스승과 제자의 인격적인 만남 안에서 진리를 함께 구하면서 그 인격적인 감화를 통해 '자기'를 형성해간다는, 말하자면 종교적인 구도와 같은 '점진적인 만성'의 방법이 있을 뿐이라고 주장했다.64)

교사로서 김교신의 이러한 모습에 대해서 베를린 올림픽의 마라톤 우승자이고 양정고등보통학교의 제자였던 손기정은 "나는 지금까지 선생과 같이 진실된 교육자 그리고 애국을 여러 가지 면에서 스스로 실천해온 분은 본 적이 없다. 선생은 실로 큰 분이셨다"고 증언한다.65)

한편 김교신은 모든 조선의 소년이 "보통 교육을 받고 바울을 읽고 예수의 복음을 들을 수" 있게 되도록 교육 보급에도 힘을 기울여 '일면일교(一面一校)'를 주장하고 스스로도 '북한학원'이라는 야학교를 설립했다.66) 그리고 일본 지배의 필연성을 부정하고 바른 조선상을 가지게 하기 위한 민족 교육에도 힘을 기울였다. 그때 지리학을 전공했던 김교신에게 특히 문제가 된 것은 소위 '반도정체론(半島停滯論)'이었다. '반도정체론'이란 반도로서의 조선은 위치가 지정학적으로 불리하여 정체되어감에 따라 식민지가 될 수밖에 없다는 것으로 조선의 식민지화를 정당화하는 논리였다.67)

김교신은 이러한 '반도정체론'을 극복하기 위해 스스로 「조선지리소고(朝鮮地理小考)」라는 논문을 써서, 반도의 위치는 "넉넉히 한 살림을 부지(扶支)할 만한 강산이요, 넉넉히 인류 역사에 큰 공헌을 제공할 활(活)무대다"라고 주장했다.68) 또한 김교신은 일본 중심의 교과내용에 반대하여 조선의 역사와 지리를 가르치기도 하고 수업 시 금지되어 있던 조선어를 사용하여 일본 관헌으로부터 요주의 인물로 간주되었다.69) 그런데도 김교신은 잡지 《성서조선》을 통해서 일본의 정책을 계속해서 비판했다. 김교신은 당시를 인류의 정신적인 유산의 모든 것이 압살되는 '암흑의 시대'라고 말하며 전쟁 의욕의 고취에 분주하고 있는 언론기관을 '조작 선전의 기관'이라고 비판했다.70) 특히 '황민화' 정책이 강제됐을 때 김교신은 "슬픔을 표현하는 것조차 허락되지 않는다"고 하면서 '황민화' 정책에 협력했던 윤치호와 같은 대일 협력자를 비판했다.71)

이와 같은 김교신의 활동은 일본의 탄압으로부터 벗어날 수 없었다. 식민지 당국은 《성서조선》 1942년 3월호의 권두문의 내용을 문제시하여 김교신 등을 체포했다. 원인이 된 권두문의 일부를 인용해보자.

> 이 반상에서 혹은 가늘게 혹은 크게 기구(祈求)하며 또한 찬송하고 보면 전후좌우로 엉금엉금 기어오는 것은 담 속에서 암색(暗色)에 적응하며 보호색을 이루운 개구리들이다. 산중에 대변사가 생겼다는 표정으로 신래(新來)의 객에 접근하는 친구 와군(蛙君)들 때로는 오륙 마리 때로는 칠팔 마리 늦은 가을도 지나서 담상(潭上)에 엷은 어름이 불기 시작함에 따라서 군(君)들의 거동이 일부일(日復日) 완만하여지다가 내종 두꺼운 어름이 투명(透明)을 가리운 후로는 기도와 찬송의 음파가 저들의 이막(耳膜)에 닿는지 안 닿는지 알 길이 없었다. 이렇게 격조하기 무릇 수개월 여(數個月 餘)!

봄비 쏟아지는 날 새벽 이 바위 틈의 빙괴도 드디어 풀리는 날이 왔다. 오래간만에 친구의 안부를 살피고저 담 속을 굽으려 찾았더니 오호라 개구리의 시체 두세 마리 담(潭) 꼬리에 부유하고 있지 않는가!

짐작컨대 지난겨울의 비상한 혹한에 작은 담수(潭水)의 밑바닥까지 얼어서 이 참사가 생긴 모양이다. 예년(例年)에는 얼지 않았던 데까지 얼어붙은 까닭인 듯. 동사한 개구리 시체를 모아 장사해주고 보니 담저(潭底)에 아직 두어 마리 기어 다닌다. 아, 전멸(全滅)은 면했나 보다!72)

김교신이 살았던 시대는 모든 정치적인 언어가 박탈된 시대였는데 이 권두문에서 김교신은 조선인을 개구리에 일본의 조선지배 정책을 혹한에 비유하여 고난을 넘어서서 민족의 부활이 오는 날을 묵시적으로 서술한 내용이었다. 이 '성서조선 사건'으로 전국 각지의 《성서조선》의 지우(誌友) 약 400명이 관헌의 취조를 받아 김교신, 함석헌, 송두용 등 13명은 1년간 투옥되었다. 김교신은 형사의 취조에 대해 "그리스도와 인연이 끊어지는 경우가 있어도 나는 이 조선을 사랑하지 않을 수 없다"고 말했다고 한다.73)

1944년 출옥 후 교직도 전도활동도 불가능하게 된 김교신은 일본 질소비료흥남공장의 조선인 노동자주택 관리계의 계장으로 입사했다. 여기에는 조선인 노동자가 5,000여 명 남짓 일하고 있었다. 김교신은 조선인 노동자의 생활 개선과 인격적인 각성에 힘을 기울였다. 김교신은 감시 속에서도 노동자들에게 한글을 가르치고 노동자들이 사용하는 석탄차를 스스로 끌기도 하고 하수도와 변소 청소를 자진해서 행해 모범을 보였다고 전해진다.74) 그러나 김교신은 발진티푸스에 감염된 노동자들을 간병하는 도중 스스로도 감염되어 '해방'을 3개월 앞둔 1945년 4월 25일 병사했다.

김교신은 최후로 "나의 40 평생에 처음으로 이 공장에서 민족을 내 체온 속에서 만나보았소"라고 말했다고 한다.75) 이 김교신의 최후의 말은 노동자와의 생활을 통해서 '자기수고'에 의한 역사 창조의 태동을 민중 안에서 인식한 것을 의미했다고 볼 수 있다. '고난'을 스스로의 것으로서 받아들여 신에게 받은 자기 인격에 각성되어 스스로를 회복해가는 민중의 모습으로부터 민족의 독립과 재생을 김교신은 몸으로 실감할 수 있었을 것이다. 그리고 그 체험은 아무리 해도 씻을 수 없었던 '선각자'의 우울과 고독의 비애감으로부터 그를 구하는 것이었음에 틀림없다.

김교신은 늘 수평을 깨고 수직으로 성장해가는 포플러 나무와 자신을 동일시했는데,76) 김교신이 최후에 본 비전은 더 이상 혼자서 비통을 짊어진 한 그루의 포플러 나무가 아니고 병렬한 포플러의 가로수와 같이, 수평을 깨고 수직으로 서 있으면서 끊임없이 수평과 연대하는 인간의 생명의 대행진이었다고 할 것이다.

총괄과 전망

　지금까지 식민지 조선에서 기독교인으로서 생을 마쳤던 지식인 두 사람의 사상을 고찰했다. 여기에서 윤치호와 김교신의 사상을 간단히 정리하면서 본고의 과제인 근대 조선에서 민족적 아이덴티티와 기독교의 관계 양식을 생각해보자.

　기독교에 입교하기 전, 윤치호는 '화(華)=강국=서구적인 것, 이(夷)=약국=비서구적인 것'이라는 '화이적 세계관'을 갖고 있었다. 그리고 쇠퇴해가는 조선 사회를 개혁하기 위해 서구적 정치행정 시스템의 도입과 군주주도의 '안민(安民)의 정치 이상' 실현을 두 축으로 한 내정개혁론을 주장했는데 그 목적은 어디까지나 '서구화'에 의한 '유교적 정치의 실현'에 있었다. 수신의 완성을 꾀하는 윤리적인 희구에서 기독교에 입교한 후에도 여전히 유교적인 세계관을 갖고 있었다. 그러나 광대한 부를 자랑하는 미국 사회를 직접 체험함으로써 윤치호는 모든 비서구 제국이 추구해야 할 유일한 가치는 '서구화'에 있다고 파악했다. 그리고 당시 사회에서 유행했던 미국적 '사회진화론'을 흡수하여 열등자에 대한 차별과 정복은 신의 뜻에 합당하다는 '비적자(非適者)의 배제론'에 공명했다. 여기서 비로소 윤치호는 유교적인 세계관에서 탈피할 수 있게 되는데 그것은 '산업문명국=선자=영원의 지복, 비산업 야만국=악자=영원의 멸망'이라는 이치론적(二値論的)인 가치 평가에 의해 유지되는 일원적 세계관을 획득함으로써 가능했던 것이었다.

이러한 세계관을 형성했던 윤치호에게 기독교의 신은 근대 산업 문명이라는 지고의 가치를 수호하는 신이고 세계의 역사는 '적자생존의 원리'에 따라서 신적 목표를 실현해가는 무대였다. 따라서 그의 신앙은 산업사회의 '향상주의적 금욕'의 에토스를 자기 강제하는 윤리이고(현교), 동시에 '부정된 존재'인 자신을 보호하는 '신의 사랑'에 합일함에 의해서 자기의 안태(安泰)와 휴식을 얻으려는 정서(밀교)이었다.

한편 역사적 현실에서 미국 사회의 인종 차별을 경험한 윤치호는 황색 인종의 문명국인 일본에 편입하여 존경과 증오의 대상인 서구에 반역을 꿈꾸게 되었다. 그는 일본을 '대리적인 마음의 조국'으로서, 이상 사회로서 그리고 조선을 '부정적' 사회로서 전자에 대비시켰다. 나아가 그는 약자인 조선의 식민지화는 '신의 벌'로서 당연한 보답일 뿐 아니라 강자 일본의 행위는 조선의 교육을 위해서도 필요하다고 보았다.

그러나 제국주의 국가의 자기 정당화의 논리를 내재화하여 일본을 '대리적인 마음의 조국'으로 생각했던 윤치호에 대해서도 식민지 권력은 박해를 가해왔다. '105인 사건'을 계기로 '계모'와 같은 존재로서 식민지 권력의 공포를 경험하게 된 것이다. 그리고 강자의 행위를 약자에 대한 교육적 의미를 지닌 도덕적인 것으로 정당화하려 했던 종래의 사고방식에서 강함 자체를 최상의 가치로 여기는 사고방식으로 변해갔다. 즉 강자의 불의를 투쟁으로 획득한 정당한 권리로 받아들임으로써 강자의 행위에서 윤리성이라는 측면이 완전히 탈락되어 강함만이 최고의 가치라는 사고방식으로 변용된 것이다. 따라서 그의 세계관은 '산업문명국＝선＝영원의 지복, 비산업문명국＝악＝영원의 멸망'이라는 도식에서 '강자＝지배＝약탈, 약자＝복종＝피박탈'이라는 도식으로 변용되었다. 이에 대응해서 그의 기독교 신앙도 사회적 기능과 역할을 잃어버리고 오직 개인적 향상만을 목적으로 하는 '현세 내적 금욕'의 에토스를 스스로에게 강제하며 개인적 안태를 보장받으려는 사사적이고 보신적인 성격의 것으로 변용되었다.

이렇게 해서 윤치호는 민족적 니힐리즘에 빠져 '조선 독립 불가능론'을 주장하고 식민지 질서의 합법적 테두리 안에서 개인적 활동을 전개했으나 1930년대 후반에 들어서는 적극적인 친일 행동을 취하게 된다. 그 배경에는 식민지 당국의 '황민화' 정책과 '흥업구락부 사건' 등 윤치호에 대한 권력의 외적 강제도 있었지만 한편으로는 일본의 전쟁 확대와 승리라는 상황을 자신의 '강자 지배' 세계관의 실증으로서 인식했던 그의 내재적인 세계관의 논리도 크게 작용하고 있었다. 또 하나 주목해야 할 요인은 전쟁 확대를 위해 조선 청년들에게 '병역'이 강제된 것을 지금까지 행해졌던 조선인에 대한 차별을 없애기 위한 증거로서 착각하고 '내선일체'를 근간으로 한 민족말살 정책이었던 '황민화' 정책을 양 민족의 진정한 평등융합 정책으로 이해했다는 점을 들 수 있다.

그런데 민족의 역사적 주체성과 그 미래까지 사장(死藏)시켜버릴 정도로 윤치호를 사로잡았던 메이지 일본에 편입하고 싶은 욕망은 도대체 어떤 영역에서 또 어디까지 만족될 수 있는 것이었을까? 윤치호의 정신구조와 메이지 일본의 정신구조 사이에는 일정한 유사점이 보인다. 양자는 다 같이 서구 근대가 비서구에게 강요한 '열등자의 아이덴티티'에 압도되어 그들이 말하는 '열등성'을 아시아에 전이함으로써 그 공포로부터 벗어나려 했던 것이다.[1] 그러나 동일한 정신구조를 갖고 있었다 하더라도 그것을 살아가는 양자의 자세에는 큰 차이가 있다. 일본은 서구가 만들어낸 '우등자의 아이덴티티'를 스스로의 '유사 아이덴티티'로서 수용하고 서구라는 '부친'을 언젠가는 때려눕히겠다는 소년과 같은 오이디푸스 콤플렉스에 사로잡힘과 동시에, 아시아에 대해서는 존대한 자기만족에 빠질 수 있었다.[2]

한편 윤치호는 '부친'에게 반역을 도모하는 일본이라는 '형님'과 자기를 동일화시킴으로써 콤플렉스에서 도피하려는, 한층 더 유약한 유아와 같은 자아의 소유자였다. 여기서 윤치호는 '내적(內的)인 조국'을 일본에 둔다는 형태의 '유사 아이덴티티'를 획득함으로써 스스로를 자기 민족의 외부에 두고 자기 민족에게 오직 '열등자의 아이덴티티'를 강요함으로써 서구가 강제한 '열등성'에 대한 공포를 벗어나려 했던 것이다. 따라서 윤치호의 정신구조와 근대 일본의 정신구조가 내용적으로 완벽한 일치를 보인 곳은 아시아, 특히 조선에 대한 작위적인 가치 박탈이었다.

일본의 조선 지배를 정당화하는 이론적 근거 역할을 했던 '조선 역사 정체사론'의 모반을 이룬 것은 일본 사회과학의 발전에 큰 공헌을 남겼다는 후쿠다(福田德三)였다. 1898년에서 1901년까지 독일에 유학하고 귀국한 후쿠다는 일본의 봉건제를 서양형의 '기사적' 봉건제라고 강변하고, 일본의 역사 발전을 서구와 동일한 '질서 있는 진화'로 변증하려 했다. 그리고 그것을 뒤쪽으로부터 논증하기 위해 조선을 끌어들여 일방적으로 그 가치를 박탈했다. 1902년 그가 발표했던 「조선의 경제조직과 경제단위」 중에서 국가라는 개념으로 조선의 정치조직을 말하는 것 자체가 이미 적당치 못하다고 말하고 조선의 역사가 19세기 말까지 고대사회 말기의 단계에 있었다는 중세부재론을 주장했다.[3] 조선 역사의 정체후진론, 중세부재론에 근거해서 조선의 식민지화를 필연화하려 했던 후쿠다의 논리는 그 후에도 구로마사(黑正嚴), 가

와이(河合弘民), 시가타(四方博) 등에 이어져 소위 조선 식민지 사관의 뼈대를 이루었다.[4]

윤치호의 논리는 이 일본의 조선 식민지사관의 논리와 일치하는 것이었다. 조선 민족 열등관에 근거하여 서구에 적대적 추종과 식민지인 조국 조선에 대한 증오를 가지고 '대일본 제국의 레일'을 밟으려 했다. 그러나 식민지 조선인인 그에게 그 레일은 다름 아닌 자기 파멸의 길이 되지 않을 수 없었던 것이다.

한편 민족으로서의 존속조차 위협받았던 식민지라는 상황에서 조선인은 자기실현의 장(場)을 잃어버리고 끝없이 자기 아이덴티티와 그것에 직결되는 민족적 아이덴티티의 붕괴 위기에 처해 있었지만, 조선인의 고뇌와 갈등에는 민족적 아이덴티티의 재구성과 역사의 창조적 변혁을 위한 태동이 힘차게 맥박치고 있었다. 구체적인 역사 현실의 장에서 기독교의 진리를 구현하려 했던 김교신은 그리스도의 십자가의 의의를 '신의 정의의 분노'와 '신의 사랑'과의 이원성에 의해 매개된 일원적 '사랑'으로 이해했다. 그리고 '죽음과 싸워 이긴' 그리스도의 부활은 '죄'로서의 세계의 역사가 끝나고 '신의 나라'의 도래가 시작된 세계 역사의 전환점이라고 인식했다. 나아가 김교신은 세계 구원의 완성인 그리스도의 재림을 인간적 절망과 비관을 넘어서서 어떠한 고난에도 희망과 기대를 유지하기에 충분한 힘을 주는 절대적인 예언이라고 이해했다.

이러한 김교신의 신앙이 민족 역사의 고난의 한 가운데에서 기독교인으로서 살아가려는 그의 삶의 원동력을 이루었다. 그리스도의 십자가의 대속에 의해 무대가로 구원된다는, 구원에서 '무자격성'을 자각했던 김교신은 이 무형의 '무자격성'은 '이웃 사랑'이라는 실천에 의해 유형화되고 관철될 수 있다고 생각했다. 즉 '무자격성'의 자각과 '이웃 사랑' 실천으로 '신의 정의와 사랑'을 역사 안에서 구현하는 '신의 도구'가 되는 것이 기독교인의 삶의 자세라고 생각했던 것이다.

이렇게 해서 기독교인은 인식과 행위의 개적(個的) 주체로서 자아를 확립함과 동시에 그러한 자기 존재를 신앙을 매개로 해서 보편적인 타자에게 개방함으로써 '근대인'을 초극할 수 있다고 김교신은 생각했다. 그리고 내적 자유를 획득했던 기독교인의 행위는 '근대인'의 경쟁과 성과 중심, 즉 목표 상실의 행동강박증과 그 필연적 귀결인 '이웃 사람 부재의 반애타성'을 극복하는 것이라고 생각했다. 이러한 그의 '근대초극' 사상은 민족적 아이덴티티를 모색하는 작업에서 입구이면서 동시에 출구를 이루는 사상적인 원점이었다고 할 수 있다.

한편 김교신은 우치무라의 무교회주의를 주체적으로 계승하여 기독교인의 전 존재 영역에서 '신 절대중심주의'에 근거하여 살려는 '전적 기독교'의 신앙적 입장을 표방했는데, 이러한 김교신에게 무교회주의라는 것은 반교회주의의 개념이라기보다는 교회를 무한 확대해서 내재화한 개념이었다고 할 수 있다. 김교신의 기독교 신앙의 특징은 신에 대한 무형의 신앙이라는 수직의 주선을 역사 현실 안에서 기독교인의 '이웃 사랑'의 유형의 삶이라는 수평의 보조선으로 뒷받치고 이 수직선과 수평선의 교착점에 자기 존재를 둠으로써 '구원받는 존재=무자격의 존재'라고 하는 자기 확립과 동시에 자기 상대화의 삶을 끝까지 살아가려는 것에 있다.

한편 김교신은 유교의 형태 안에 머무르는 정신적·윤리적인 이상주의를 복음전사적인 요소로 간주하고 기독교의 '사랑'의 원리를 매개로 해서 유교 윤리의 서열적인 개별주의를 보편적인 타자에 대한 사랑에 의해 보편화하고 나아가 개인적인 이상주의에 뒤따르는 독선적 영웅주의를 극복하려 했다. 즉 김교신은 조선의 정신적 전통을 기독교를 매개로 창조적으로 계승하려

했던 것이다. 그뿐 아니라 조선의 현재와 미래의 역사에 기독교의 원리를 관계시키는 것이 조선적인 기독교의 형태를 모색할 때 필수불가결한 것이라고 생각했다.

김교신이 생각했던 역사에 대한 기독교인의 자세는 불의에서 오는 고난을 스스로 짊어지는 '자기 수고'의 자세를 통해서 불의를 정화함으로써 역사의 윤리성을 회복하고 신의 윤리를 역사에 구현하는 것이었다. 신이라는 절대적 시점을 가지고 현세의 질서를 상대화하여 초월한다는 '무자격성'의 각성과 현실 안에서 고난을 스스로 짊어지면서 역사를 창조적으로 형성해간다는 '창조적인 자기 수고'를 축으로, 역사를 내재적으로 초월하여 창조하는 것이 그의 '조선산 기독교'의 논리였다. '조선산 기독교'는 그의 주체적·실천적인 신앙의 자세일 뿐만 아니라 불의에 의해 잃어버린 민족의 역사를 창조적으로 형성하고 신이라는 절대적 시점에서 민족을 상대화하는 민족적 아이덴티티의 표명이기도 했다.

김교신의 삶은 '창조적 수고자'를 실천하는 생활이었는데, 그는 후에 노동자와의 생활을 통해서 '자기 수고'에 의한 역사 창조의 태동을 민중 안에서 확인할 수 있었다. 고난을 스스로의 것으로 받아들여서 신에게 받은 자기의 인격을 발견하고 회복해가는 민중의 모습에서 민족의 독립과 재생을 몸으로 실감했던 것이다. 그 체험은 아무리 해도 씻을 수 없었던 선각자의 우울과 고독의 비애감에서 그를 구하는 것임에 틀림없었을 것이다.

서구 산업사회의 확립에서 중요한 구성 요소의 하나인 '세속 내적 금욕'은 말할 것도 없이 종교 개혁에 의한 프로테스탄트 기독교의 소산이다. '세속 내적 금욕'[5)]은 프로테스탄트 기독교가 신의 영광을 위한 현세 내의 직업활동을 통해서 스스로의 구원을 확신한다는 종교적 가치 실현을 위한 합리적인 생활 실천의 태도였다. 그것은 오직 '신의 영광을 위한다'는 비현세적인 종교적 가치에 의해 규정된 것으로, 본질적으로는 현세에 대한 엄격한 거부에 근거한 것이었다.[6] 따라서 현세 거부에 의한 현세적 삶의 수행이라는 역설적인 이원성의 세계관을 사는 태도였다.

이러한 독특한 내용의 '세속 내적 금욕'은 계몽주의의 시대를 거치면서 중대한 질적 변화를 보이게 된다. 신적이고 초인간적이었던 진리와 규범을 인간화함과 동시에 종래의 신적 권위에 구속되어 있던 개인을 해방했던 계몽주의는 기독교를 현세 긍정적인 세속 내적 '신(新)프로테스탄티즘'으로 변화시켰다.[7] '신프로테스탄티즘'은 원래 갖고 있던 기독교적 이원성의 세계관을 후퇴시키고 그에 따라 '세속 내적 금욕'도 그 세계관적 배경을 잃은 채 형태만이 남아 근대 자본주의 사회의 순세속적인 '향상주의적 에토스'에 공명해 스스로의 종교적인 에토스와 무비판적으로 동일화하는 경향이 생겨났다. 그리고 이러한 기독교는 제국주의를 시대배경으로 한 비서구 문화와의 접촉에서 근대 자본주의가 가져온 풍요와 번영을 신의 축복으로 찬미하고 서구의 제국주의적 움직임을 신의 질서로서 성화(聖化)하는 것이 보통이었다.

사이드(E. Said)는 근대 서구의 제국주의는 동양을 무력으로뿐 아니라 지적으로 억압하기 위한 양식을 만들어내고, 그 허구의식 체계로써 동양을 스스로의 모습으로부터 소외시키고 지적으로도 지배하려 했던 '지(知)의 제국주의'이기도 했다고 밝힌다.[8] 19세기 말의 서구 기독교는 그 고유의 현실 상대화 기능을 상실하고 서구 산업문명의 종교로서 제국주의적 세계 지배를 정당화하는, 참으로 '지의 제국주의'의 종교였다.

근대 조선에서 기독교가 '선천적 열등성'을 강요하는 제국주의적 주박(呪縛)을 자기 내재화함으로써 제국주의의 지배에 자발적으로 순종하게 하는 예종적 에토스를 심는 역할을 했는가, 아니면 전통의 창조적 계승과 민족적 아이덴티티의 재구성에 의한 역사의 주체적 형성력으로서의 역할을 했는가.

그것은 윤치호와 김교신의 사상이 시사하듯이 구체적인 역사 현실 안에서 기독교 신의 실재를 어디에 두고 어떠한 내용으로서 체험하고 '신의 정의와 사랑'을 개인의 실존과 어떻게 결합하려 했는가라는 점에 의해 규정된다고 말할 수 있다.

■ 주

서론

1) Erik H. Erikson, "Identity and Life Cycle," *Psycholgical Issues,* vol.1, no.1, monograph 1(New York: International Universities Press Inc., 1959), p.109; 西平直,『エリクソンの人間學』(東京: 東京大學出版會, 1993), pp.58~63.
2) 栗原彬,『歷史とアイデンテイテイ: 近代日本の心理＝歷史硏究』(東京: 新曜社, 1982), pp.12~13.
3) Erik H. Erikson, Young Man Luther, *A Sudy in Psychoanalysis and History*(New York: W. W. Norton & Company Inc., 1958); 大沼隆 譯,『靑年ルター』(東京: 敎文館, 1974), pp.179~229.
4) 기독교와 민족적 아이덴티티의 관계를 둘러싸고 전개된 운동으로는 중국 기독교의 서구 제국주의와의 유착에서 오는 반중국적 성격이 문제가 되어 일어난 중국에서의 반기독교 운동, 선교국이면서 동시에 식민지 지배국이었던 네덜란드에 대한 인도네시아 기독교인들의 싸움, 또 스페인과의 싸움에 의해 창립된 필리핀의 토착적 기독교인 '크리스찬 어그리파이 교회' 등을 지적할 수 있다. 이들에 대해서는 澤正彦,「중국에서의 기독교와 반기독교 운동」I·II,《신학사상》, 가을·겨울호(한국신학연구소, 1974); Vittorio Lanternari, *The Religions of the Oppressed: A Study of Morden Messianic Cults*, Lisa Sergio(trn.)(New York: Alfred Knopf, 1963); M. M. Thomas, *The Christian Response to the Asian Revolution*(London: SCM Press Ltd., 1966) 등을 참조.
5) 민경배,『교회와 민족』, 대한기독교출판사, 1981, 159, 164~165쪽. 한배호는 기독교 신앙과 민족주의 의식 그리고 근대화 추구가 일체화한 인물로서 윤치호를 평가하고 있다. 한배호,「한국초대기독교인의 개화의지와 한말정치관」,《숭전대학논문집》, 제7집(숭전대학교 출판부, 1977), 188~189쪽.
6) 이희환,『한국기독교와 민족운동』(보성출판사, 1987), 230쪽.
7) 유동식,『한국신학의 광맥: 한국신학사상사서설』(전망사, 1982), 46~52쪽.

8) 민경배,『교회와 민족』, 154~155, 164; 유영열,『개화기 윤치호연구』(한길사, 1985), 257~263, 291쪽; 이희환,『한국기독교와 민족운동』, 219~299쪽.
9) 김정환,「金教臣の教師としての特質分所」, 盧平久・森山浩二 編,『金教臣: 日帝統治下の朝鮮人キリスト者の生涯』(東京: キリスト教圖書出版社, 1978); 송건호,「김교신」,『한국현대인물사론 — 민족운동의 사상과 지도노선』(한길사, 1984); 高崎宗司,「金教臣と《聖書朝鮮》」,《文學》, 1980. 2(東京); 姜在彦,「キリスト教が日本と朝鮮との架橋二題」,《文學》, 1979. 4(東京); 森山浩二,「内村鑑三と朝鮮キリスト者たち」,《季刊三千里》, 第34号(東京: 1983 夏); 幼方直吉,「信仰の論理と政治の論理: 金教臣と矢内原忠雄の場合」, 仁井田陞博士追悼文集,『日本法とアジア』, 第3卷(東京: 勁草書房, 1970); 민경배,「김교신과 민족기독교」,《나라사랑》, 제17호(1974. 12) 등이 있다.

제1장 • 유교적인 세계관에서 '기독교적 제국주의'의 세계관으로

1) 植手通有,「對外觀の轉向」, 橋川文三・松本三之介 編,『近代日本政治思想史』, 第1卷, (東京: 有斐閣, 1974), p.36.
2) 같은 책, p.37.
3) 梶村秀樹,『朝鮮史の枠組と思想』(東京: 研文出版社), 1982, p.8.
4) '화이'적인 질서의식에 기초한 '사대'관계는 근대의 식민지, 반식민지 관계에서 연상되는 것과 같은 직접통치나 동화와는 전혀 다른 것이었다. 그것은 '소국' 측의 독립을 자명한 전제로 하고 있는 것으로, 사대관계는 예를 들면, 중국의 연호를 사용하고 중국이 정한 역(曆)을 사용하고, 중국의 황제로부터 국왕의 시호(詩號) 또는 일정의 관직봉책(官職封冊, 승인)을 받고 매년 정기적으로 사절을 파견하는 것 등에 한정되어 있었고, 국내정치는 국왕의 자유에 맡겨져 있었다. 梶村秀樹,『朝鮮史の枠組と思想』, pp.6~7.
5) 姜在彦,『朝鮮の開化思想』(東京: 岩波書店, 1980), pp.69~70.
6) 姜在彦,『朝鮮の洋夷 開化: 近代朝鮮にとっての日本』(東京: 平凡社, 1977), pp.41~49.
7) 같은 책, pp.21~25; 강재언,『한국의 근대사상』(한길사, 1985), 39쪽; 宮嶋博史,「朝鮮社會と儒教」,《思想》, 12月号(東京: 岩波書店, 1986) 참고. 조선 유교의 주자학일존주의(朱子學一尊主義)와 문우월주의(文優越主義)에 비해서 일본 유교는 다양한 도(道), 교(敎), 예(芸) 속의 하나에 지나지 않은 비특권적 지위에 있었으며 동시에

유교의 담당자였던 사(士)가 독서인(讀書人)이 아니라 '사무라이'였다는 것으로부터도 알 수 있는 것과 같이 무우월주의(武優越主義)였다. 따라서 근대의 내셔널리즘에서도 조선은 '효제(孝悌)'와 '숭문(崇文)'의, 일본은 '충(忠)'과 '상무(尙武)'의 정신구조를 기저에 갖고 있었다. 일본 유교에 대해서는 黑住眞, 「德川前期儒敎の性格」, 《思想》, 第792号(東京: 岩波書店, 1990. 6); 植手通有, 「對外觀の轉向」; 丸山眞男, 「前期的國民主義の諸形態」, 『日本政治思想史硏究』(東京: 東京大學出版會, 1989) 등을 참조하기 바람.

8) 姜在彦, 『朝鮮の開化思想』, pp.205~206.
9) 유영렬, 『개화기의 윤치호 연구』(한길사, 1985), 23쪽.
10) 같은 책, 30쪽.
11) 遠山茂樹, 『明治維新と現代』(東京: 岩波書店, 1968), pp.167~171.
12) 『윤치호국한문일기』(탐구당, 1975), 1884.7.22; 국사편찬위원회 편, 『윤치호일기』(탐구당, 1971~1989), 1893.1.12. 윤치호는 1883년부터 1943년까지 일기를 썼다. 그 중에서 국한문으로 쓴 1883년부터 1889년까지의 것은 『윤치호국한문일기』(상·하)로 간행되고, 영어로 쓴 나머지 부분은 국사편찬위원회 편, 『윤치호일기』(전11권)로 간행되었다. 이후에는 전자를 『일기』, 후자를 『영문일기』로 약기하고 연월일만을 표기한다.
13) 姜在彦, 『朝鮮の開化思想』, pp.208.
14) 『일기』, 1884. 6. 23, 1885. 2. 14.
15) 金永義, 『佐翁尹致昊先生略傳』(京城: 基督敎朝鮮監理敎總理院, 1934), 30쪽.
16) 遠山茂樹, 『明治維新と現代』, p.210.
17) 梶村秀樹, 『朝鮮史』(東京: 講談社, 1977), p.113.
18) 『일기』, 1884.9.7.
19) 같은 책, 1884.2.10, 6.10, 6.11, 6.14, 6.16, 6.21.
20) 같은 책, 1884.1.4, 3.4.
21) 같은 책, 1884.3.4.
22) 같은 책, 1884.2.10, 4.29.
23) 같은 책, 1884.2.10.
24) 같은 책, 1884.2.2.
25) 같은 책, 1884.1.4.
26) 같은 책, 1884.1.1, 1.10, 1.18, 9.7.

27) 같은 책, 1884.1.18, 1.21, 7.14, 11.2.
28) 같은 책, 1883.12.3.
29) 같은 책, 1885.6.8.
30) 같은 책, 1884.1.1, 1.18.
31) 같은 책, 1885.6.8.
32) 같은 책, 1884.3.29.
33) 姜在彦, 『朝鮮の洋夷と開化』, p.45; 趙景達, 「朝鮮近代のナショナリズムと文明」, 《思想》, 1991.10(東京: 岩波書店), p.127.
34) Paul Cohen, *Discovering History in China, American Historical Writing on the Recent Chinese Past*(New York: Columbia University Press, 1984); 佐藤愼一 譯, 『知の帝國主義: オリエンタリズムと中國像』(東京: 平凡社, 1988), p.59.
35) 『일기』, 1884.2.23.
36) 같은 책, 1884.1.21.
37) 같은 책, 1844.1.4.
38) 같은 책, 1884.2.10, 3.13.
39) 같은 책, 1884.11.17, 11.26.
40) 같은 책, 1884.12.18; 金永義, 『佐翁尹致昊先生略傳』, 44쪽.
41) 『일기』, 1984.12.19.
42) 같은 책, 1884.12.20.
43) 같은 책, 1885.1.30.
44) 守山順一郞, 『東洋政治思想史硏究』(東京: 未來社, 1985), p.116, 204.
45) 『일기』, 1885.5.11.
46) 같은 책, 1885.5.11, 8.24.
47) 같은 책, 1885.8.28, 1886.2.9.
48) 같은 책, 1885.6.14.
49) 같은 책, 1889.5.4.
50) 같은 책, 1886.9.12.
51) 같은 책, 1885.7.1.
52) 같은 책, 1887.1.4, 1.5, 1.7, 1.16, 3.6, 4.14; 백낙준, 『한국개신교사』(연세대학교 출판부, 1973), 176쪽.
53) 『일기』, 1887.2.1.

54) 같은 책, 1887.1.11, 1.14, 1.27, 2.8, 2.10, 3.5.

55) 같은 책, 1887.3.5.

56) 백낙준, 『한국개신교사』, 176~177쪽; 『영문일기』, 1893.12.12.

57) 백낙준, 『한국개신교사』, 177쪽.

58) 『영문일기』, 1890.5.18, 1893.12.7, 1894.6.10.

59) M. Weber, "Gesammelte Aufsatze Zur Religionssozioligie," I Bde., revidierte Auflage besorgt von J. C. B. Mohr, Tübingen, 木全德雄 譯, 『儒教と道教』(東京: 創文社, 1987), pp.36~38. 이러한 유교의 특징을 丸山眞男는 「연속적인 사유」라고 말하고, 최고개념이 초월하면서 동시에 만물에 내재한 형식으로 천리(天理)와 사회질서, 그리고 인성(人性)이 직선적·무매개적으로 연속하고 있다고 말한다. 丸山眞男, 『日本近代思想史研究』(東京: 東京大學出版會, 1989), p.28.

60) M. Weber, "Gesammelte Aufsatze Zur Religionssozioligie," III Bde., 1920~1921, (Tübingen); 大塚久雄·生松敬三 譯, 『マックス·ウエーバー宗教社會學論選』(東京: みすず書房, 1983), p.169.

61) Wolfgang Schluchter, *Rationalismus der Weltbeherrschung Studien zu Max Weber*, Suhrkamp taschenbuch wissenschaft 322(Erste Auflage, Suhrkamp Verlag, Frankfurt am Main, 1980); 米澤和彦·嘉目克彦 譯, 『世界支配の合理主義: マックス·ウエーバー研究』(東京: 未來社, 1984), pp.15~96.

62) M. ウェーバー, 大塚久雄·生松敬三 譯, 『マックス·ウエーバー宗教社會學論選』, p.183.

63) 高島善哉, 『マルクスとウェーバー』(東京: 紀伊國屋書店, 1982), pp.307~309.

64) 丸山眞男, 『日本近代思想史研究』, pp.27~28.

65) 백낙준, 『한국개신교사』, 177쪽.

66) 김영의, 『윤치호』(기독교조선감리회총리원, 1934), 59~63쪽.

67) 『일기』, 1888.10.22.

68) 『영문일기』, 1892.12.29, 1893.10.14.

69) 같은 책, 1892.12.11.

70) 福田歡一, 『近代の政治思想』(東京: 岩波書店, 1976), pp.2~25 참조.

71) 『영문일기』, 1893.4.15.

72) 같은 책, 1890.2.7, 1902.12.31.

73) 같은 책, 1890.5.4, 1891.2.2, 1892.3.5, 1892.9.13.

74) 같은 책, 1892.3.12.
75) 같은 책, 1891.10.25, 1892.12.17, 1893.3.26.
76) 같은 책, 1891.11.28.
77) 같은 책, 1890.2.4, 2.14, 1891.4.10, 4.19, 1892.10.29.
78) 淸水幾太郞, 『コントとスペンサー』(東京: 中央公論社, 1987), p.36; Peter J. Bowler, *Evolution, The History of an Idea*(The University of California Press, 1984); 鈴木善次 譯, 『進化思想の歷史』, 下(東京: 朝日新聞社, 1987), p.383, 485; 米本昌平, 「社會ダーウィニズムの實像: 欠落した思想史」, 村上陽一郞 編, 『時間と進化』, 東京: 東京大學出版會, 1983; Richard Hofstadter, *Social Darwinism in American Thought*, Boston: Beacon Press, 1955; 後藤昭次 譯, 『アメリカの社會進化思想』(東京: 硏究社, 1973), pp.205~242; David L. Sills(ed.), *International Encyclopedia of the Social Sciences*, vol.13(New York: The Macmillan Company & The Free Press), pp.402~406.
79) Charles A. Beard & Mary R. Beard, *The American Spirit*(New York: The Macmillan Co., 1942); 高木八尺·松本重治 譯, 『アメリカ精神の歷史』(東京: 岩波書店, 1954), pp.234~236; 曾根曉彦, 『アメリカ敎會史』(東京: 日本基督敎出版局, 1978), pp.236~237. 이러한 스트롱의 논리는 기독교의 섭리신앙과 사회진화론을 거칠게 복합시켜, 기독교를 가지고 제국주의를 정당화시켰다고 말할 수 있다. 1885년에 출판된 그의 저서 『나의 조국』은 스토부인의 『엉클 톰스 캐빈』에도 필적하는 인기를 얻어 175만 부나 팔렸다고 한다.
80) 『영문일기』, 1890. 3. 7, 1893.12.22.
81) 같은 책, 1893.6.3, 12.17, 1894.3.11.
82) 같은 책, 1892.12.29, 1893.6.3, 1896.12.2.
83) 같은 책, 1891.5.12, 1903.1.3.
84) 같은 책, 1894.9.27.
85) 같은 책, 1891.5.12, 1894.1.29.
86) 같은 책, 1893.4.7.
87) 같은 책, 1983.12.2, 1899.3.5, 1902.9.14, 1905.10.3, 10.13.
88) 같은 책, 1893.2.17.
89) 일본 기독교의 지도자 중 한 사람인 야마지(山路愛山)의 제국주의론에 대해서는 橋川文三·松本三之介 編, 『近代日本政治思想史』(東京: 有斐閣, 1974), pp.296~298 참조.

90) 『영문일기』, 1891.3.10, 1893.3.19, 1896.5.26.

91) 같은 책, 1890.3.27.

92) 같은 책, 1890.5.5, 1891.4.14, 5.4, 1897.5.19.

93) 같은 책, 1890.9.10.

94) 같은 책, 1890.5.5, 9.10.

95) 같은 책, 1891.4.30.

96) 같은 책, 1894.5.17.

97) 같은 책, 1894.3.14.

98) 같은 책, 1891.3.8.

99) 같은 책, 1891.3.8.

100) 같은 책, 1892.2.9.

101) 같은 책, 1892.10.19.

102) 같은 책, 1890.5.18.

103) 같은 책, 1890.6.8, 1895.2.22.

104) 같은 책, 1890.6.8.

105) 같은 책, 1892.3.18.

106) 같은 책, 1890.4.4, 1891.4.5.

107) 같은 책, 1890.4.4, 8.27.

108) 같은 책, 1892.3.12.

109) 같은 책, 1890.3.7.

110) 같은 책, 1894.1.24.

111) 같은 책, 1890.1.5, 1893.9.24, 12.12.

112) 같은 책, 1893.12.19.

113) 같은 책, 1891.3.22, 1892.1.10.

114) 같은 책, 1891.12.20, 1893.9.26.

115) 같은 책, 1890.11.7.

116) Erik H. Erikson, *Dimensions of a New Identity: The 1973 Jefferson Lectures in the Humanities*(New York: W. W. Norton & Company, Inc., 1974); Robert N. Bellah, *The Broken Covenant*(The Seabury Press, 1975); Charles P. Henry, *Culture and African American Politics*(Indiana University Press, 1990) 등 참조.

제2장 • 정치사상의 논리구조와 그 적용

1) 『영문일기』, 1894.9.27.
2) 같은 책, 1903.1.10, 1905.7.18.
3) 같은 책, 1890.4.4, 1905.7.18, 7.20. 윤치호의 일본에 대한 이러한 평가는 당시의 앵글로색슨 인종의 그것과 공통하는 것이기도 했다. 즉 대외팽창하는 앵글로색슨 국가는 그들의 대외팽창을 '문명화'의 도덕적 사명이라는 위선적인 관념으로 정당화하고 중국을 문명화되어야 할, 그러나 현실적으로 그것을 달성할 능력이 없는 나라로서, 나아가 '무능'한 아시아의 전형을 대표하는 나라로 이해했다. 따라서 그들은 일본의 문명화를 '동양에서의 특이한 사건'으로 보고 일본을 그들의 '문명화의 사명'의 현실성을 확증시켜주는 존재로 이해했다. 東田雅博, 「文明化の使命」とアジア」, 《思想》, 1月号(東京: 岩波書店, 1992).
4) 『영문일기』, 1891.11.20, 1892.11.8, 1893.6.12, 6.14.
5) 같은 책, 1903.1.15.
6) 같은 책, 1902.5.7, 1903.1.15.
7) 같은 책, 1893.11.1.
8) 같은 책, 1905.6.5, 9.7.
9) 같은 책, 1893.11.1, 1905.8.6.
10) 같은 책, 1898.8.24.
11) 같은 책, 1893.10.8, 12.8, 1894.10.28, 1905.11.6.
12) 같은 책, 1893.10.8, "T. H., Yun's Letter to Dr. Young J. Allen," January, 24, 1891 참조.
13) 같은 책, 1894.10.30.
14) 같은 책, 1894.5.30, 1895.2.18.
15) 같은 책, 1896.3.1.
16) 같은 책, 1894.9.27.
17) 같은 책, 1895.1.12.
18) 같은 책, 1894.6.23, 1895.1.12.
19) 같은 책, 1895.1.12.
20) 같은 책, 1894.9.28.
21) 같은 책, 1894.7.27.
22) 같은 책, 1894.7.30.

23) 같은 책, 1894.8.15, 8.24, 9.28.
24) 같은 책, 1894.7.27, 8.24, 9.28, 11.27, 1895.2.23.
25) 같은 책, 1899.3.5.
26) 같은 책, 1894.8.4, 8.25.
27) 같은 책, 1932.8.25 참조.
28) 같은 책, 1894.11.27.
29) 같은 책, 1896.2.25.
30) 같은 책, 1905.1.29 참조.
31) 같은 책, 1895.8.5.
32) 같은 책, 1895.9.7.
33) 같은 책, 1895.11.17.
34) 같은 책, 1895.11.28.
35) 같은 책, 1896.2.26, 1897.9.22.
36) 같은 책, 1897.1.30. 이때의 프랑스어 학습에 의해서 윤치호의 프랑스어 실력은 더욱 상승했으며, 마키아벨리의 프랑스어판 저서를 읽을 수 있게 되었다. 같은 책, 1902.4.6.
37) 같은 책, 1897.4.24.
38) 같은 책, 1897.5.19.
39) 梶村秀樹, 『朝鮮史』(東京: 講談社, 1977), p.133.
40) 신용하, 『독립협회연구』(일조각, 1976), 300쪽.
41) 강만길, 『한국근대사』(창작과비평사, 1984), 224~226쪽.
42) 金永羲, 『佐翁尹致昊先生略傳』(京城: 基督敎朝鮮監理敎總理院, 1934), 116~126쪽.
43) 『영문일기』, 1897.8.8, 1898.2.7, 2.9.
44) 같은 책, 1898.5.1, 5.2.
45) 같은 책, 1898.3.10.
46) 정교, 『大韓季年史』上(국사편찬위원회, 1957), 272쪽
47) 尹致昊, 「獨立協會事件について」, 『韓末を語る』(京城: 朝鮮硏究社, 1931), p.58;《독립신문》, 1898. 8. 1, 11. 1.
48) 정교, 『大韓季年史』上, 272쪽
49) 『영문일기』, 1898.5.2,《독립신문》, 1898.7.27.
50) 『영문일기』, 1898.12.27, 1899.1.7.

51) 같은 책, 1898.11.16, *The Independent*, Nov.1, 1898. 이 신문은 《독립신문》의 영어판이다.
52) 『영문일기』, 1898.2.9, 7.10, 7.12.
53) 같은 책, 1898.7.3, 11.18.
54) 김영의, 『윤치호』, 121~129쪽.
55) 『영문일기』, 1898.11.3, 11.5, 11.15; 신용하, 『독립협회연구』, 495쪽.
56) 『영문일기』, 1898.11.6, 12.27, 1899.1.1, 1.5.
57) 같은 책, 1898.11.7, 11.8, 1899.1.5, 1.22, 1.24.
58) 같은 책, 1899.1.7, 1.16, 1.21, 2.2, 2.3, 2.10, 김영의, 『윤치호』, 128쪽.
59) 『영문일기』, 1898.11.6, 1899.1.1, 1.24, 2.1, 2.10.
60) 같은 책, 1899.2.1, 12.31.
61) 같은 책, 1904.10.20.
62) 같은 책, 1904.5.4.
63) 같은 책, 1905.6.2.
64) 같은 책, 1905.6.20.
65) 같은 책, 1904.10.4, 1905.9.7.
66) 같은 책, 1905.11.18, 김영의, 『윤치호』, 187쪽.
67) 『영문일기』, 1905.10.28, 11.27, 11.30, 12.12, 12.17, 1906.6.15.
68) 같은 책, 1905.11.29.
69) 김영의, 『윤치호』, 196~198쪽.
70) 『영문일기』, 1906.5.6.
71) 전택부, 『한국기독교청년회운동사』(정음사, 1978), 95, 126~129, 157~161쪽.
72) 김영의, 『윤치호』, 201~204쪽.
73) 손인수, 『한국근대교육사』(연세대학교 출판부, 1971), 87쪽.

제3장 • 세계관의 변용과 '조선 독립 불가능론'

1) 윤경로, 『105인사건과 신민회연구』(일지사, 1990), 36쪽.
2) 같은 책, 131쪽.
3) 金永義, 『佐翁尹致昊先生略傳』(京城: 基督教朝鮮監理教總理院, 1934). 212쪽.
4) 朱耀翰, 『安島山傳』(三中堂, 1975), 66쪽; 「윤치호제1회공판시말서」, 대한민국 문교부 국사편찬위원회, 『한민족독립운동자료집』, 제1권(대한민국 문교부 국사편찬위

원회, 1986), 401쪽.

5) 「옥관빈제21회공판시말서」, 『한민족독립운동자료집』, 제1권(대한민국 문교부 국사편찬위원회, 1986), 700쪽.

6) 「윤치호제1회공판시말서」, 401쪽.

7) 같은 글, 404쪽.

8) 같은 글, 408쪽.

9) 《매일신보》, 1915.3.14.

10) 金基錫, 『南岡李昇薰』(現代敎育業書出版社, 1964), 105쪽.

11) 『영문일기』, 1932.11.8.

12) 같은 책, 1932.8.19.

13) 같은 책, 1928.8.8.

14) 같은 책, 1919.7.18, 1934.6.11.

15) 같은 책, 1919.7.18.

16) 같은 책, 1919.1.11, 11.18, 1920.1.5, 1934.6.11, 7.9.

17) 같은 책, 1920.8.7, 1932.11.8.

18) 같은 책, 1932.6.12.

19) 같은 책, 1919.8.18.

20) 같은 책, 1919.1.31, 6.1, 1920.11.3.

21) 같은 책, 1928.8.10, 1933.6.4, 1934.2.14, 1935.7.13.

22) 같은 책, 1919.1.31.

23) 같은 책, 1919.4.21, 4.22.

24) 같은 책, 1921.2.9.

25) 같은 책, 1919.6.8.

26) 같은 책, 1934.3.1.

27) 같은 책, 1922.3.26.

28) P. Tillich, "Love's Strange Work," in *The Protestant*(N.Y., 1942), 大宮溥 譯, 『懷疑と信仰』, 『ティリッヒ著作集』, 第6卷(東京: 白水社, 1979), pp.179~181; 東京神學大學神學會 編, 『キリスト教組織神學事典』(東京: 敎文館, 1983), p.198.

29) 『영문일기』, 1919.6.6, 7.3.

30) 같은 책, 1919.8.22.

31) 같은 책, 1920.9.4.

32) 같은 책, 1917.8.19, 1923.3.18.
33) 같은 책, 1919.5.25, 8.9, 8.14.
34) 같은 책, 1917.7.26, 1919.8.2, 8.9, 11.30.
35) 같은 책, 1919.2.20, 3.19, 1920.4.24, 8.6, 1935.7.25.
36) 같은 책, 1920.8.10, 1929.12.12.
37) 같은 책, 1918.1.16, 1934.6.28.
38) 같은 책, 1919.9.1, 1920.5.9, 5.17, 7.25.
39) 같은 책, 1919.7.13, 1920.1.10.
40) 같은 책, 1918.12.7, 1919.7.31, 9.2.
41) 江口朴郎, 『帝國主義と民族』(東京: 東京大學出版會, 1954), pp.47~69.
42) 朴慶植, 『朝鮮3·1獨立運動』(東京: 平凡社, 1976), pp.73~78.
43) 梶村秀樹, 『朝鮮史』(東京: 講談社, 1977), p.150. '3·1운동'과 일본의 '미소동(米騒動)', 중국의 '5·4운동'은 동아시아에서 민중운동의 동시적인 고양을 보여주는 사건으로서, 그중에서도 '3·1운동'은 민중운동의 거대한 확산이었다고 전해진다.
44) 『영문일기』, 1918.12.29, 1919.1.16.
45) 같은 책, 1919.1.16, 1.17, 1.18, 1.28.
46) 같은 책, 1919.2.3, 2.16.
47) 같은 책, 1919.3.2.
48) 같은 책, 1919.3.19, 7.31, 9.27; 《京城日報》, 1919.3.6.
49) 『영문일기』, 1919.7.31, 9.16.
50) 같은 책, 1919.4.18.
51) 독립운동사편집위원회, 『독립운동사자료집』, 제4권(1973), 487쪽.
52) 『영문일기』, 1919.9.20, 9.27.
53) 같은 책, 1919.11.11.
54) 같은 책, 1919.4.11.
55) 같은 책, 1920.9.13, 12.6, 1921.1.25, 12.1, 1923.2.20, 1932.6.17.
56) 당시, 쌀 180kg의 값이 34원 90전으로, 큰 회사의 자본금도 몇만 원이었던 시대에 윤치호는 20만 원의 재산을 소유하고 있었다고 한다. 윤경로, 『105인사건과 신민회운동』(일지사, 1990), 93쪽.
57) 『영문일기』, 1919.5.20, 6.30, 7.6, 1920.8.19, 1934.1.18.
58) 같은 책, 1920.8.19.

59) 같은 책, 1931.9.23, 10.17.
60) 같은 책, 1931.10.8.
61) 같은 책, 1932.4.27.
62) 같은 책, 1932.9.30.
63) 같은 책, 1932.9.8, 1934.1.8.
64) 같은 책, 1931.10.17, 1932.3.10, 1934.11.10.
65) 같은 책, 1934.3.1, 1935.4.11, 4.29.
66) 같은 책, 1932.2.22.

제4장 • 민족의 '발전적' 해체의 길

1) 『영문일기』, 1920.1.8, 1.10.
2) 같은 책, 1934.6.30.
3) 같은 책, 1923.4.7, 1930.5.9, 1934.5.31.
4) 같은 책, 1929.8.23, 1931.10.15, 태평양문제조사회에서 조선의 참가문제에 관해서는 片桐庸夫, 「太平洋問題調査會と朝鮮代表權問題」, 《法學研究》, 第59卷 第4号(東京: 慶應大, 1986) 참조.
5) 『영문일기』, 1932.11.15; 임종국, 『일제침략과 친일파』(청사, 1982), 94쪽.
6) 『영문일기』, 1931.10.3, 1932.9.8.
7) 같은 책, 1931.10.3, 10.31.
8) 윤치호가 1938년 2월이 되어 처음으로 중의원의 의원직을 수락한 이유도 여기에 있었다고 생각된다. 같은 책, 1934.4.11, 1938.2.23.
9) 宮田節子, 『朝鮮民衆と'皇民化'政策』(東京: 未來社, 1985), p.53, 150~152.
10) 같은 책, pp.51~54.
11) 임종국, 『일제침략과 친일파』, 53~58쪽.
12) 梶村秀樹, 『朝鮮史』(東京: 講談社, 1977), p.182.
13) 「昭和13年における鮮內思想運動の狀況」, 《思想彙報》, 第18号(高等法院檢事局思想部, 1939. 3), p.9.
14) 같은 글, p.9.
15) 「朝鮮における基督敎の革新運動」, 《思想彙報》, 第25号(1940.12), pp.81~82.
16) 「同志會及與業俱樂部の眞相」, 《思想彙報》, 第16号(1938.9), p.87.
17) 『영문일기』, 1938.5.18, 6.9, 9.9.

18) 같은 책, 1938.8.16, 8.31.
19) 같은 책, 1938.7.25, 7.26.
20) 같은 책, 1938.9.5.
21) 「昭化13年における鮮內思想運動の狀況」,《思想彙報》, 第18号(1939.3), p.10.
22) 『영문일기』, 1938.9.14.
23) 임종국, 『일제하의 사상탄압』(평화출판사, 1985), 194쪽.
24) 임종국, 『일제침략과 친일파』, 94, 175쪽.
25) 『영문일기』, 1940.10.1; 임종국, 「일제말 친일파군상의 실체」, 『해방전후사의 인식』 (한길사, 1979), 240쪽.
26) 金石範, 『轉向と親日派』(東京: 岩波書店, 1993), p.99.
27) 藤田省三, 『轉向の思想史的硏究』(東京, 岩波書店, 1975), p.24.
28) 『영문일기』, 1934.5.10, 1943.1.11. 최남선의 사학에 대해서는 池明觀, 「申采浩史學과 崔南善史學」, 『東京女子大學付屬比較文化硏究所紀要』, 第49号(東京, 1982) 참조.
29) 『영문일기』, 1943.1.11, 2.20.
30) 같은 책, 1943.2.20.
31) 같은 책, 1943.1.11.
32) 같은 책, 1943.3.1.
33) 尹致昊, 「內鮮一體に對する所信」,《東洋之光》, 1939.4, pp.6~9.
34) 尹致昊, 「內鮮一體の徹底化のため」,《東洋之光》, 1939.2, pp.21~23.
35) 南次郎, 「事變の將來と內鮮一體: 國民總動員朝鮮聯盟役員總會席上總督挨拶」,《東洋之光》, 1939.7, p.14; 『영문일기』, 1939.5.18, 1940.12.15.
36) 『영문일기』, 1938.1.22, 1939.5.9.
37) 尹致昊, 「敎育令改正志願兵制度實施に際しての感想」,《朝鮮》, 1938.4, pp.14~15; 宮田節子, 『朝鮮民衆と'皇民化'政策』, p.37.
38) 《매일신보》, 1942.5.7~12; 임종국, 『일제침략과 친일파』, 146~149쪽.
39) 《매일신보》, 1943.11.17; 임종국, 『일제침략과 친일파』, 163쪽.
40) 『영문일기』, 1943.5.16.
41) 尹致昊, 「內鮮一體に對する所信」,《東洋之光》, 1939.4, p.9.
42) 『영문일기』, 1941.12.8, 12.11.
43) 같은 책, 1941.7.22, 1943.1.1, 2.22, 9.16.
44) 같은 책, 1939.7.3.

45) 李光洙, 「心的新體制と朝鮮文化の進路」, 《每日新報》, 1940.9.5~12; 金石範, 『轉向と親日派』, p.48.
46) 윤치호의 자살을 둘러싸고는 설이 세 가지 있다. 첫 번째는 일본 패전 후 친일협력자로 비판당할 것을 비관하여 개성에서 자살했다는 자살설이다[동아출판사 편, 『동아세계백과사전』, 제22권(동아출판사. 1982), 55쪽; 교육출판공사 편, 『세계 인명대사전』(교육출판공사)]. 두 번째는 유족들이 주장하는 노쇠에 의한 자연사설이다. 세 번째는 타살설이다. 헤이에(坪江仙二)의 『改正增補朝鮮民族獨立運動史』(高麗書林, 1986. 復刻板)에는 다음과 같이 기록되어 있다. "1945년 8월 19일 조선 민족주의자의 거물인 윤치호(73세)가 개성 자택에서 괴한에게 피살되었다. 윤치호는 조선시대의 귀족 출신으로 1890년 서재필이 미국에서 귀국했을 때부터 함께 독립운동에 참가한 사람으로. 현재의 이승만 대통령보다 대선배이다. 그는 일한 합병 후에도 기독교도를 중심으로 전 조선인의 신망을 모았다. 따라서 일본 측의 통치 정책에 대해서는 늘 비판적이었으나, 만주 사변 후에는 일반 민중의 움직임을 반영하여 상당히 타협적인 사상과 행동으로 변절했다. 특히 미일전쟁 후에는 그 언동이 적극적이 되어, 1944년 말에는 조선인 우대 감사 사절단의 단장으로서 도일(渡日)할 정도였다. 또한 조선인 귀족원 의원으로서 칙선(勅選) 후보에 이름이 오를 정도가 되어, 일부에는 과격분자가 한 것이라고 전해지나, 종전 직후에 혼란기였기 때문에 본인의 명예를 위해 가족들이 뇌일혈로 사망했다고 발표했다"(410쪽).
지금까지 한국에서는 자살설이 일반적이어서 필자도 자살설을 취했다. 그러나 자연사라고 하는 유족의 주장도 있어서 이 문제에 대한 자료를 조사한 결과, 자살설만이 아니라 타살설도 있음을 알게 되었다. 이후 이 문제에 대해서는 더 세밀한 조사가 필요하다고 생각된다.

제5장 • 사상의 형성과정과 신앙의 특질

1) 함석헌, 「김교신과 나」, 《나라사랑》, 제17호(1974), 92쪽.
2) 함석헌, 『죽을 때까지 이 걸음으로』(삼중당, 1964), 76~78쪽.
3) 김정환, 『김교신』(한국신학연구소, 1980), 19쪽.
4) 內村鑑三全集刊行委員會 編, 『內村鑑三全集』, 第15卷(東京: 岩波書店, 1980~1984), p.377.
5) 김교신전집간행회 편, 『김교신전집』(일심사, 1981), 제1권, 418쪽; 제2권, 303쪽.
6) 같은 책, 제1권, 162, 327쪽.

7) 김정환, 『김교신』, 19~20쪽.
8) 같은 책, 20~21쪽.
9) 『김교신전집』, 제2권, 19쪽.
10) 같은 책, 19~20쪽.
11) 함석헌, 『성서적 입장에서 본 조선역사』(『뜻으로 본 한국역사』)(삼중당, 1950), 1~3쪽.
12) 같은 책, 3~54쪽.
13) 『김교신전집』, 제2권, 116, 118~119쪽; 제5권, 111~117쪽. 함석헌의 『성서적 입장에서 본 조선역사』(『뜻으로 본 한국역사』)의 초고에 해당하는 것이 이때의 그의 논문 「성서적 입장에서 본 조선역사」였다.
14) 『김교신전집』, 제1권, 154~160쪽.
15) 武內義雄, 『武內義雄全集』, 第2卷(東京: 角川書店, 1978), p.34.
16) 『김교신전집』, 제1권, 156쪽.
17) 같은 책, 156쪽.
18) 같은 책, 159쪽.
19) 같은 책, 160쪽.
20) 같은 책, 417쪽; 『김교신전집』, 제2권, 130, 440쪽.
21) 『김교신전집』, 제1권, 161~162쪽.
22) 『김교신전집』, 제3권, 156쪽.
23) 『김교신전집』, 제2권, 340쪽.
24) 같은 책, 342쪽.
25) 이용도는 "주의 사랑에 취해" 주와 하나가 되는 것을 바랐다. 주에 대한 사랑으로 모두가 "주를 포옹"하라고 가르쳤다. 이용도의 신비주의적인 사랑의 기독교 이해에는 그리스도의 십자가에서 신의 정의와 분노 그리고 십자가로부터 부활한 그리스도의 영광도 결여되어 있었다. 池明觀, 『韓國現代史と敎會史』(東京: 新敎出版社, 1975), pp.139~140; 민경배, 「이용도의 신비주의적 경건」, 『교회와 민족』(대한기독교출판사, 1981), 280~309쪽.
26) 와타세(渡瀨)의 신앙의 특징은 신의 사랑을 강조하고, 신의 의를 경시 혹은 부정하는 데에 있다. 飯沼二郎·韓晳曦, 『日本帝國主義下の朝鮮傳道』(東京: 日本基督敎團出版局, 1982), pp.79~85.
27) 藤田若雄 編著, 『內村鑑三を繼承した人人』, 下(東京: 木鐸社, 1979), p.44.

28) 『김교신전집』, 제3권, 155쪽.
29) 『김교신전집』, 제1권, 162쪽.
30) 東京神學大學神學會 編, 『キリスト敎條織神學事典』(東京: 敎文館, 1983), p.295.
31) 『김교신전집』, 제1권, 210쪽.
32) 같은 책, 제1권, 207쪽.
33) 같은 책, 제1권, 208쪽.
34) 같은 책, 제1권, 192쪽.
35) Walter Kasper, *Jesus der Christus*, Matthais~Grünewald-Verlad, Mainz, 1975; 박상래 역, 『예수그리스도』(분도출판사, 1980), 255쪽.
36) 같은 책, 254쪽. *Vocabulaire de Theologie Bibligue*(Paris: Les Editions Du Cerf, 1977); 광주가톨릭대학 역, 『성서신학사전』(광주: 1984), 「부활」항 참고.
37) 박상래 역, 『예수그리스도』, 254쪽.
38) 『김교신전집』, 제1권, 189쪽.
39) 朴慶植, 『日本帝國主義の朝鮮支配』, 下(東京: 靑木書店, 1973), p.14.
40) 『김교신전집』, 제1권, 183쪽.
41) 같은 책, 375쪽.
42) 『キリスト敎大事典』(東京: 敎文館, 1962), 「再臨」항 참고.
43) 矢內原忠雄, 「再臨信仰の歷史性」, 『無敎會主義キリスト敎論』(東京: 岩波書店, 1982), p.265.
44) 『김교신전집』, 제1권, 202쪽.
45) 같은 책, 제1권, 202~203쪽.
46) 같은 책, 제1권, 205쪽.
47) 같은 책, 제1권, 205~206쪽.
48) 같은 책, 제1권, 174~176쪽.
49) 같은 책, 제1권, 144~146, 204~206쪽.
50) 같은 책, 제3권, 384쪽.
51) 같은 책, 제1권, 204~206쪽.
52) 유동식, 『한국신학의 광맥: 한국신학사상사서설』(전망사, 1982), 57쪽.
53) 같은 책, 58쪽.
54) 같은 책, 59쪽.
55) 東京神學大學神學會 編, 『キリスト敎組織神學事典』, 「義認」항 참고.

56) 『김교신전집』, 제2권, 184쪽; 제6권, 431~432쪽.
57) 『김교신전집』, 제1권, 415~419; 제2권, 143쪽.
58) 『김교신전집』, 제1권, 159, 224쪽.
59) '무자격자'의 자각이라는 어구는 아라이(荒井獻)가 만든 조어이다. 아라이는 예수의 입장을, 신을 자기상대화의 계기로서 믿고 인간의 자기절대화를 비판한 '무자격자'의 자각에 일관한 것으로서 파악했다. 荒井獻, 『イエス・キリスト』(東京: 講談社, 1979), pp.40~46.
60) 『김교신전집』, 제1권, 179~180쪽; 제5권, 60~62쪽.
61) 같은 책, 제1권, 136쪽.
62) 같은 책, 제1권, 125~128쪽; 제4권, 58쪽.
63) 같은 책, 제1권, 421~423쪽.
64) 같은 책, 제1권, 283~284, 405~406쪽.
65) 같은 책, 제4권, 29~35쪽.
66) 같은 책, 제2권, 98~99쪽.
67) 같은 책, 제2권, 442~443쪽.
68) 같은 책, 제2권, 440, 442~445쪽.
69) 같은 책, 제2권, 41쪽; 제5권, 130쪽. 이것을 루터는 "신앙에 의해서 완전히 자유이지만, 그러나 기꺼이 이웃사람을 돕기 위해서 종이 된다"고 한다. M. Luther, 石原謙 譯, 『キリスト教者の自由』(東京: 岩波書店, 1955), pp.43~44. 또 荒井獻, 『イエスとその時代』(東京: 岩波書店, 1974), p.129도 참조.
70) 『김교신전집』, 제1권, 417~421쪽.
71) 같은 책, 제2권, 32, 220쪽.
72) 같은 책, 제1권, 62~65쪽.
73) 같은 책, 제1권, 239쪽.
74) 같은 책, 제1권, 421~423쪽.
75) 같은 책, 제1권, 60~61쪽.
76) 같은 책, 제1권, 221~222쪽.
77) 같은 책, 제5권, 27쪽.
78) 근대인의 경쟁과 성과 중심의, 소위 목표상실의 행동강박증에 대해서는 Erich Fromm, *Man for Himself, An Enquiry into the Psychology of Ethics*(New York: Rinehart and Company, 1947); 谷口隆之助・早坂泰次郎 譯, 『人間における自由』(東

京: 創元社, 1955), pp.91~104; '이웃사랑 부재나 반애타성'의 문제에 대해서는 姜尙中, 『マックス・ウェーバーと近代』(東京: お茶の水書房, 1987), pp.52~63 참조.

79) 『김교신전집』, 제1권, 63~64, 107쪽. 에리히 프롬은 '자기애'는 '타자애'의 근저가 되기도 하는, 소위 '사랑의 능력의 근원'이며, 그것은 때때로 혼동되는 '이기심'과는 대극에 있는 '사랑'이라고 말한다. Erich Fromm, *The Art of Loving*(Harper & Brothers Publishers, 1956); 懸田克躬 譯, 『愛するということ』(東京: 紀伊國屋書店, 1956), pp.78~87.

제6장 • 김교신에게 무교회주의

1) 政池仁, 『內村鑑三傳』(東京: 敎文館, 1977), p.195.
2) 矢內原忠雄, 『無敎會主義キリスト敎論』(東京: 岩波書店, 1982), p.176.
3) 高橋三郎, 『なぜ無敎會か』(東京: 敎文館, 1980), p.149.
4) 矢內原忠雄, 『無敎會主義キリスト敎論』, p.177.
5) 內村鑑三全集刊行委員會 編, 『內村鑑三全集』, 第15卷(東京: 岩波書店), pp.513~515.
6) 같은 책, p.514.
7) 같은 책, p.515.
8) 같은 책, pp.376~379.
9) 『內村鑑三全集』, 第9卷, p.224.
10) 마사이케는 우치무라의 무교회주의의 세 개의 요소로서 '영적인 것, 일본적인 것, 그리고 독립적인 것'을 들고 있다. 政池仁, 『內村鑑三傳』, p.344.
11) 高橋三郎, 『歷史を擔うもの―內村精神の展開』(東京: キリスト敎夜間講座出版部, 1972), p.28.
12) 『內村鑑三信仰著作全集』, 第12卷(東京: 敎文館), p.59; 山本泰次郎, 『內村鑑三: 信仰・生涯・友情』(東京: 東海大學出版部, 1966), p.277.
13) 『內村鑑三全集』, 第15卷, p.515.
14) Nestle-Aland, *Novem Testamentum Graece*, 26 Auflage, Stuttgart: Deutsche Bibelstiftung, 1975. 이하의 한국어 성서 인용은 『성경전서: 개역 한글판』(대한성서공회)에 의한다.
15) 『內村鑑三全集』, 第9卷, p.163.
16) 같은 책, p.163.
17) カルロ・カルダローラ, 『內村鑑三と無敎會』(東京: 新敎出版社, 1978), p.86.

18) 『內村鑑三全集』, 第9卷, p.161.
19) 같은 책, 第12卷, p.419.
20) 같은 책, 第15卷, p.151.
21) 같은 책, 第9卷, p.210.
22) 같은 책, 第9卷, p.240.
23) 같은 책, 第9卷, p.216.
24) 함석헌, 「무교회」, 金教臣·咸錫憲 共著, 『內村선생과 조선』(성서조선사, 1940), 1940, 30~31쪽. 이에 대해서 김교신은 『內村선생과 조선』의 서문에서 "우리들이 이해하고 있는 무교회주의의 전모를 가장 간결하고 충분히 나타내고 있다"고 말했다. 또 무교회주의란 무엇인가 하고 묻는 사람들에게 함석헌의 이 문장을 읽도록 반복해서 권했다. 따라서 이 문장은 무교회주의에 대해서 정리된 형태의 문장을 남기고 있지 않은 김교신의 무교회주의 이해를 알기 위한 중요한 단서라고 생각된다.
25) 『김교신전집』, 제1권, 283쪽.
26) 같은 책. 제1권, 284쪽.
27) 같은 책. 제1권, 302쪽.
28) 함석헌, 「무교회」, 30쪽.
29) 같은 책, 제2권, 364쪽.
30) 같은 책, 제1권, 108쪽.
31) 같은 책, 제2권, 364쪽.
32) 같은 책, 제1권, 296~297쪽.
33) 같은 책, 제1권, 305~307쪽.
34) 같은 책, 제1권, 153~154쪽.
35) 같은 책, 제1권, 93~100쪽.
36) 같은 책, 제3권, 13~14쪽.
37) 같은 책, 제2권, 130~132쪽.
38) 같은 책, 제2권, 181~182쪽.
39) 같은 책, 제2권, 103~105쪽; 제6권, 130~132, 293~294쪽.
40) 같은 책, 제1권, 120쪽; 제2권, 398~399쪽.
41) 같은 책, 제2권, 120, 181쪽.
42) 같은 책, 제2권, 174쪽.
43) 같은 책, 제2권, 130~131쪽; 제5권, 147쪽.

44) 같은 책, 제2권, 185쪽.
45) カルロ・カルダローラ, 『內村鑑三と無敎會』, p.159.
46) 『김교신전집』, 제1권, 251~252쪽.
47) 같은 책, 제1권, 302쪽.
48) 같은 책, 제1권, 308~310쪽.
49) '15년 전쟁'이란 용어는 1931년의 만주사변과 1937년의 중일전쟁 그리고 1941년의 태평양전쟁을 각각 별개의 전쟁으로 보지 않고 이를 일본 제국주의의 자기팽창욕에 기인하는 하나의 전쟁으로 파악한다는 전제하에 이를 통칭한 용어이다. 鶴見俊輔 著, 『戰時期日本の精神史 ─ 1931~1945』(東京: 岩波書店, 1989) 참고.
50) 藤田若雄 編著, 『內村鑑三を繼承した人人』, 上(東京: 木鐸社, 1979), p.287.
51) 같은 책, 下, p.66.
52) カルロ・カルダローラ, 『內村鑑三と無敎會』, p.93.
53) 塚本虎二, 『內村先生と私』(東京: 伊藤節書房, 1961), p.26.
54) カルロ・カルダローラ, 『內村鑑三と無敎會』, p.92.
55) 藤田若雄 編著, 『內村鑑三を繼承した人人』, 上, p.10.
56) 政池仁, 『內村鑑三傳』, p.618.
57) 塚本虎二, 『內村先生と私』, p.112~113.
58) 같은 책, p.194.
59) 藤田若雄 編著, 『內村鑑三を繼承した人人』, 下, p.55.
60) 藤田若雄 編著, 『內村鑑三を繼承した人人』, 上, p.11.
61) 政池仁, 『內村鑑三傳』, p.624. 제2세대의 무교회주의자 중에서 쓰카모토의 무교회론에 가장 격렬하게 반대한 자는 야마모토(山本泰次郎)였다고 전해진다. 그는 쓰카모토의 무교회론에 대해서 우치무라가 남긴 "나는 오늘날 유행하는 무교회주의자가 되지 않을 것"이란 말에 근거하여, 쓰카모토의 무교회론은 "첫째로 주의를 위한 주의이며 교회공격을 위한 주의이고, 둘째로 신앙을 위한 주의가 아니라 신앙 이외의 것을 위한 주의이다. 셋째로 십자가주의에 기초하지 않은 주의이다"라고 비판했다. 山本泰次郎, 『內村鑑三の根本問題』(東京: 敎文館, 1968), pp.74~89.
62) 藤田若雄 編著, 『內村鑑三を繼承した人人』, 下, p.67.
63) 矢內原忠雄全集刊行委員會 編, 『矢內原忠雄全集』, 第16卷(東京: 岩波書店), p.17.
64) 같은 책, p.538.
65) 內村鑑三, 「戰爭廢止論」, 《万朝報》, 明治36. 6; 阿部知二, 『良心的兵役拒否の思想』

(東京: 岩波書店, 1969), pp.79~80.

66) 『內村鑑三全集』, 第14卷, p.495.

67) 內村鑑三, 「非戰論者の戰死」, 阿部知二, 『良心的兵役拒否の思想』, pp.87~88.

68) 阿部知二, 『良心的兵役拒否の思想』, p.89.

69) 『內村感想信仰著作集』, 第21卷, 所收, 同志社大學人文科學硏究所 編, 『戰時下抵抗の硏究』(東京: みすず書房, 1968), p.15.

70) 간디의 '전투적 비폭력주의'에 대해서는 Erik H. Erikson, *Gandhi's Truth: On the Origins of Militant Nonviolence*(New York: W. W. Norton & Company, Inc., 1969); 古瀨恒介, 『マハートマ·ガンディーの人格と思想』(東京: 創文社, 1977) 참고.

71) 쓰카모토, 구로사키, 가네자와 등이 비전론을 관철하는 것에 좌절한 중요한 원인을 후지다(藤田若雄)를 중심으로 한 기독교사회사상연구회 회원들은 그들의 천황제에 대한 강한 친화성에서 찾아내고 있다. 藤田若雄 編著, 『內村鑑三を繼承した人人』, 下, pp.54~60. 또 모리오카(森岡巖), 가사하라(笠原芳光)도 이 문제에 대해서 무교회 사람들이 평화주의에 서서 비전 평화주의를 관철하려고 했지만 천황제에 대해서 완전히 긍정, 무비판적인 태도를 가졌기 때문에 비전론의 관철이 좌절되었다고 지적한다. 森岡巖·笠原芳光 共著, 『キリスト教の戰爭責任』(東京: 敎文館, 1974), p.245.

72) 塚本虎二, 「二つの創造」, 《聖書知識》, 33号(1932. 9); 藤田若雄 編著, 『內村感想を繼承した人人』, 下, p.106.

73) 塚本虎二, 「豫言者敎と福音」, 《聖書知識》, 108号(1938. 11); 藤田若雄 編著, 『內村鑑三を繼承した人人』, 下, p.124.

74) 畔上賢造, 「論難是非」, 《日本聖書雜誌》, 87号(1937. 3), 藤田若雄 編著, 『內村鑑三を繼承した人人』, 下, p.82.

75) 畔上賢造, 「暗中寸景」, 《日本聖書雜誌》, 96号(1937. 12), 藤田若雄 編著, 『內村鑑三を繼承した人人』, 下, pp.95~96.

76) 『矢內原全集』, 第15卷, pp.110~112.

77) 『矢內原全集』, 第18卷, p.239.

78) 石原兵永, 「戰爭問題」, 『聖書之言』, 55号(1937. 4); 藤田若雄 編著, 『內村鑑三を繼承した人人』, 下, p.334.

79) 藤田若雄 編著, 『內村感想を繼承した人人』, 下, p.56.

80) 쓰카모토는 1943년 10월호의 《聖書知識》에 "조선 여행 중의 교우로부터 '조선은 처

근 내선일체의 사상에 크게 괄목할 만한 성과를 보이고 있다. 일본에서 갖고 있던 인식을 크게 바꾸게 되었다'라고 말해왔다. 과연 만세를 부를 만한 대단한 일이다"라고 써서 조선 총독부의 '황민화' 정책에 동조를 표명했다.

81) 塚本虎二, 「二つの戰」, 《聖書知識》, 167号(1943. 11), 藤田若雄 編著, 『內村鑑三を繼承した人人』, 下, p.118.
82) 藤田若雄 編著, 『內村鑑三を繼承した人人』, 下, p.52.
83) 藤田若雄, 『矢內原忠雄: その信仰と生涯』(東京: 教文館, 1967), pp.15~20. 야나이하라는 일본의 대표적인 경제학자이며 일본 무교회의 제2세대 지도자의 한 사람으로 패전 후 도쿄 대학 총장을 역임했다.
84) 후지자와(藤澤武義)에 대해서는 同志社大學人文科學研究所 編, 『戰時下抵抗の硏究』, pp.48~92 참고. 또 아사미(淺見仙作)에 대해서는 武田淸子, 『土着と背教』(東京: 新教出版社, 1980), pp.325~358 참고.
85) 藤田若雄 編著, 『內村鑑三を繼承した人人』, 下, p.51.
86) 함석헌·政池仁 대담, 「감정을 넘어선 가교」, 《思想界》, 1964.11.
87) 『김교신전집』, 제2권, 304쪽.
88) 같은 책, 제6권, 21쪽.
89) 같은 책, 제6권, 125~126쪽.
90) 같은 책, 제6권, 238쪽.
91) 金教臣, 「無敎會信徒に對する希望」 下, 山本泰次郎 主筆, 『聖書講義』, 1936.5.
92) 같은 글, p.148.
93) 같은 글, pp.146~147.
94) 같은 글, p.151.
95) 같은 글, p.151.
96) 『김교신전집』, 제6권, 138~139쪽.
97) 가타야마(片山徹)는 도쿄도립대학 교수로서 김교신과는 가시와키 성서연구회 이래의 교우이다. 《성서조선》이 총독부의 엄한 취조에 의해 발행이 곤란하게 되었을 때 취조를 피하기 위해서 김교신 대신에 《성서조선》의 발행인이 되겠다고 제의한 적도 있었다.
98) 『矢內原忠雄全集』, 第8卷, p.4.
99) 村山道雄, 「昭和十五年京城聖書講習會の思い出」, 『矢內原忠雄全集』, 第8卷 月報 6호 所收.

100) 幼方直吉, 「矢內原忠雄と朝鮮」, 《思想》, 1965. 9(東京: 岩波書店), p.49.
101) 『김교신전집』, 제6권, 467쪽.
102) 矢內原忠雄, 「金教臣氏を憶ふ」, 『矢內原忠雄全集』, 第25卷, pp.287~290.
103) 幼方直吉, 「矢內原忠雄と朝鮮」; 幼方直吉, 「信仰の論理と政治の論理: 金教臣と矢內原忠雄の場合」, 『日本法とアジア』(東京: 勁草書房, 1970); 和田春樹, 「韓國の民衆をみつめること」, 《展望》, 1974. 12(東京) 등이 있다.
104) 幼方直吉, 「矢內原忠雄と朝鮮」, 《思想》, 1965. 9(東京: 岩波書店), p.45.
105) 『矢內原忠雄全集』, 第23卷, pp.344~345.
106) 和田春樹, 「韓國の民衆をみつめること」, p.57.
107) 『김교신전집』, 제6권, 364쪽.

제7장 • 조선 기독교회에 대한 자세

1) 『김교신전집』, 제5권, 78쪽.
2) 민경배, 『한국민족교회형성사론』(연세대학교 출판부, 1980), 35쪽.
3) 민경배, 『교회와 민족』(대한기독교출판사, 1981), 341~348쪽.
4) 같은 책, 348쪽.
5) 『김교신전집』, 제1권, 281~284쪽.
6) 같은 책, 제2권, 312~313쪽.
7) 같은 책, 제2권, 103~105쪽.
8) 같은 책, 제5권, 74쪽.
9) 같은 책, 제5권, 210쪽.
10) 같은 책, 제2권, 313쪽.
11) 같은 책, 제1권, 261~262쪽.
12) 같은 책, 제1권.
13) 같은 책, 제2권, 105쪽.
14) 같은 책, 제1권, 273쪽.
15) 池明觀, 『韓國現代史と敎會史』(東京: 新敎出版社, 1975), p.130. 기독교 윤리학자 정하은은 한국 기독교가 1920년대를 거쳐 1930년대 이후에는 심령주의나 부흥회를 통한 암시적인 환상을 갈구하고 초기의 사회지향적인 경향이 상실되어 현실도피적인 경향을 강하게 띠게 되었다고 보았다. 정하은, 『한국근대화와 윤리적 결단』(대한기독교서회, 1975), 40~56쪽.

16) 장병일, 『살아있는 갈대』(대한기독서회, 1968), 56~59쪽.
17) 지명관은 이용도의 고난의 신비주의는 한국 기독교의 민족주의적인 경향의 왜곡된 형태의 하나라고 보고 있다. 池明觀, 『韓國現代史と敎會史』, p.139; 민경배, 『교회와 민족』, 237쪽.
18) 『김교신전집』, 제1권, 122~124쪽.
19) 같은 책, 제2권, 189~191쪽.
20) 같은 책, 제1권, 277~280쪽.
21) 같은 책, 제1권, 348~349쪽; 제2권, 287~288쪽.
22) 같은 책, 제1권, 138~139쪽.
23) 같은 책, 제1권, 139, 213쪽.
24) 같은 책, 제1권, 122~124쪽.
25) 대한YMCA연맹 편, 『한국YMCA운동사: 1895~1985』(종로출판사, 1986), 119~222쪽.
26) R. R. Ruether, *The Radical Kingdom— The Western Experience of Messianic Hope*(New York: Paulist Press, 1970), 서남동 역, 『메시아왕국』(한국신학연구소, 1982), 32쪽.
27) 같은 책, 100쪽.
28) 당시의 YMCA의 기관지였던 《청년》에는 「신의 나라」의 실현을 주장하는 다수의 논설이 실려 있다. 예를 들면 《청년》1924년 4월호에는 당시 YMCA의 학생부 간사였던 이대위의 「민중화해야만 할 금일과 합작운동의 실현」이라는 제목의 글이 있다. 여기에서 이대위는 사회 개조에 기독교의 목적을 둠으로써 천국을 지상에 건설해야만 한다고 주장하고 있다.
29) 대한YMCA연맹 편, 『한국YMCA운동사: 1895~1985』, 70쪽.
30) 『김교신전집』, 제2권, 24, 221쪽.
31) 같은 책, 제1권, 243~243쪽.
32) 같은 책, 제2권, 221~222쪽. 기독교의 사회 윤리적인 측면을 강하게 주장했던 신학자의 한 사람인 송창근도 사회적 기독교에 대해서 "교회는 사회문제, 노동문제, 평화문제, 국제문제를 논하는 곳이 아니다. 복음, 즉 예수 그리스도의 복음, 재생의 복음이 우리 교회의 중심이다"라는 비판을 남겼다. 민경배, 『교회와 민족』, 267쪽.
33) 『김교신전집』, 제4권, 158~163쪽.
34) 같은 책, 제4권, 163쪽.

35) 서남동 역, 『메시아왕국』, 109쪽.
36) P. Tillich, "The End of the Protestant Era?" in *The Protestant Era*(Chicago, 1948); 古屋安雄 譯, 『ティリッヒ著作集』, 第5卷(東京: 白水社, 1978), pp.197~199, 222; 金井新二, 『'神の國'の思想の現代的展開』(東京: 教文館, 1982), pp.275~284.
37) 김린서, 「무교회주의자 內村鑑三씨에 대해서」, 《神學指南》, 第12卷 第4号(1930. 1), p.39.
38) 같은 책, 39~40쪽.
39) 같은 책, 40쪽.
40) 같은 책, 42쪽.
41) 같은 책, 42쪽.
42) 오우치(大內三郎)에 의하면 이러한 타입의 기독교는 '일본적 기독교'를 '기독교'와 '일본적'인 것의 매개로서 일본의 신도 내지는 신관을 생각한 유형이다. 에비나(海老名彈正)에 의해 대표되는 일부 일본 기독교인들은 "대일본은 신국(神國)이다. 천황이 먼저 그 기초를 열고 일본의 신이 오랫동안 그 계통을 끊이지 않고 전해주었다. 이러한 일은 오직 우리나라에서만 있고 타국에는 전무하다. 따라서 이를 신국이라 부른다(『神皇正統記』)"라는 신도의 신국관을 단서로 해서 '신국'인 일본을 그대로 기독교의 '신의 나라'와 동일시했다. 그리고 '신국' 일본의 아시아 침략을 일본의 사명의 하나로 생각하고 그 참여를 기독교인으로서 짊어져야 할 자기 책임이라고 했다. 大內三郎, 『日本キリスト教史』(東京: 日本基督教團出版局, 1970), pp.590~594. 에비나의 사상에 대해서는 吉馴明子, 「海老明彈正の政治思想」(東京: 東京大學出版會, 1982) 참고.
43) 우에무라(植村正久)의 조선관에 대해서는 澤正彦, 「植村正久の朝鮮觀」, 《季刊三千里》, 第34号(夏)(東京: 1983), 니토베(新渡戶稻造)의 조선관에 대해서는 田中愼一, 「新渡戶稻造と朝鮮」, 《季刊三千里》, 第34号(夏)(1983), 또 그 외의 일본 기독교 지도자의 조선관은 松尾尊兌, 「3·1運動と日本プロテスタント: 日本プロテスタントと朝鮮」, 《思想》, 第533号(1968.11); 松尾尊兌, 「吉野作造と朝鮮」, 『人文學報』(東京: 京都大學, 1968.11); 양현혜, 『근대한일관계사 속의 기독교』(이화여자대학교 출판부, 2009) 참고.
44) 이 문제에 대해서는 松尾尊公, 「日本組合基督教會の朝鮮傳道 ― 日本のプロテスタントと朝鮮」, 《思想》, 第529号(1968. 7); 飯沼二郎·韓晳曦 共著, 『日本帝國主義下の朝鮮傳道』(東京: 日本基督教團出版社, 1982) 등을 참조.

45) 森岡巖·笠原芳光 共著, 『キリスト教の戰爭責任』(東京: 敎文館, 1974), pp.46~47. 또 신사참배 거부에 관한 문제에 대해서는 韓晳曦, 『日本の朝鮮支配と宗敎政策』(東京: 未來社, 1988), 第3章 참조.
46) 조선 총독부는 선교사들의 조선인 멸시에 반발해서 장로교회에서 분파하여 자치교를 설립했던 이만집과 조선 기독교회를 설립했던 김장호 등에게 어대전기념장(御大典記念章)을 수여하고 그들을 이용하여 조선 기독교의 일본화를 꾀하려고도 했다. 민경배, 『한국민족교회형성사론』, 130쪽.
47) 金敎臣, 『內村先生と朝鮮』(京城: 聖書朝鮮社, 1940), p.44.
48) 같은 책, p.42.
49) 『김교신전집』, 제1권, 327쪽.
50) 《聖書之硏究》, 제268호, 1922년 11월에 所收.
51) 『김교신전집』, 제2권, 305~306쪽.
52) 鈴木範久, 『內村鑑三』(東京: 岩波書店, 1984), pp.54~56.
53) 같은 책, pp.136~137.
54) 유달영, 「애국자로서의 김교신」, 《나라사랑》, 제17호(1974. 12), 27쪽.
55) 高崎宗司, 「內村鑑三と朝鮮」, 《思想》, 1977. 9(東京: 岩波書店); 佐藤全弘, 「朝鮮問題と內村鑑三」, 《內村鑑三硏究》, 第5号(1975. 10).
56) 高崎宗司, 「內村鑑三と朝鮮」 참고.
57) 內村鑑三, 「敎會と聖書: 朝鮮人に聖書硏究を勸むる辭」, 《聖書之硏究》, 1915. 7; 小川圭治·池明觀 編著, 『日韓キリスト敎關係史資料』(東京: 新敎出版社, 1984), p.350.
58) 高崎宗司, 「內村鑑三と朝鮮」, p.85.
59) 같은 글, p.87.
60) 咸錫憲, 「私の知っている內村鑑三先生」, 『內村鑑三全集』, 月報39号, p.4.
61) 金敎臣·咸錫憲 共著, 『內村선생과 조선』, 42쪽; 『김교신전집』, 제2권, 305쪽.
62) 金敎臣·咸錫憲 共著, 『內村선생과 조선』, 47쪽.
63) 최태용, 「內村鑑三氏 서거」, 《영과 진리》, 제15호(1930. 3), 83~84쪽.
64) 金敎臣·咸錫憲 共著, 『內村선생과 조선』, 37쪽.
65) 최태용에 관해서는 전병호, 『최태용의 생애와 사상』(성서간행사, 1983); 지동식, 「기독교대한복음교회」, 《기독교계》, 1957. 8; 「최태용의 시, 평론, 신학」, 《현대와 신학》, 6; 오충일, 「복음적 신앙을 바탕으로 민족의 교회로」, 《기독교사상》, 1981. 7 등을 참조.

66) 최태용,「기독교의 교회적 사명」,《영과 진리》, 제86호(1936. 5).
67) 최태용,「구체적 실존인 기독교」,《영과 진리》, 제90호(1936. 9).
68) 최태용,「기독교의 교회적 사명」, 125쪽.
69) 같은 글, 127쪽.
70) 같은 글, 129쪽.
71) 같은 글, 131쪽.
72) 무교회주의에 대한 이러한 생각은 일본에도 있다. 예를 들면 구마노(熊野義孝)는 우치무라의 무교회주의를 불러일으키고 거기에 구체성을 부여한 것은 다름 아닌 당시 일본 교회의 상황이었다고 지적한다. 그리고 우치무라의 신학사상 전체에서 이 '무교회주의'가 어떤 필연성을 갖고 정착하는가, 다시 말하면 '무교회주의'의 신학적 거점은 무엇인가가 판연하지 않다고 한다. 또 구마노는 교회의 타락은 교회적으로 경고하는 것이 지당한데 '무교회'의 고창(高唱)은 자기 상실의 교회에 대항하기보다는 거기로부터 오직 탈출하려고만 하는 것같이 느껴진다고 하고 '무교회'는 어디까지나 우치무라 개인의 독자적인 시적·문학적 발언에 지나지 않는 것처럼 느껴지기조차 한다고 말한다. 熊野義孝,『日本キリスト教神學思想史』(東京: 新教出版社, 1967), pp. 285~ 297.
73) 최태용,「기독교의 교회적 사명」, 134쪽.
74) 같은 글, 133쪽.
75) 같은 글, 140쪽.
76) 같은 글, 136쪽.
77)『김교신전집』, 제1권, 288~289쪽.
78) 같은 책, 제1권, 296쪽.
79) 같은 책, 제1권, 297~298쪽.
80) 같은 책, 제1권, 286쪽.
81) 같은 책, 제1권, 289쪽.
82) 泉治典,「藤田若雄『內村鑑三を繼承した人人』によせて」,《神學研究》, 1978. 2(東京), p. 27.

제8장 • '조선산 기독교'의 논리구조와 실천

1) 김득광,『한국종교사』(서울: 에펠출판사, 1963), 393~395쪽.
2) 윤성범,『기독교와 한국사상』(대한기독교서회, 1963), 85쪽. 조직신학자인 박순경

씨는, 선교사들의 조선인 멸시와 조선 문화에 대한 몰이해는 선교사들이 가지고 있었던 서양 문화의 지배의식으로부터 기인한다고 지적한다. 그리고 조선의 초기 기독교의 선교사들이 기독교 선교의 개척자로서뿐만 아니라 서양 문명과 동일시된 문명 그 자체의 개척자로서의 자기의식을 가지고 있었던 것을 지적한다. 박순경, 『민족통일과 기독교』(한길사, 1986), 82~86쪽. 이만열 씨도 이 문제에 관해서 동일한 의견을 표명한다. 이만열, 『한국 기독교와 민족의식』(지식산업사, 1991), 492~493쪽.

3) 윤성범, 『기독교와 한국사상』, 84쪽. 피셔는 감리교 교육선교사로서 1919년 조선에 와 1935년 귀국했다. 귀국 후 그는 조선에서의 경험에 기초한 논문으로 컬럼비아 대학에서 철학박사 학위를 수여받았다. 이방민족(heathen)이란 말은 차별적인 용어로 경멸의 의미를 함축하고 있다(이만열 편, 『아펜젤러』, 연세대학교 출판부, 1985, 6~7쪽).

4) 曾根曉彦, 『アメリカキリスト敎會史』(東京: 日本基督敎團出版局, 1978), p.234.

5) 같은 책, p.235.

6) 같은 책, pp.236~237.

7) 백낙준, 『한국개신교사』(연세대학교 출판부, 1973), 101~102쪽.

8) 윤치호, 『영문일기』, 1921. 3. 7(국사편찬위원회).

9) 『김교신전집』, 제4권, 228쪽.

10) 같은 책, 제5권, 23쪽.

11) 같은 책, 제5권, 79쪽.

12) 같은 책, 제4권, 126~132쪽; 제5권, 50쪽.

13) 같은 책, 제2권, 104, 212~213쪽.

14) 같은 책, 제2권, 198~203쪽.

15) 같은 책, 제2권, 312~313쪽, 제5권, 141쪽.

16) 같은 책, 제5권, 93쪽.

17) 梶村秀樹, 『朝鮮史の枠組と思想』(東京: 硏文出版, 1982), pp.34~51.

18) 『김교신전집』, 제4권, 80~81쪽.

19) 같은 책, 제1권, 113쪽.

20) 같은 책, 제4권, 250쪽.

21) 池田昭, 『ウェーバー 宗敎社會學の世界』(東京: 勁草書房, 1975), p.273.

22) M. Weber, 大塚久雄・生松敬三 譯, 『マックス・ウェーバー宗敎社會學論選』, p.

169.
23) 『김교신전집』, 제1권, 54~56쪽.
24) 같은 책, 제1권, 57쪽.
25) 같은 책, 제1권, 58쪽.
26) 池田昭, 『ウェーバー宗教社會學の世界』, p.274.
27) 『김교신전집』, 제1권, 56~58, 113~115쪽.
28) 같은 책, 제1권, 63~65, 171~172, 177~179쪽.
29) M. Weber, 大塚久雄・生松敬三 譯, 『マックス・ウエーバー 宗教社會學論選』, p. 184.
30) 『김교신전집』, 제1권, 71쪽.
31) 같은 책, 제1권, 230~232쪽.
32) 같은 책, 제1권, 35쪽; 제4권, 259쪽.
33) 같은 책, 제5권, 67, 293쪽; 김정환, 『김교신』, 57쪽.
34) 『김교신전집』, 제5권, 67~68쪽.
35) 같은 책, 제5권, 293쪽.
36) 이성배, 『유교와 기독교』(분도출판사, 1979), 275쪽.
37) 『武內義雄全集』, 제2卷(東京: 角川書店, 1978), p.35.
38) 『김교신전집』, 제1권, 354~355쪽.
39) 같은 책, 제2권, 169쪽.
40) 같은 책, 제1권, 35~36, 96쪽.
41) 같은 책, 제4권, 80~81, 85~86쪽.
42) 같은 책, 제4권, 85쪽.
43) 山崎照雄, 『倫理學槪論』(東京: 有信堂高文社, 1963), p.45.
44) 전통과 기독교의 관계에 관한 김교신의 이러한 생각을 기독교의 '토착화론'의 맥락에서 본다면 '접목형'에 가깝다고 할 수 있다. 접목형이라는 것은 문화의 전통에 내재하는 모든 요소를 선별해서 기독교의 빛 안에 접속·발전시키는 형이다. 따라서 접목형의 근본적인 경향은 그 과정에서 충돌이 있었는데도 새로운 생명을 전통의 고목에 접목시켜 새로운 문화를 창출해내는 것에 있다. 접목이라는 토착화의 유형은 다케다(武田淸子)가 행한 토착화의 유형 분류로서, 토착화를 ① 매몰형(타협의 매몰), ② 고립형(비타협의 고립), ③ 대결형, ④ 접목형(대결을 저변에 포함하면서도 융합적으로 정착), ⑤ 배교형(기독교를 버리고 배교자가 됨으로써 역설적으로 기

독교의 본질을 구하는 것) 등 다섯 개의 유형으로 분류했다. 武田淸子, 『思想史の方法と對象』(東京: 創文社, 1961), pp.271~318.

45) 『김교신전집』, 제5권, 113~117쪽. 김교신은 함석헌의 조선사관을 "기독교의 빛이 반도를 비춘 지 반세기에 비로소 반도의 진상을 드러냈도다. 반만 년간 감추었던 옥의(奧意)가 나타나게 된 것이다"라고 하며 함석헌의 『성서로부터 본 조선사』를 조선의 반만 년사의 사관을 제시한 유일한 역사서로 평가하고 있다.

46) 『김교신전집』, 제2권, 219쪽.

47) 같은 책, 제3권, 203쪽, 제5권, 114쪽.

48) 같은 책, 제1권, 171~172쪽.

49) 같은 책, 제5권, 116~117쪽. 함석헌은 역사의 '고난'을 짊어진다는 것은 "약한 자의 일이 아니고 강한 자의 일"이며 역사를 변혁시키려는 자의 '자기수고' 안에서만 역사의 미래가 태동한다고 했다. 이러한 함석헌의 주장은 《성서조선》, 제83호(1935.12)에 「고난의 의미」, 「역사가 지시하는 우리들의 사명」이라는 제목으로 발표되었다. 그러나 당국의 검열에 의해 완전히 삭제되어 현재는 함석헌의 저서, 『뜻으로 본 한국 역사』 안에 수록되어 있다.

50) 『김교신전집』, 제2권, 26, 46쪽.

51) 같은 책, 제1권, 171~172, 177~179쪽.

52) 같은 책, 제5권, 114~115쪽; 함석헌, 『뜻으로 본 한국 역사』, 449쪽.

53) 『김교신전집』, 제2권, 113~114쪽; 제3권, 94~95쪽.

54) 같은 책, 제2권, 21~22쪽.

55) 조선총독부는 조선 기독교의 민족주의적 내지는 사회 개량적인 에너지를 경계하고 기독교회의 의료사업과 교육사업에 법적 규제를 가하기로 했다. 강위조, 『일제 통치하 한국의 종교와 정치』(대한기독교서회, 1977), 27~67쪽. 조선 총독부의 선교사에 대한 정책에 대해서는 姜東鎭, 『日本の朝鮮支配政策硏究』(東京: 東京大學出版會, 1979), 제1장 제2절 참조.

56) 朝鮮總督府警務局 編, 『最近における朝鮮治安狀況』(1938), pp.390~391.

57) 민경배, 『한국 민족 교회 형성사론』, 130쪽. 또 조선에서 신사 유포와 포교활동에 관해서는 村上重良, 『天皇帝國家と宗敎』(東京: 日本評論社, 1986); 中濃敎篤, 『天皇帝國家と植民地傳道』(東京: 國書刊行會, 1976) 참조.

58) 中濃敎篤, 『天皇帝國家と植民地傳道』, pp.244~250.

59) 『김교신전집』, 제1권, 276쪽.

60) 같은 책, 제1권, 301~302쪽.
61) 같은 책, 제2권, 365쪽.
62) 같은 책, 제2권, 89쪽; 제6권, 385~386쪽.
63) 같은 책, 제2권, 89쪽.
64) 같은 책, 제2권, 89, 94~95쪽.
65) 김정환, 『김교신』, 21쪽.
66) 『김교신전집』, 제2권, 212쪽; 제6권, 198쪽.
67) 高崎宗司, 「金教臣と《聖書朝鮮》」, 《文學》, 1980. 2, p.77.
68) 『김교신전집』, 제2권, 52~69쪽.
69) 김정환, 『김교신』, 56쪽; 최남식, 「내 일생의 결정」, 노평구 편, 『김교신과 한국: 신앙, 교육, 애국의 생애』(일심사, 1981), 220쪽.
70) 『김교신전집』, 제1권, 181쪽; 제6권, 89쪽.
71) 『김교신전집』, 제6권, 82, 89쪽.
72) 『김교신전집』, 제2권, 39~40쪽.
73) 유달영, 「김교신과 조선」, 노평구 편, 『김교신과 한국: 신앙, 교육, 애국의 생애』, 165쪽.
74) 김정환, 『김교신』, 62, 172쪽.
75) 같은 책, 176쪽.
76) 『김교신전집』, 제1권, 405~408쪽.

총괄과 전망

1) 栗原彬, 『歴史とアイデンティティ: 近代日本の心理=歴史研究』(東京: 新曜社, 1982), pp.211~212.
2) 같은 책, pp.181~187.
3) 姜尚中, 「'日本的オリエンタリズム'の現在」, 《世界》, 1988. 12(東京: 岩波書店), pp. 134~137.
4) 강만길, 『한국민족운동사론』(한길사, 1985), 215~218쪽.
5) 웨버는 선택된 신의 도구로서의 자기의 자격을, 신의 의지에 맞추어 현세를 개조해 나가는 적극적인 행동으로써 증명해 보이려는 태도를 '세속 내적 금욕'이라고 말한다. 이 태도의 외면적인 특징은 인간의 자연적인 충동이나 감정을 방법적·조직적으로 합리화하는 것이다. M. Weber, *Wirtschaft und Gesellschaft, fünfte, revidierte*

Auflage besorgt von Johannes Winckelmann(Tübingen, 1972); 武藤一雄・薗田宗人・薗田擔 共譯, 『宗敎社會學』(東京: 創文社, 1976), pp.211~225; M. Weber, *Die Protestantisehe Ethik und der Geist des Kapitalismus*(Tübingen, 1922), 梶山力・大塚久雄 譯, 『プロテスタンテイズムの倫理と資本主義の精神』, 下(東京: 岩波書店, 1982), pp. 70~74.

6) 金井新二, 『ウェーバーの宗敎理論』(東京: 東京大學出版會, 1991), p.77.

7) E. Troeltsch, "Das Verhaltnis des protestantismus zur Kultur," 內田芳明 譯, 『ルネサンスと宗敎改革』(東京: 岩波書店, 1959), p.177.

8) Edward W. Said, *Orientalism*(Georges Borchardt Inc., New York, 1978), pp.1~58.

참고문헌

〈한글 자료〉

강만길. 1984.『한국근대사』. 창작과비평사.

_____. 1985.『한국민족운동사론』. 한길사.

강위조. 1977.『일제통치하 한국의 종교와 정치』. 대한기독교서회.

강재언. 1985.『한국의 근대사상』. 한길사.

고 은. 1978.『한용운 평전』. 민음사.

길희성. 1994.『포스트모던 사회와 열린 종교』. 민음사.

김기석. 1964.『남강 이승훈』. 현대교육업서출판사.

김남식. 1986. 「최태용과 김교신의 무교회주의운동」,《신학지남》, 봄·여름.

김득광. 1963.『한국종교사』. 에펠출판사.

김린서. 1930. 「무교회주의자 우찌무라 간조에 대해서」,《신학지남》, 제12권 제4호.

김승태. 1994.『한국기독교의 역사적 반성』. 다산글방.

김용복. 1894.『한국민중과 기독교』. 형성사.

김정환. 1980.『김교신』. 한국신학연구소.

노길명. 1988.『카톨릭과 조선후기 사회변동』. 고려대학교 민족문화연구소.

대한YMCA연맹 편. 1986.『한국YMCA운동사: 1895~1985』. 종로출판사.

대한민국문교부국사편찬위원회. 1986. 「윤치호제1회공판시말서」, 동회,『한민족독립운동자료집』제1권.

독립운동사편집위원회. 1973.『독립운동사자료집』. 제4권.

민경배. 1974. 「김교신과 민족기독교」,《나라사랑》, 제17.

_____. 1980.『한국민족교회형성사론』. 연세대학교 출판부.

_____. 1981.『교회와 민족』. 대한기독교출판사.

박영호. 1985.『씨올 ─ 多夕유영모의 생애와 사상』. 홍익제.

박순경. 1986. 『민족통일과 기독교』. 한길사.

_____. 1983. 『한국민족과 여성신학의 과제』. 대한기독교서회.

_____. 1992. 『통일신학의 고통과 승리』. 도서출판 한울.

백낙준. 1973. 『한국개신교사』. 연세대학출판부.

서광선. 1985. 『한국기독교의 새인식』. 대한기독교출판사.

서광선·주재용 편. 1986. 『역사와 신학』. 한국신학연구소.

서남동. 1976. 『전환시대의 신학』. 한국신학연구소.

_____. 1983. 『민중신학의 탐구』. 한길사.

손승희. 1993. 『여성신학의 이해』. 한국신학연구소.

손인수. 1971. 『한국근대교육사』. 연세대학교 출판부.

송건호. 1984. 『한국현대인물사론 ― 민족운동의 사상과 지도노선』. 한길사.

신용하. 1976. 『독립협회연구』. 일조각.

안병무. 1986. 『역사 앞에 민중과 더불어』. 한길사.

오충일. 1981. 「복음적 신앙을 바탕으로 민족의 교회로」, 《기독교사상》, 7.

월남이상재선생동상건립위원회. 1986. 『월남 이상재 연구』. 노출판.

유동식. 1975. 『한국무교의 역사와 구조』. 연세대학교 출판부.

_____. 1984. 『한국신학의 광맥: 한국신학사상사서론』. 전망사.

유영렬. 1985. 『개화기의 윤치호연구』. 한길사.

윤경로. 1990. 『105인사건과 신민회연구』. 일지사.

윤성범. 1963. 『기독교와 한국사상』. 대한기독교서회.

이경숙. 1994. 『구약성서의 여성들』. 대한기독교서회.

이만열. 1974. 『한국 기독교의 역사 의식』. 지식산업사.

_____ 편. 1985. 『아펜젤러』. 연세대학교 출판부.

_____. 1990. 『한국 기독교와 민족의식』. 지식산업사.

이삼열. 1991. 『평화의 철학과 통일의 실천』. 햇빛출판사.

이성배. 1979. 『유교와 그리스도교』. 분도출판사.

이우정. 1985. 『한국기독교 여성 100년의 발자취』. 민중사.

이희환. 1986. 『한국기독교와 민족운동』. 보성출판사.

임종국. 1979. 『일제말 친일파전향의 실체』. 『해방전후사의 인식』. 한길사.

_____. 1982. 『일제식민과 친일파』. 청사.

_____. 1985. 『일제하의 사상탄압』. 평화출판사.

장병일. 1968. 『살아있는 갈대』. 대한기독서회.

전병호. 1983. 『최태용의 생애와 사상』. 성서간행사.

전택부. 1978. 『한국기독교청년회운동사』. 정음사.

정가은. 1975. 『한국근대화와 윤리적 결단』. 대한기독교서회.

정 교. 1957. 『대학계년사』 상·하, 국사편찬위원회.

조 광. 1988. 『조선후기 천주교사 연구』. 고려대학교 민족문화연구소.

조용구. 1959. 『남궁억: 1863~1939』. 고(故) 한서남궁억기념사업회.

주요한. 1975. 『안도산전(安島山傳)』. 삼중당.

지동식. 1957. 「기독교대한복음교회」, 《기독교회》, 8; 「최태용의 시, 평론, 문학」, 《현대와 신학》, 6.

최동희. 1988. 『西學에 대한 한국실학의 반응』. 고려대학교 민족문화연구소.

택정언. 1974. 「중국에서의 기독교와 반기독교 운동」 I·II. 《신학사상》, 가을·겨울호, 한국신학연구소.

한국학연구소 편. 1981. 『조선재류구미인조사록: 1907~1942.』. 영신아카데미 한국학연구소.

한배호. 1977. 「어떤 근대기독교인의 개화의식과 한말정치관」, 《숭전대학논문집》, 제7집, 숭전대학교 출판부.

함석헌. 1950. 『성서로 본 조선역사』. 삼중당.

_____. 1964. 『죽을 때까지 이 걸음으로』. 삼중당.

현영학 외 저. 1986. 『한국문화와 기독교윤리』. 문학과지성사.

〈일본어 자료〉

姜東鎭. 1979. 『日本の朝鮮支配政策史硏究』. 東京大學出版會.

姜尙中. 1987. 『マックス·ウェーバーと近代』. お茶の水書房.

_____. 1988. 「'日本的オリエンタリズム'の現在」, 《世界》, 12.

姜在彦. 1970. 『朝鮮近代史研究』. 日本評論史.

_____. 1977. 『朝鮮の攘夷と開化: 近代朝鮮にとっての日本』. 平凡社.

_____. 1979. 「キリスト教ガ日本と朝鮮との架橋二題」, 《文學》, 4.

_____. 1980. 『朝鮮の開化思想』. 岩波書店.

_____. 1981. 『近代朝鮮の社會と思想』. 未來社.

高橋三郎. 1972. 『歷史を擔うもの: 內村精神の展開』. キリスト教夜間講座出版部.

_____. 1980. 『なぜ無教會か』. 教文館.

高崎宗司. 1977. 「內村鑑三と朝鮮」, 《思想》, 9.

_____. 1980. 「金教臣と《聖書朝鮮》」, 《文學》, 2.

高島善哉. 1970. 『民族と階級: 現代ナショナリズム批判の展開』. 現代評論社.

_____. 1982. 『マルクスとウェーバー』. 紀伊國屋書店.

高等法院檢事局思想部. 1939. 「昭化13年における鮮內思想運動の狀況」, 《思想彙報》, 18.

古瀬恆介. 1977. 『マハートマ・ガンディーの人格と思想』. 創文社.

古屋安雄・大木英夫. 1989. 『日本の神學』. ヨルダン社.

橋川文三・松本三之介 編. 1974. 『近代日本政治思想史』全2卷, 有斐閣.

溝口雄三. 1989. 『方法としての中國』. 東京大學出版會.

宮田範子. 1985. 『朝鮮民衆と'皇民化'政策』. 未來社.

金井新二. 1982. 『'神の國'の思想の現代的展開』. 教文館.

_____. 1991. 『ウェーバーの宗教理論』. 1991, 東京大學出版會.

吉馴明子. 1982. 『海老名彈正の政治思想』. 東京大學出版會.

金教臣・咸錫憲 共著. 1940. 『內村先生と朝鮮』. 聖書朝鮮社.

金石範. 1993. 『轉向と親日派』. 岩波書店.

金永義. 1934. 『佐翁尹致昊先生略傳』. 基京: 城督教朝鮮監理教總理院.

南次郎. 1939. 『事變の將來と內鮮一體: 國民總動員朝鮮連盟役員總會席上總督挨拶』. 《東洋之光》, 7.

盧平久・森山浩二 編. 1978. 『金敎臣:日帝統治下の朝鮮人キリスト者の生涯』. キリスト教書出版社.

東田雅博. 1992. 「文明化の使命とアジア」, 《思想》, 1, 岩波書店.

大內三郎. 1970. 『日本キリスト教史』. 日本基督敎團出版局.

大木英夫. 1968. 『ピューリタン ── 近代化の精神構造』. 中央公論社.

渡邊和靖. 1978. 『明治思想史: 儒敎的傳統と近代認識論 ── 史評論』. ペリカン社.

東京神學大學神學會 編. 1983. 『キリスト敎組織神學事典』. 敎文館.

同志社大學人文科學硏究所 編. 1969. 『戰時下抵抗の硏究』. みすず書房.

「同志會及興業俱樂部の眞相」. 1938. 《思想彙報》, 16.

藤田若雄 編著. 1979. 『內村鑑三を繼承した人人』 上·下, 木鐸社.

藤田若雄. 1967. 『矢內原忠雄: その信仰と生涯』. 敎文館.

武內義雄. 1978. 『武內義雄全集』 제2권, 角川書店.

武田淸子. 1961. 『思想史の方法と對象』. 創文社.

_____. 1980. 『土着と背敎』. 新敎出版社.

梶村秀樹. 1977. 『朝鮮史』. 講談社.

_____. 1982. 『朝鮮史の枠組と思想』. 硏文出版社.

朴慶植. 1973. 『日本帝國主義の朝鮮支配』 上·下, 靑木書店.

_____. 1976. 『朝鮮3·1獨立運動』. 平凡社.

飯沼二郞·韓晳曦. 1982. 『日本帝國主義下の朝鮮傳道』. 日本基督敎團出版社.

福田歡一. 1976. 『近代の政治思想』. 岩波書店.

_____. 1977. 『近代民主主義とその展望』. 岩波書店.

富岡幸一郞. 1988. 『內村鑑三: 偉大なる罪人の生涯』. リブロポート.

山崎照雄. 1963. 『論理學槪論』. 有信堂高文社.

山本泰次郞. 1966. 『內村鑑三: 信仰·生涯·友情』. 東海大學出版部.

_____. 1968. 『內村鑑三の根本問題』. 敎文館.

山下重一. 1983. 『スペンサーと日本近代』. お茶の水書房.

森岡嚴·笠原芳光. 1974. 『キリスト敎の戰爭責任』. 敎文館.

森山浩二. 1983. 「內村鑑三と朝鮮キリスト者たち」. 《季刊三千里》, 34, 夏.

城塚登 編. 1986. 『社會思想史の展開』. 北樹出版.

小川圭治·池明觀 編著. 1984. 『日韓キリスト敎關係史資料』. 新敎出版社.

松尾尊兌. 1968. 「日本組合基督敎會の朝鮮傳道 ── 日本のプロテスタントと朝鮮」. 《思想》,

＿＿＿＿. 1968. 「3・1運動と日本プロテスタント: 日本プロテスタントと朝鮮」,《思想》, 529.

＿＿＿＿. 1968. 「3・1運動と日本プロテスタント: 日本プロテスタントと朝鮮」,《思想》, 533.

＿＿＿＿. 1968. 「吉野作造と朝鮮」,《人文學報》, 11, 東京: 京都大學.

守山順一郎. 1985. 『東洋政治思想史研究』. 未來社.

水田洋・安川悅子・安藤隆穗 編. 1991. 『社會思想史への招待』. 北樹出版.

矢內原忠雄. 1982. 『無教會主義キリスト教論』. 岩波書店.

神島二郎 編. 1974. 『近代化の精神構造』. 評論社.

阿部知二. 1969. 『良心的兵役拒否の思想』. 岩波書店.

安藤英治 編譯. 1988. 「ウェーバー宗敎・社會論集』. 河出書房.

岩間一雄. 1982. 『中國封建的世界像』. 未來社.

鈴木範久. 1984. 『內村鑑三』. 岩波書店.

遠山茂樹. 1968. 『明治維新と現代』. 岩波書店.

幼方直吉. 1965. 「矢內原忠雄と朝鮮」,《思想》, 9.

＿＿＿＿. 1970. 「信仰の論理と政治の論理: 金敎臣と矢內原忠雄の場合」. 『日本法とアジア』(仁井田陞博士追悼文集), 第3卷, 勁草書房.

柳父國近. 1983. 『ウェーバーとトレルチ』. みすず書房.

柳父章. 1986. 『ゴッドと上帝: 歷史のなかの飜譯者』. 筑摩書房.

尹致昊. 1931. 「獨立協會事件について」, 『韓末を語る』. 京城: 朝鮮硏究社.

＿＿＿＿. 1938. 「敎育令改正志願兵制度實施に際しての感想」,《朝鮮》, 4.

＿＿＿＿. 1939. 「內鮮一體に對する所信」,《東洋之光》, 4.

＿＿＿＿. 1939. 「內鮮一體に對する所信」,《東洋之光》, 4.

＿＿＿＿. 1939. 「內鮮一體の徹底化のため」,《東洋之光》, 2.

栗原彬. 1982. 『歷史とアイデンティティ: 近代日本の心理=歷史硏究』. 新曜社.

伊藤虎丸. 1983. 『魯迅と日本人: アジアの近代と'個'の思想』. 朝日新聞社.

佐藤全弘. 1975. 「朝鮮問題と內村鑑三」,《內村鑑三硏究》, 5.

田中愼一. 1983. 「新渡戶稻造と朝鮮」,《季刊三千里》, 34, 夏.

政池仁. 1977. 『內村鑑三傳』. 敎文館.

趙景達. 1991. 「朝鮮近代のナショナリズムと文明」,《思想》, 10.

「朝鮮における基督教の革新運動」, 1940.《思想彙報》, 25.

島田虎次. 1967.『朱子學と陽明學』. 岩波書店.

中恨千技. 1967.『タテ社會の人間關係: 單一社會の理論』. 講談社.

_____. 1987.『社會人類學: アジア諸社會の考察』. 東京大學出版會.

中濃教篤. 1976.『天皇制國家と植民地傳道』. 國書刊行會.

曾根曉彦. 1978.『アメリカキリスト史』. 日本基督教團出版局.

池明觀. 1975.『韓國現代史と教會史』. 新教出版社.

_____. 1982. 「申采浩史學と崔南善史學」,『東京女子大學付屬比較文化研究所紀要』第49卷.

池田昭. 1975.『ウェーバー宗教社會學の世界』. 勁草書房.

芝原拓自. 1977.『世界史のなかの明治維新』. 岩波書店.

泉治典. 1978. 「藤田若雄『內村鑑三を繼承した人人』によせて」,《神學研究》, 2.

清水幾太郎. 1987.『コントとスペンサー』. 中央公論社.

村上陽一郎 編. 1983.『時間と進化』. 東京大學出版會.

村上重良. 1986.『天皇帝國家と宗教』. 日本評論社.

塚本虎二. 1961.『內村先生と私』. 伊藤範書房.

カルロ・カルダローラ. 1978.『內村鑑三と無教會』. 新教出版社.

熊野義孝. 1967.『日本キリスト教神學思想史』. 新教出版社.

澤正彦. 1982.『南北朝鮮キリスト教史論』. 日本基督教團出版局.

_____. 1983. 「植村正久の朝鮮觀」,《季刊三千里》, 34, 夏.

_____. 1991.『未完朝鮮キリスト教史』. 日本基督教團出版局.

土肥昭夫. 1987.『日本プロテスタントキリスト教史論』. 教文館.

片桐庸夫. 1986. 「太平洋問題調査會と朝鮮代表權問題」,《法學研究》, 第59卷 第4号, 慶應大, 1986. 4.

河合準雄. 1976.『母性社會日本の病理』. 中央公論社.

_____. 1982.『中空構造日本の深層』. 中央公論社.

鶴見俊輔. 1976.『柳宗悅』. 平凡社.

_____. 1982.『戰時期日本の精神史: 1937~1945』. 岩波書店.

脇圭平. 1973.『知識人と政治: ドイツ, 1914~1933』. 岩波書店.

和田春樹. 1974.「韓國の民族をみつめること」,《展望》, 12.

丸山眞男. 1961.『日本の思想』. 岩波書店.

_____. 1964.『現代政治の思想と行動』. 未來社.

_____. 1976.『戰中と戰後の間』. みすず書房.

_____. 1989.『日本政治思想史研究』. 東京大學出版會.

_____. 1992.『忠誠と反逆: 轉形期日本の精神史的位相』. 筑摩書房.

荒井獻. 1971.『原始キリスト教とグノ-シス主義』. 岩波書店.

_____. 1973.『キリスト教史の諸問題一現代への視角』. 新教出版社.

_____. 1974.『イエスとその時代』. 岩波書店.

_____. 1979.『イエス・キリスト』. 講談社.

黒住眞. 1990.「德川前期儒教の性格」,《思想》, 第792号.

〈기타 자료〉

Barr, James. 1981. *Fundamentalism*, 2nd ed. SCM Press.

Beard, Charles A. & R. Mary. 1942. *The American Spirit*, The Macmillan Co., New York; 高木八尺・松本重治 譯. 1954.『アメリカ精神の歷史』. 岩波書店.

Bellah, Robert N. 1966. *Tokugawa Religion: The Velues of Pre-Industrial Japan*; 堀一郎・池田昭 譯.『日本近代化と宗教倫理』. 未來社.

_____. 1975. *The Broken Covenant*, The Seabury Press; 松本滋・中川徹子 譯. 1983.『破られた契約』. 未來社.

Bloch, Ernest. 1967, *Thomas Münzer als Theologe der Revelution*, Suhrkamp verlag, 樋口大介 譯. 1982.『ト-マス・シュン・ツア-』. 國文社.

Bowler, Peter J. 1984. *Evolution, The History of an Idea*, The University of California Press; 鈴木善次 譯. 1987.『進化思想の歷史』下. 朝日新聞社.

Cancik, Hubert. 1982. *Religions und Geistesgeschichte der Weimarer Republik*, Düsseldorf: Patmos Verlag; 池田昭・淺野洋 譯. 1993.『ウァイマル共和國の宗教史

と精神史』. 御茶の水書房.

Cohen, Paul. 1984. *Discovering History in China, American Historical Writing on the Recent Chinese Past*, New York: Columbia University Press; 佐藤愼一 譯. 1988. 『知の帝國主義: オリエンタリズムと中國像』. 平凡社.

Coles, Robert & Erik H, Erikson. 1970. *The Growth of His Work*, Atlantic Little Brown; 鑪幹八郎 譯. 1980. 『エリク・H・エリクンンの研究』上・下. ペリカン社.

Eliade, Mircea. 1954. *Myth of the Eternal Return*, Willard R. Trask(trn.) from French, Bollingen Series XLI, N.Y.: Pantheon Books Inc.

_____. 1958. *Patterns in Comparative Religion*, Rosemary Sheed (trn.), London & N.Y.: Sheed and Ward.

Erikson, Erik H. 1958. *Young Man Luther, A Study in Psychoanalysis and History*, New York: W. W. Norton & Company, Inc.; 大沼隆 譯. 1974. 『青年ルター』. 教文館.

_____. 1959. "Identity and the Life Cycle," *Psychological Issues* vol.1, no.1, monograph 1, New York: International Universities Press, Inc.

_____. 1963. *Childhood and Society*, W. W. Norton & Company, Inc.; 仁科弥生 譯. 1977, 1980. 『幼兒期と社會』上・下. みすず書房.

_____. 1969. *Gandhi's Truth: On the Origins of Militant Non-violence*, New York: W. W. Norton & Company, Inc.

_____. 1974. *Dimensions of a New Identity: The 1973 Jefferson Lectures in the Humanities*, New York: W. W. Norton & Company, Inc.

Foucault, Michel. 1969. *L'archéologie du Savoir*, 中村雄一郎 譯. 1980. 『知の考古學』. 河出書房.

Franz, Marie-Louise von. 1970. *The Problem of the Puer Aeternus*, 松代洋一 譯. 『永遠の少年』. 紀伊國屋書店.

Fromm, Erich. 1947. *Man for Himself, An Enquiry into the Psychology of Ethics*, New York: Pinehart and Company; 谷口隆之助・早坂泰次郎 譯. 1955. 『人間における自由』. 創元社.

_____. 1950. *Psychoanalysis and Religion*, New Haven: Yale University Press; 谷口隆之助・早坂泰次 譯. 1953.『精神分析宗教』. 創元社.

_____. 1956. *The Art of Loving*, Harper & Brothers Publishers; 懸田克躬 譯. 1959.『愛するということ』. 紀伊國屋書店.

_____. 1963. *The Dogma of Christ Holt*, Renehart and Winston; 谷口隆之介 譯.『革命的人間』. 創元社.

Funk, Rainer & Erich Fromm. 1983; 佐野哲郎・佐野五郎 譯. 1984.『エーリッヒ・フロム: 人と思想』. 紀伊國屋書店.

Harrington, Fred Harvey. 1944. *God Mammon and the Japanese*, 이광린 역. 1973.『개화기의 한미관계-알렌박사의 활동을 중심으로』. 일조각.

Hasel, Gerhard F. 1978. *New Testament Theology*, 장상 역. 1982.『현대 신약신학의 동향』. 대한기독교서회.

Henry, Charles P. 1990. *Culture and African American Politics*. Indiana Univ. Press.

Hofstadter, Richard. 1955. *Social Darwinism in American Thought*. Boston: Beacon Press; 後藤昭次 譯. 1973.『アメリカの社會進化思想』. 硏究社.

Horkheimer, Max & Theodor W. Adorno. 1947. *Dialertik der Aufklarung: Philoso Phische Fragmente*, Amsterdam: Querido Verlag; 德永恂 譯. 1990.『啓蒙の弁証法: 哲學的斷想』. 岩波書店.

Jung, Carl Gustav. 1952. *Antwort auf Hiob*, Zürich: Rascher Verlag. 林道義 譯. 1988.『ヨブへの答え』. みすず書房.

_____. 1969. *Psychological Types. The Collected Works of C. G. Jung*. vol.6, R. F. C. Hull(trn.) from German, Princeton University Press.

Kasper, Walter. 1975. *Jesus der Christus*, Mainz: Mattfais-Grünewald-Verlad; 박상래 역. 1980.『イエス・キリスト』. 분도출판사.

Kim, San & Nym wales. 1941. *Song of Ariran: A Life Story of Korean Rebel*. The John Day Company; 松平いを子 譯. 1987.『アリランの歌』. 岩波書店.

Lanternari, Vittorio. 1963. *The Religions of the Oppressed: a Study of Morden Messianic Cults*, Lisa Sergio(trn.). New York: Alfred Knopf.

Mckenzie, F. A. 1920. *Korea's Fight for Freedom*, New York: Fleming H. Revell Company; 韓晳曦 譯. 1972. 『義兵鬪爭から三一獨立運動へ: 朝鮮の自由のための戰い』. 大平出版社.

Neumann, Erich. 1963. *The Great Mother: An Analysis of the Archetype*, Princeton Univ. Press; 福島章・町澤靜夫・大平健・渡邊寬美・矢野昌史 譯. 1982. 『グレート・マザー: 無意識の女性像の現象學』. ナシメ社.

_____. 1971. *Ursprungsgeschichte des Bewusstseins*, Walter Verlag AG Olten; 林道義 譯. 1984. 『意識の起源史』 上・下. 紀伊國屋書店.

Niebuhr, Richard. 1958. *Christ and Culture*. 김재준 역. 『그리스도와 문화』. 대한기독교서회.

Pannenberg, Wolfhart. 1977. *Ethik und Ekklesiologie*, Vandenhoeck & Ruprecht in Gottingen; 大木英夫・近藤勝彥 監譯. 1992. 『キリスト教社會倫理』. 聖學院大學出版會.

Ruether, R. R. 1970. *The Radical Kingdom The Western Experience of Messianic Hope*. New York: Paulist Press; 서남동 역. 1982. 『메시아왕국』. 한국신학연구소.

Said, Edward W. 1978. *Orientalism*. New York: Georges Borchardt Inc.

Schluchter, Wolfgang. 1980. *Rationalismus der Weltbeherrschung. Studienzu Max Weber*. suhrkamp taschenbuch wissenschaft 322. Erste Auflage, Frankfurt am Main: Suhrkamp Verlag; 米澤和彥・嘉目克彥 譯. 1984. 『現世支配の合理主義: マックス・ウェーバー硏究』. 未來社.

Sillsed, David L. *International Encyclopedia of the Social Sciences*, vol. 13. New York: The Macmillan Company & The Free Press.

Stupperich, Robert. 1980. *Die Reformation in Deutschland* 2, Verbesserte Aufgabe, Gütersph. 森田安 譯. 1984. 『ドイツ宗敎改革硏究』. ヨルダン社..

Thomas, M. M. 1966. *The Christian Response to the Asian Revolution*. London: SCM Press Ltd.

Tillich, P. 1942. "Love's strange work." in *The protestant*, N.Y.; 大官傳 譯. 1979. 『懷疑と信仰』. 『ティリッヒ著作集』, 第6卷. 白水社.

_____. 1948. "The End of the Protestant Era?" in *The Protestant Era*, Chicago, 古屋守雄 譯.『ティリッヒ著作集』, 第15卷. 白水社.

Turner, Victor. 1974. *Dramas, Field and Metaphors-symbolic Action in Human Society*. Cornell University Press.

Underwood, Horace G. 1908. *The Call of Korea*, N.Y.; Fleming H. Revell Company.

Weber, M. 1927. *Die Protestantisehe Ethik und der Geist des Kapitalismas*, Tübingen; 梶山力·大塚久雄 譯. 1955~62.『プロテスタンティズムの論理と資本主義の精神』, 上·下. 岩波書店.

_____. 1969. *Gesammete Aufsätze zur Wissenschaftslehre*, dritte Auflage. Tübingen. 尾高邦雄 譯.『職業としての學問』. 岩波書店.

_____. 1971. *Gesammelte Aufsatze zur Religionssozioligie*. III Bde. photomechanisch gedruckte Auflage. Tübingen: J. C. B. Mohr; 內田芳明 譯. 1980.『古代ユダヤ教』. みすず書房.

_____. 1972. *Gesammelte politische Schliften vierte Auflage*. Tübingen; 脇圭平 譯. 1980.『職業としての政治』. 岩波書店.

_____. 1972. *Wirtschaft und Gesellschaft, fünfte, revidierte Auflage besorgt von Johannes Winckel Mann*. Tübingen; 武藤一雄·薗田宗人·薗田坦 譯. 1976.『宗敎社會學』. 創文社.

_____. 1983. "Konfuzianismns und Puritanismns." 大塚久雄·生松敬三 譯.『マックス·ウエーバー宗敎社會學論選』. みすず書房.

_____. 1987. *Konfuzianismns und Taoismns*. 木全德雄 譯.『儒敎と道敎』. 創文社.

Williams, Eric. 1964. *British Historians and The West Indies*. London: Andre Deutsch Limited; 田中浩 譯. 1979.『知識人と帝國主義: イギリス歷史家たちと西インド』. 岩波書店.

Yun, Chi-ho. *1971~1989 Yun Chi-ho's Diary*. 국사편찬위원회.

■ 지은이 __ **양현혜**

이화여대 기독교학과를 졸업하고 도쿄대학교 대학원에서 종교사학으로 석사·박사 학위를 받았다. 현재 이화여자대학교 기독교학부 교수로 재직 중이다. 저서로는 『빛과 소망의 숨결을 찾아: 이화여자대학교 대학교회 70년사』(2005), 『근대 한일관계사 속의 기독교』(2009) 등이 있으며, 역서로 『일본 사회의 인간관계』(1996), 『기류민의 신학』(1998), 『야스쿠니 신사』(2001), 『전쟁인가 평화인가』(공역, 2003), 『국가와 종교: 유럽 정신사에서의 로마서 13장』(2003), 『메르헨, 자아를 찾아가는 빛』(2008) 외 다수가 있다. 현재 사상사적 방법론에 입각하여 동아시아 문명의 전환기에 기독교가 만들어온 역사 인식과 그 사회적 기능을 검토하는 연구를 계속하고 있다.

한울아카데미 1218
개정판 **윤치호와 김교신**
근대 조선의 민족적 아이덴티티와 기독교

ⓒ 양현혜, 1994

지은이 | 양현혜
펴낸이 | 김종수
펴낸곳 | 도서출판 한울
편집책임 | 김경아

초판 1쇄 발행 | 1994년 12월 31일
초판 5쇄 발행 | 2009년 3월 30일
개정판1쇄 발행 | 2009년 12월 31일

주소 | 413-832 파주시 교하읍 문발리 507-2(본사)
　　　121-801 서울시 마포구 공덕1동 105-90 서울빌딩 3층(서울 사무소)
전화 | 영업 02-326-0095, 편집 02-336-6183
팩스 | 02-333-7543
홈페이지 | www.hanulbooks.co.kr
등록 | 1980년 3월 13일, 제406-2003-051호

Printed in Korea.
ISBN 978-89-460-5218-5　93230(양장)
　　　978-89-460-4216-2　93230(학생판)

* 가격은 겉표지에 표시되어 있습니다.
* 이 도서는 강의를 위한 학생판 교재를 따로 준비했습니다.
　강의 교재로 사용하실 때에는 본사로 연락해주십시오.